Conoce todo sobre seguridad perimetral, monitorización y ataques en redes

Conoce todo sobre seguridad perimetral, monitorización y ataques en redes

Antonio Ramos Varón

Carlos Alberto Barbero Muñoz

Juan Manuel González Cañas

Fernando Picouto Ramos

Enrique Serrano Aparicio

La ley prohíbe fotocopiar este libro

Conoce todo sobre seguridad perimetral, monitorización y ataques en redes
© Antonio Ramos Varón, Carlos Alberto Barbero Muñoz, Juan Manuel González Cañas, Fernando Picouto Ramos, Enrique Serrano Aparicio
© De la edición Ra-Ma 2014
© De la edición: ABG Colecciones 2020

MARCAS COMERCIALES. Las designaciones utilizadas por las empresas para distinguir sus productos (hardware, software, sistemas operativos, etc.) suelen ser marcas registradas. RA-MA ha intentado a lo largo de este libro distinguir las marcas comerciales de los términos descriptivos, siguiendo el estilo que utiliza el fabricante, sin intención de infringir la marca y solo en beneficio del propietario de la misma. Los datos de los ejemplos y pantallas son ficticios a no ser que se especifique lo contrario.

RA-MA es marca comercial registrada.

Se ha puesto el máximo empeño en ofrecer al lector una información completa y precisa. Sin embargo, RA-MA Editorial no asume ninguna responsabilidad derivada de su uso ni tampoco de cualquier violación de patentes ni otros derechos de terceras partes que pudieran ocurrir. Esta publicación tiene por objeto proporcionar unos conocimientos precisos y acreditados sobre el tema tratado. Su venta no supone para el editor ninguna forma de asistencia legal, administrativa o de ningún otro tipo. En caso de precisarse asesoría legal u otra forma de ayuda experta, deben buscarse los servicios de un profesional competente.

Reservados todos los derechos de publicación en cualquier idioma.

Según lo dispuesto en el Código Penal vigente ninguna parte de este libro puede ser reproducida, grabada en sistema de almacenamiento o transmitida en forma alguna ni por cualquier procedimiento, ya sea electrónico, mecánico, reprográfico, magnético o cualquier otro sin autorización previa y por escrito de RA-MA; su contenido está protegido por la Ley vigente que establece penas de prisión y/o multas a quienes, intencionadamente, reprodujeren o plagiaren, en todo o en parte, una obra literaria, artística o científica.

Editado por:
RA-MA Editorial
Madrid, España

Colección American Book Group - Informática y Computación - Volumen 47.
ISBN No. 978-168-165-755-4
Biblioteca del Congreso de los Estados Unidos de América: Número de control 2019935096
www.americanbookgroup.com/publishing.php

Maquetación: Gustavo San Román Borrueco
Diseño Portada: Antonio García Tomé
Arte: Macrovector / Freepik

Somos lo que somos gracias a Internet.

ÍNDICE

INTRODUCCIÓN 11

CAPÍTULO 1. SNIFFERS 15
   1.1 CONCEPTOS BÁSICOS DE LA MONITORIZACIÓN DEL TRÁFICO
       DE LA RED 16
   1.2 TCPDUMP 17
       1.2.1 Instalación en Linux 17
       1.2.2 Instalación en entorno Microsoft Windows 19
       1.2.3 Utilizando la herramienta 22
       1.2.4 Interpretando la salida 24
   1.3 WIRESHARK 27
       1.3.1 Configuración 28
       1.3.2 Visualización de paquetes 31
       1.3.3 Analizando los datos 33
       1.3.4 Filtros de captura 35
   1.4 ROBANDO DATOS CON ETTERCAP 43
       1.4.1 Ettercap 44
   1.5 F.O.C.A 53
       1.5.1 Extraer y analizar información con F.O.C.A 54
   1.6 ANTI-SNIFFING 58
       1.6.1 Métodos de detección locales 58
       1.6.2 Métodos remotos de detección 60
       1.6.3 Monitorizando actividad ARP (*Address Resolution Protocol*) 63
   1.7 CONCLUSIONES 64

CAPÍTULO 2. FIREWALLS Y DETECTORES DE INTRUSOS 65
    2.1 FIREWALLS 65
        2.1.1 Clasificación de firewalls 66
        2.1.2 Tipos de filtrado en firewalls 67
        2.1.3 Arquitecturas de firewalls 72
        2.1.4 Conceptos 75
    2.2 DETECTORES DE INTRUSOS 76
        2.2.1 Tipos de IDS 78
        2.2.2 Componentes de los IDS 79
        2.2.3 Conectividad de los IDS 80
    2.3 HONEYPOTS Y HONEYNETS 81
        2.3.1 Algunos conceptos previos 82
        2.3.2 Clasificación de Honeypots 83
        2.3.3 Ventajas e inconvenientes de Honeypots 87
        2.3.4 Arquitectura y estrategia Honeypots 89
        2.3.5 Configuración de Honeypots 91
        2.3.6 Conclusiones 107
    2.4 UNTANGLE 108
        2.4.1 Componentes de Untangle 109
        2.4.2 Requisitos mínimos 110
        2.4.3 Instalación en entornos virtuales 111
        2.4.4 Instalación en entornos físicos 115
        2.4.5 Configuración inicial de Untangle 119
    2.5 MÓDULOS Y SERVICIOS EN UNTANGLE 127
        2.5.1 Web Filter Lite 129
        2.5.2 Virus Blocker Lite 133
        2.5.3 Spam Blocker Lite 135
        2.5.4 Phish Blocker 136
        2.5.5 Firewall 137
        2.5.6 Intrusion Prevention 139
        2.5.7 Captive Portal 141
        2.5.8 OpenVPN 144
        2.5.9 Reports 147
    2.6 IPTABLES 150
        2.6.1 Configuración Iptables 150
        2.6.2 Configuración tablas 151
        2.6.3 Establecimiento de rutas de acceso a firewall con Iptables 154

    2.6.4 Ejemplos Iptables 154
  2.7 CONCLUSIONES 157

CAPÍTULO 3. CIFRADO DE DATOS Y CANALES SEGUROS 159
  3.1 INTRODUCCIÓN 159
    3.1.1 Clave simétrica 161
    3.1.2 Clave asimétrica 162
    3.1.3 Firmas digitales 165
  3.2 INFRAESTRUCTURAS DE CLAVES PÚBLICAS 166
    3.2.1 Certificados digitales 167
    3.2.2 Autoridad Certificadora (CA) 167
    3.2.3 Autoridades de registro (RA) 168
    3.2.4 Lista de Certificados Revocados (CRL) 169
    3.2.5 Declaración de Prácticas de Certificación (CPS) 170
    3.2.6 Examinando los certificados digitales 171
  3.3 USOS DEL CIFRADO 173
    3.3.1 Extensiones seguras de correo Internet de propósito múltiple S/MIME 173
    3.3.2 Secure Socket Layer (SSL) y Transport Layer Security (TLS) 174
    3.3.3 Protocolo Seguro de Transferencia de Hipertexto HTTPS 176
    3.3.4 IPSec 176
    3.3.5 VPN-SSL 180
    3.3.6 SSH 181
  3.4 CIFRADO DE DATOS EN DISCO Y EMAILS 181
    3.4.1 Cifrado de datos con TrueCrypt 182
    3.4.2 Cifrado de disco con Bitlocker 194
  3.5 CIFRADO DE CORREOS ELECTRÓNICOS 197
  3.6 IMPLEMENTACIÓN DE UNA AUTORIDAD CERTIFICADORA RAÍZ 203
    3.6.1 Creación de un fichero de configuración CAPolicity.conf 204
    3.6.2 Instalación de Servicios de Certificados de Directorio Activo 205
    3.6.3 Obtención de Certificados 213
    3.6.4 Gestión de Certificados 222
  3.7 IMPLEMENTACIÓN DE PROTOCOLO SSL EN SERVIDORES WEB 226
    3.7.1 Instalación del certificado 229
    3.7.2 Implementación del protocolo en servidores Web Apache 231
  3.8 CONCLUSIONES 235

ÍNDICE ALFABÉTICO 237

INTRODUCCIÓN

El objetivo de este libro es introducir al lector en el mundo de la seguridad y el *hacking*, centrándose en la seguridad de las redes y de los datos que circulan por ellas. En él se explica al detalle cómo asegurar e interceptar las comunicaciones, desde el punto de vista del atacante y de la víctima.

Se trata de un contenido eminentemente práctico, que permitirá al lector iniciarse desde cero en este apasionante mundo del *hacking* de redes, comenzando por unas nociones de imprescindible conocimiento sobre el espionaje de redes y la intrusión en las mismas, a través de herramientas de monitorización de tráfico de red, técnicas de intercepción de información, interpretación de la información obtenida y métodos de protección contra intrusos.

Continuando con el ámbito perimetral, el lector aprenderá a configurar y atacar distintos sistemas, así como las herramientas que ayudan a mantener más seguras las redes, como *firewalls*, *Honey pots*, *Iptables* y más. De tal forma que ya no solo sabrá interceptar información, sino que será capaz de asegurar una red, detectar intrusos y realizar pruebas de *pentesting*.

Por último, este libro se centra en la confidencialidad e integridad de los datos, analizando sistemas criptográficos, tratando aspectos de los certificados digitales y analizando los distintos usos del cifrado de datos, como SSH, IPSec, VPN-SSL y otros. Dentro de este ámbito, el lector sabrá evitar que la seguridad de su información se pueda ver comprometida desde distintos puntos de vista: Correos electrónicos, archivos en discos e información enviada a través de entornos web, entre otros. De tal forma que conocerá los puntos fuertes y débiles de los distintos métodos de protección de la información.

Todos los ataques que se muestran en este libro se escenifican paso a paso, de manera práctica, de cara a que el lector pueda reproducirlos íntegramente en un laboratorio y adquirir las habilidades necesarias, para auditar la seguridad de las redes.

AUTORES DEL LIBRO

Antonio Ramos Varón

Profesor de postgrados y masters universitarios en las universidades de seguridad informática y *hacking* de sistemas: Universidad Complutense de Madrid, Universidad Alfonso X el Sabio (UAX), Universidad Rey Juan Carlos entre otras. Cuenta con más de 9 libros sobre seguridad informática y *hacking* en redes e internet publicados por las editoriales Anaya Multimedia y Ra-Ma. Imparte y participa durante años en seminarios y talleres de *hacking* de sistemas y seguridad informática en España e Iberoamérica. Director de contenidos y presentador de la serie de televisión para Discovery "*Mundo Hacker*".

Carlos Alberto Barbero Muñoz

Perito especializado en nuevas tecnologías y delitos digitales, con altos conocimientos en auditorías de seguridad informática y pentesting. Cuenta con una demostrada experiencia como consultor implementando tecnologías de seguridad perimetral y seguridad del puesto de trabajo, disponiendo de certificaciones de fabricantes de renombre como NetIQ, NetASQ y QualysGuard. En la actualidad desarrolla su labor en NetIQ en el área dedicada a soluciones de seguridad corporativa con proyectos de gestión de identidades, cumplimiento normativo, gestión de accesos y eventos de seguridad. Profesor del Título Superior de Seguridad Informática y Hacking *ético* de la Universidad Rey Juan Carlos.

Juan Manuel González Cañas

Profesional con más de 20 años de experiencia en tecnologías de la información, ha desarrollado su carrera profesional especializándose en entornos **GNU Linux**, actualmente se encuentra focalizado en proyectos de implantación de soluciones de control de accesos y gestión de identidades. Posee certificaciones de empresas especializadas en soluciones IAM como NetIQ y Novell. Ha realizado labores de consultoría e integración de soluciones para empresas tanto a nivel nacional como internacional.

Fernando Picouto Ramos

Profesional de las TIC con más de 20 años de experiencia. Ha trabajado en empresas multinacionales como Oracle, Sun, Fujitsu-Siemens, HP y Compaq. Coautor de libros de seguridad informática y *hacking* ético. Dentro del campo de la seguridad, se ha especializado en el diseño de arquitecturas seguras, gobierno, riesgo y cumplimiento GRC, así como en sistemas de criptografía y seguridad en plataformas Cloud. Posee varias licenciaturas y máster en dirección de empresas y marketing.

Enrique Serrano Aparicio

Ingeniero en Informática por la Universidad Pontificia de Salamanca, especializado en seguridad de aplicaciones web y dispositivos móviles. Cuenta con una amplia experiencia en distintos lenguajes de programación, de alto y bajo nivel, y ha realizado diversas investigaciones sobre tecnologías móviles bajo distintos sistemas operativos, en el ámbito de Geolocalización, monitorización de personas y tecnología NFC. Actualmente está focalizado en la seguridad de la información, tanto en el aspecto técnico como en el cumplimiento de estándares y normativas.

AGRADECIMIENTOS

Agradecer ante todo a nuestras familias el apoyo brindado y la paciencia mostrada cuando nos lanzamos en cada nueva publicación, por todas esas noches y días en que andamos desaparecidos y de mal humor. Sería imposible no agradecer a todos los cibernautas que aportan conocimientos en la red de manera desinteresada, a los que escriben en los foros de seguridad, a los que investigan, aportan y comparten conocimientos de seguridad informática, a los amigos de Made in Hell, a la gente de Haxorcitos y como no a los *hackers*.

Gracias también a D. Eduardo Ortega Castelló, director de la Escuela Universitaria de Estadística de la Universidad Complutense, a los profesores de siempre, que escuchan y soportan nuestras locuras informáticas, a Carlos Alberto García Vega, jefe de informática de la EUE, por su pasión en la seguridad informática y a nuestro compañero Yanko Vasílev Kólev por su ayuda y aportación desinteresada, para poder finalizar esta publicación en su correcto momento.

A quién sigo sin agradecerle nada

Finalmente, como me dejaron realizar esta introducción a esta nueva publicación revisada y soy quizás uno de los más radicales, hay que decir que si de *hackers* y *hacking* hablamos y si algo respetamos aún de esta filosofía, nunca podremos agradecer nada a aquellos que exprimen a nuestro mundo, aquellos que dejan a dos tercios de la humanidad morirse de hambre, aquellos que nos llenan de promesas banales pretendiendo vendernos su futuro, esos que intentan comprar nuestra lealtad a cambio de dinero, aquellos que se venden por unas monedas, aquellos que declaran quién es apto y quién no, quién es subversivo y quién no, aquellos que nos intentan comprar con la promesa de que algún día seremos como ellos, aquellos sobre los cuales *The Mentor* ironizó en su día, esos que te miden por lo que aparentas ser y no por lo que eres, esos que manipulan la "*media*" a su conveniencia, aquellos que hacen posible la alienación del hombre y manipulan la conciencia colectiva. Si enfrentarme a ellos, con mi reducido conocimiento informático, en un mundo donde el conocimiento y el aprendizaje tienden a infinito, es ser un *hacker,* entonces: ¡sí, soy un *hacker*! Gracias *hackers.*

Antonio Ramos Varón

Capítulo 1

SNIFFERS

Normalmente las organizaciones implementan soluciones como *firewalls*, *IDS/IPS* o *antivirus* para aumentar los niveles de seguridad. Pero este tipo de implementaciones por sí solas, no conllevan estar completamente "seguro" o disponer de un entorno confiable. Estos productos no son nada más que obstáculos para los potenciales atacantes. Son obstáculos robustos, pero aun así eludibles. Ante un troyano que utiliza el puerto 80 para conectar a Internet, el *firewall* clásico podría permitir la conexión sin representar un obstáculo. Y si el troyano es privado, el *antivirus* podría no ser capaz de detectarlo al no tener firmas disponibles para él. En este escenario, la organización podría haber sido comprometida, pero peor aún, no lo habría sabido. Como no existe una alarma ante este evento potencialmente peligroso, nadie tendría visibilidad del mismo, hasta que los servicios dejen de funcionar, además de tener grandes limitaciones a la hora de determinar qué es lo que está ocurriendo en la red de la organización.

La seguridad ha de entenderse como un camino o un proceso continuo, y de la misma manera que se puede observar a un potencial delincuente por la videocámara, para ver cómo perpetró el robo, se debe disponer de un sistema que pudiera monitorizar el tráfico de la red en caso de anomalías. En este capítulo, se mostrará el uso de varias herramientas de captura de paquetes y de qué manera se pueden utilizar tanto para la seguridad como para actividades de *hacking*.

1.1 CONCEPTOS BÁSICOS DE LA MONITORIZACIÓN DEL TRÁFICO DE LA RED

Antes de empezar a capturar paquetes, hay que saber una serie de conceptos clave relacionados con el conocimiento de redes, para poder entender qué es lo que ocurre. Además de tener conocimientos de TCP/IP, hay que saber cómo los sistemas se comunican uno con el otro. Mientras que las direcciones de red se configuran mediante el protocolo IP con una ordenación lógica, la comunicación entre sistemas requiere una conexión física o inalámbrica y un identificador único para las tarjetas de red. Este identificador único físico de la tarjeta de red se denomina MAC.

La dirección MAC se utiliza para establecer el enlace en la capa Ethernet de los sistemas y cada tarjeta de red tiene una MAC única. Cuando un sistema quiere comunicarse con otro, debe primero obtener esta dirección física, y lo hace mediante el protocolo ARP. El sistema que va a realizar la petición TCP/IP envía a la dirección de difusión un paquete especial denominado *Arp-Request*, donde esencialmente pregunta a todas las terminales de la red: "Tengo un paquete para la IP XXX.XXX.XXX.XXX, ¿eres tú esta máquina?" Si el ordenador al que se le ha hecho la pregunta reconoce la dirección IP como suya, responde con un paquete denominado *Arp-Reply* respondiendo al ordenador que realiza la petición: "Tengo esa IP, mi dirección MAC es XX:XX:XX:XX:XX:XX". Es importante destacar que mientras la IP se muestra en decimal, la dirección MAC es mostrada en hexadecimal. Una vez obtenida la dirección física, empieza la secuencia normal de comunicación entre los sistemas en la capa de transporte. Cada trama TCP/IP ahora contiene dentro de la capa de enlace Ethernet un identificador MAC.

Cuando el paquete se envía por la red, el encargado de hacerlo llegar a su destino es el nodo principal que une a todos los ordenadores mediante los cables de red Ethernet, RJ-45 o por wireless. Existen dos tipos de nodos, el *hub* y el *switch*. El *hub* fue el primero de su tipo, aunque ahora es una tecnología obsoleta. Su labor consiste en replicar todo paquete recibido, por una entrada de red al resto de las bocas de red. De esta manera, el paquete llegaba a su destino y la labor para discriminar el paquete era delegada al sistema que lo recibía.

En una red no conmutada (redes con *hub*), esto es importante, porque se da a entender que cualquier sistema que se conecta a la red, tendrá acceso a los paquetes de comunicación de los restantes. Cuando la interfaz de red en el sistema local obtiene un paquete cuya dirección MAC destino no coincide con la MAC de la propia tarjeta, ésta simplemente lo ignora, discriminando tráfico que no es dirigido hacia ella. Bastaría con indicarle a la interfaz de red que no ignore ningún paquete, independientemente de que coincida la dirección física o no. Activar la tarjeta en este modo promiscuo, se permite visualizar los paquetes de toda la red y leer las comunicaciones de otros. ¡Sería como levantar el teléfono y poder escuchar las conversaciones que realizan sus vecinos!

Este problema, sin embargo, ocurre solamente mediante el uso de un *hub*, que al recibir una trama TCP/IP, éste lo replica a toda la red asumiendo que uno de ellos es el destinatario. Hoy en día se dispone de *switches*, dotados de inteligencia que permite discriminar el direccionamiento del tráfico TCP/IP. Dentro de todos los *switches*, existe una tabla que almacena la dirección física de un ordenador y lo relaciona con el puerto RJ-45 donde está conectado. De esta manera, al comunicar los dos sistemas, el tráfico se redirige solamente entre ellos, excluyendo a cualquiera que no debiera tener acceso a ese tráfico.

1.2 TCPDUMP

Tcpdump es una poderosa herramienta que permite leer los paquetes que captura en una interfaz de red en modo promiscuo. **Tcpdump** fue desarrollado por Network Research Group (Grupo de Investigación para el Trabajo en Red) de la división de ciencias de la computación e informáticas en Lawrence Berkeley National Laboratory (Laboratorio Nacional de Lawrence Berkeley) ubicado en California, EEUU. Para examinar un segmento de Ethernet, **Tcpdump** opera con la tarjeta de red en "modo promiscuo". Esto significa que ahora el NIC, en vez de ignorar paquetes que no concuerden con su propia dirección MAC, los procesará de igual modo. De esta manera, todo paquete que simplemente llegue a la interfaz de red será capturado.

Tcpdump, al igual que otras herramientas de captura de paquetes, requiere de la librería Pcap (*packet capture*). Tanto la herramienta como la librería pueden ser descargadas de la página Web *www.tcpdump.org*. Esta herramienta se puede utilizar en plataformas **Linux** y **UNIX**. Para usuarios de **Microsoft Windows**, existe el proyecto **Windump**. Este proyecto contiene el código de la librería **Pcap** y la herramienta **Tcpdump** para plataformas **Microsoft Windows**. El proyecto se encuentra disponible en *www.winpcap.org*.

1.2.1 Instalación en Linux

A continuación, se detalla la instalación de **Libpcap** y **Tcpdump** en **Linux**. Siempre se debe probar, instalar desde el propio repositorio de *software* de la distribución **Linux** que se utiliza. Si no existe ahí o se desea instalar la última versión del programa, se pueden seguir las siguientes instrucciones. Primero deberá descargar los últimos paquetes del repositorio ubicados en la página *www.tcpdump.org*. En el momento de escribir este capítulo, **Libpcap** se encontraba en la versión 1.5.3 y **Tcpdump** en 4.5.1. Para descargar estos paquetes, se deben escribir en la consola los siguientes comandos:

```
~$ wget http://www.tcpdump.org/release/tcpdump-4.5.1.tar.gz
~$ wget http://www.tcpdump.org/release/libpcap-1.5.3.tar.gz
```

Una vez descargados, se procederá a desempaquetarlos mediante los siguientes comandos:

```
fernando@Linux:~$ tar -xzf libpcap-1.5.3.tar.gz
fernando@Linux:~$ tar -xzf tcpdump-4.5.1.tar.gz
```

Para finalizar, deberá configurar e instalar cada paquete empezando primero con la librería **Pcap**, que es una dependencia de **Tcpdump**. Para ello debe ejecutar:

```
~$ cd libpcap-1.5.3
~/libpcap-1.5.3$ su -c "./configure && make && make install"
```

Este último comando realiza todos los pasos de instalación. Se ejecuta mediante el comando **su**, ya que la última instrucción requiere permisos de **root**. El comando primero configurará las variables del entorno, y si no presenta errores, continúe con el siguiente comando que le indica como compilar el código fuente. Después de haberlo compilado, prosiga con la instalación reubicando los objetos compilados a sus directorios correspondientes en el sistema. El mismo procedimiento se puede repetir para **Tcpdump**. Primero, debe situarse en el directorio donde se desempaquetó **Tcpdump** y ejecute el mismo comando que antes:

```
~$ cd tcpdump-4.5.1
~/tcpdump-4.5.1$ su -c "./configure && make && make install"
```

Esto finalizara la instalación de **Tcpdump** en sistemas **Linux**. Puede probar que funciona ejecutándolo mediante el comando que consulta la ayuda:

```
fernando@Linux:~$ /usr/sbin/tcpdump --help
tcpdump version 4.5.1
libpcap version 1.5.3
Usage: tcpdump [-aAdDeflLnNOpqRStuUvxX] [-c count] [ -C file_size ]
               [ -E algo:secret ] [ -F file ] [ -i interface ]
 [ -M secret ]
               [ -r file ] [ -s snaplen ] [ -T type ] [ -w file ]
               [ -W filecount ] [ -y datalinktype ] [ -Z user ]
               [ expression ]
```

1.2.2 Instalación en entorno Microsoft Windows

A continuación, se detalla la instalación de **Winpcap** y **Windump**, las versiones de **Libpcap** y **Tcpdump** para **Microsoft Windows**. Diríjase a la página del proyecto en *www.winpcap.org*, se mostrará un menú con los enlaces de descarga a los programas del proyecto.

Figura 1.1. Página de Winpcap con enlaces al instalador de la librería

Primero se debe instalar la librería **Winpcap**. Descargue el instalador mediante el primer botón **Get WinPcap**. El fichero es un instalador autoejecutable, así que no debiera obtener problema alguno en el proceso. Siga las instrucciones que se muestran en pantalla hasta llegar al final del proceso de instalación.

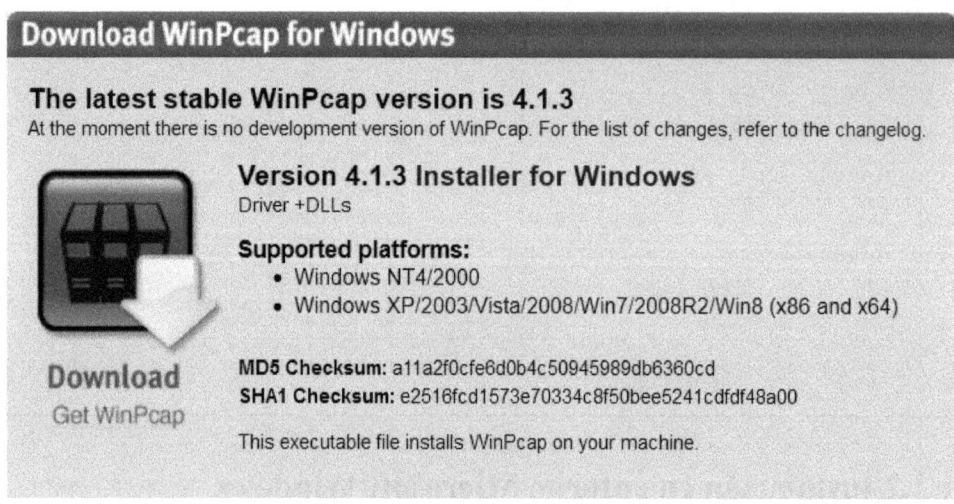

Figura 1.2. Descargar el instalador de Winpcap, la librería de captura de paquetes para Windows

Una vez instalada la librería, ya podrá hacer uso de **Windump**. Descargue el programa a través del portal Web del proyecto, donde en el menú **WinDump**, se encuentra el enlace **Get WinDump**. A diferencia del paso anterior, el ejecutable descargado es el programa en sí y no un instalador.

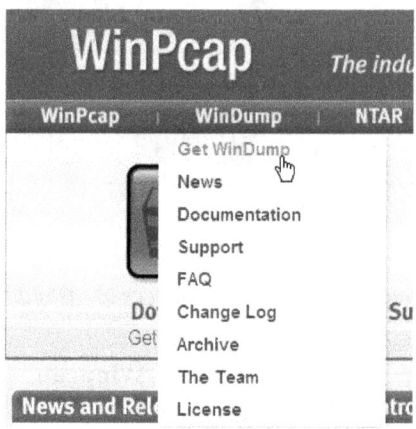

Figura 1.3. Descargar el programa Windump para visualizar paquetes capturados

WinDump: Download for Windows

Before running WinDump, you have to download and install WinPcap 3.1 or newer.

Download WinPcap »

The latest WinDump version is 3.9.5. For the list of changes, refer to the change log.

802.11 WLAN support: WinDump can be used in conjunction with the Riverbed AirPcap adapter to sniff and troubleshoot 802.11b/g wireless networks.

Download
Get WinDump

Download WinDump version is 3.9.5

This is a uncompressed executable.
It does not need any installation.
It works under Windows 95/98/NT/2000/XP/2003.

To run WinDump:
1. Install WinPcap
2. Download WinDump.exe
3. execute the program from the command line

Note: in order to use WinDump under Windows Vista, please read the WinPcap FAQ Q-28.

SHA1: d59bc54721951dec855cbb4bbc000f9a71ea4d95
MD5: 7b50683722d9efd3dccbb9e65ec0f2df

Figura 1.4. Descargar el programa Windump para visualizar paquetes capturados en Windows

Se copia el archivo windump.exe al directorio **C:\Windows**. De esta manera, la herramienta se incluye en la ruta de comandos ejecutables para la línea de comandos de **Microsoft Windows**. Para probar que funciona, utilice una línea de comandos a través de **Inicio->Ejecutar** y escriba **cmd** en la ventana que aparece. Ejecute **windump -h** para mostrar la ayuda.

```
C:\Users\fernando>windump -h
windump version 3.9.5, based on tcpdump version 3.9.5
WinPcap version 4.1.3 (packet.dll version 4.1.0.2001), based on libpcap version
1.0 branch 1_0_rel0b (20091008)
Usage: windump [-aAdDeflLnNOpqRStuUvxX] [ -B size ]
[-c count] [ -C file_size ] [ -E algo:secret ]
[ -F file ] [ -i interface ] [ -M secret ][ -r file ]
[ -s snaplen ] [ -T type ] [ -w file ][ -W filecount ]
[ -y datalinktype ] [ -Z user ][ expression ]
```

1.2.3 Utilizando la herramienta

Para empezar a utilizar la herramienta, lo primero que se debe hacer es elegir la interfaz de red en la que quiere capturar paquetes. En **Linux**, con el comando **ifconfig** se pueden listar las interfaces que hay disponibles.

```
C:\Users\fernando>windump -D
1.\Device\NPF_{327B48DB-D374-4A1B-88DE-A7F0DE3AAF92}(Intel(R) PRO/1000 MT Network Connection)
```

Por defecto, **Tcpdump** captura los paquetes que lleguen a la interfaz de red eth0. Sin embargo, si se quiere capturar de otra tarjeta, se puede especificar mediante el *switch* -i seguido por el nombre de la interfase deseada. **Tcpdump** también puede aceptar la palabra clave **any** para escuchar sobre todas las interfaces de red. Sin embargo, utilizar todas las tarjetas de red también deshabilita el uso del modo promiscuo. Lo cual no es un problema, si tan solo se quiere capturar el tráfico proveniente o dirigido hacia el mismo sistema.

En **Microsoft Windows**, se debe especificar siempre la interfaz de red. Para listar los dispositivos disponibles, primero se ejecuta **Windump** con el *switch* -D. Listará un adaptador genérico y las tarjetas de red físicas que estén disponibles.

Especifique el número de la interfaz con el *switch* -i para empezar a capturar paquetes de esa tarjeta de red. A diferencia de **Tcpdump**, **Windump** no tiene la palabra clave **any**. En **Linux** puede empezar a capturar trafico tan solo con el comando **tcpdump -i eth0** y en **Microsoft Windows** mediante el comando **windump -i 1**. En **Linux** es necesario tener privilegios de root para capturar los paquetes como en el ejemplo siguiente:

```
root@Linux:~# tcpdump -i eth0
tcpdump: verbose output suppressed, use -v or -vv for full proto
col decode
listening on eth0, link-type EN10MB (Ethernet), capture size 96
bytes
15:59:49.237512 IP 89-138-165-106.bb.netvision.net.il.4662 > 192.
168.2.2.36242: P 2695086606:2695087623(1017) ack 2692602974 win
2743 <nop,nop,timestamp 2189361855 109954077>
15:59:49.237575 IP 192.168.2.2.36242 > 89-138-165-106.bb.netvisi
on.net.il.4662: . ack 1017 win 501 <nop,nop,timestamp 109955061
2189361855>
```

La captura por defecto de **Tcpdump** muestra poca información de los paquetes que se capturaron. Se puede utilizar la opción **–v** para que muestre más detalle. Se puede combinar con otra v adicional para obtener un mayor efecto sobre el nivel de información que se muestre.

```
root@FromHell:~# tcpdump -i eth0 -vv
tcpdump: listening on eth0, link-type EN10MB (Ethernet), capture size 96 bytes
16:11:40.105402 IP (tos 0x0, ttl 113, id 21272, offset 0, flags [DF], proto: TCP (6), length: 1460) 85.75.194.194.51654 > 192.168.2.2.39216: . 415516106:4155175 14(1408) ack 1540373938 win 65535 <nop,nop,timestamp 176941 110663242>
```

Puede ser interesante capturar, además de las cabeceras, los datos que están transportando los paquetes. La captura de las cabeceras es interesante en el momento en que se quieran medir los tiempos de respuesta en la red o bien mantener las estadísticas del tráfico. Pero la única manera de saber qué es lo que en verdad está ocurriendo en la red es inspeccionar profundamente los paquetes en circulación. Para visualizar los contenidos de los paquetes capturados, se usa la opción **-x** que imprime todo el paquete en hexadecimal menos la capa de enlace. Con la opción **-x**, también se imprime la información en hexadecimal, pero además lo acompaña con la información codificada en ASCII a un lado.

```
root@Linux:~# tcpdump -i eth0 -vvX
tcpdump: listening on eth0, link-type EN10MB (Ethernet), capture size 96 bytes
16:27:11.854057 IP (tos 0x0, ttl 112, id 17869, offset 0, flags [DF], proto: TCP(6), length:52) c155-51.icpnet.pl.31476 > 192.168.2.2.36664: F, cksum 0x13d8 (correct), 2873425488:2873425488(0) ack 365711457 win 16995 <nop,nop,timestamp 5937 111555839>
0x0000:  4500 0034 45cd 4000 7006 113c 55dd 9b33    E..4E.@.p..<U..3
0x0010:  c0a8 0202 7af4 8f38 ab44 fe50 15cc 5061    ....z..8.D.P..Pa
0x0020:  8011 4263 13d8 0000 0101 080a 0000 1731    ..Bc...........1
0x0030:  06a6 34ff
```

La librería **Pcap** le otorga a **Tcpdump** la posibilidad de almacenar los paquetes capturados para su uso posterior. Mediante la opción **-w** *archivo*, se le indica a **Tcpdump** que debe almacenar los paquetes en un fichero con el nombre "archivo". El fichero está en un formato binario, que puede ser leído posteriormente con la opción **-r** *archivo*, donde "archivo" es el fichero que se indicó previamente para almacenar las capturas. Estas opciones resultan ser muy útiles para poder estudiar el tráfico de manera detallada e inclusive *offline*. Algo interesante es que con la opción **-r**, se pueden combinar con todas las operaciones normales y de filtrado, que se verán más adelante.

1.2.4 Interpretando la salida

Lo más importante en el momento de monitorizar tráfico de red, es tener un buen conocimiento de los distintos protocolos tanto de transporte como de aplicación. Lo único que hay en común a través de las diversas salidas es que primero siempre aparece la marca de tiempo. A continuación, se detalla cómo se debiera interpretar la información presentada por **Tcpdump** con distintos protocolos comunes.

1.2.4.1 PETICIONES ARP/RARP

El protocolo ARP (*Address Resolution Protocol*) está documentado en el RFC 826 y RARP (*Reverse Address Resolution Protocol*) en RFC 1293. Las peticiones ARP aparecen de la siguiente manera:

```
12:52:52.739706 arp who-has 192.168.2.2 tell 192.168.2.1
12:52:52.739733 arp reply 192.168.2.2 is-at 00:90:f5:4b:aa:3e
```

Considérese este ejemplo, en la primera línea el sistema con la dirección IP 192.168.2.1 quiere preguntar quién tiene la dirección IP 192.168.2.2. La segunda línea indica una respuesta del sistema con IP 192.168.2.2 devolviendo la dirección MAC de su tarjeta de red.

1.2.4.2 TCP

El protocolo TCP (*Transport Control Protocol*) se detalla en RFC 793. El formato de las cabeceras de sesiones TCP en **Tcpdump** se detalla de la siguiente manera:

```
origen > destino: bits_de_control [número_de_secuencia acuse_de_
recibo ventana puntero_urgente opciones]
```

- En **origen** y **destino** se detalla la dirección IP y puerto del ordenador origen y el terminal destino.

- Los **bits de control** resultan ser distintas combinaciones de S (SYN), F (FIN), P (PSH), R (RST), W (ECN CWR) o E (ECN-Echo), o un único (.) (sin bits de control).

- El siguiente campo se refiere al **número de secuencia** del primer byte de datos en este segmento TCP. El formato es *primero:último(n)*, que significa que desde el primero al último (sin incluir el último) hay un total de n bytes de datos.

- El **acuse de recibo** se usa cuando el bit de control ACK está activado. El campo contiene el valor del siguiente número de secuencia que el emisor del segmento espera recibir.

- **Ventana** es el número de octetos de datos, a contar a partir del número indicado en campo de acuse de recibo, que el emisor de este segmento está dispuesto a aceptar.

- El **puntero urgente** indica la existencia de datos urgentes.

- Las distintas **opciones** que existan serán mostradas entre los caracteres < y >.

Ejemplos de comunicación en TCP. Éste es un ejemplo de una negociación en tres pasos, más conocido como el famoso *three-way handshake*:

```
1) 192.168.2.2.38514 > 192.168.2.1.ssh: S 3399381519:3399381519
(0) win 5840 <mss 1460,sackOK,timestamp 5204149 0,nop,wscale 7>

2) 192.168.2.1.ssh > 192.168.2.2.38514: S 3596099790:3596099790
(0) ack 3399381520 win 5792 <mss 1460,sackOK,timestamp 557524
5204149,nop,wscale 0>

3) 192.168.2.2.38514 > 192.168.2.1.ssh: . ack 1 win 46 <nop,nop,
timestamp 5204149 557524>
```

1) El sistema cliente envia al servidor SSH un paquete TCP con el bit de SYN activado. El número de secuencia es 0 con una ventana de 5.840. El paquete contiene opciones. La ventana indica al servidor que el siguiente paquete que reciba en respuesta deberá ser de 5.840 bytes o menos.

2) El servidor SSH responde al cliente con el bit de SYN y ACK activados. Responde con un acuse de recibo que equivale al número de secuencia del paquete anterior más uno (3399381519 + 1 = 3399381520). Tiene una ventana de 5792 bytes. El paquete contiene opciones.

3) El sistema cliente responde solamente con el bit de ACK, el punto (.) indica que no hay otros bits de control. Tiene una ventana de 46 bytes y contiene opciones.

Éste es un ejemplo de comunicación SSH, específicamente el intercambio de la llave cifrada del servidor al cliente:

```
1) 192.168.2.1.ssh > 192.168.2.2.38514: P 42:650(608) ack 32 win
5792 <nop,nop,timestamp 557529 5204183>

2) 192.168.2.2.38514 > 192.168.2.1.ssh: . ack 650 win 56 <nop,nop
,timestamp 5204242 557529>

3) 192.168.2.2.38514 > 192.168.2.1.ssh: P 32:744(712) ack 650 win
56 <nop,nop,timestamp 5204322 557529>
```

1) El servidor SSH inicia el protocolo de intercambio de llaves. Envía un paquete TCP con el bit PSH activado con un número de secuencia que inicia en 42 y termina en 650. Un acuse de recibo en 32 (siguiente inicio de número de secuencia que espera). Tiene una ventana de 5.792 bytes para poder recibir y contiene opciones.

2) El sistema cliente responde sin bits de control activados y con el acuse de recibo en 650 (el número equivale al número de secuencia del último byte, confirmando que recibió el paquete completo) y con una ventana de 56 bytes.

3) El sistema cliente prosigue en iniciar el intercambio de llaves enviando el suyo. Es un paquete con el bit de PSH activado, el número de secuencia inicia en 32 (equivalente al acuse de recibo del primer paquete) y termina en 744. El acuse de recibo es de 650 y la ventana de 56 bytes. El paquete contiene opciones.

1.2.4.3 UDP

El protocolo UDP (*User Datagram Protocol*) está especificado en el RFC 768. El paquete tiene el siguiente aspecto:

```
IP_Origen.Puerto_Origen > IP_Destino.Puerto_Destino: udp tamaño_
en_bytes]
```

Un ejemplo de un paquete UDP sería:

```
12:35:21.457350 IP 10.10.109.10.1025 > 192.168.1.2.1345: udp 121
[ttl 1]
```

Algunos servicios que utilizan UDP son reconocidos por el puerto utilizado y se imprime la información que provee el protocolo de alto nivel. En particular se reconocen las peticiones y respuestas a los servidores de nombre, tanto como las llamadas RPC al servicio NFS. Lo que sigue es un ejemplo de los primeros cuatro paquetes en una resolución DNS:

```
13:56:11.031411 IP 192.168.2.2.33192 > ns1.comunitel.net.domain:
59371+ AAAA? mail.yahoo.com. (32)

13:56:11.032030 IP 192.168.2.2.33193 > ns1.comunitel.net.domain:
65535+ PTR? 97.4.145.212.in-addr.arpa. (43)

13:56:11.115043 IP ns1.comunitel.net.domain > 192.168.2.2.33192:
59371 2/1/0 CNAME login.yahoo.com., (151)

13:56:11.115219 IP 192.168.2.2.33194 > ns1.comunitel.net.domain:
64230+ A? mail.yahoo.com. (32)
```

1.2.4.4 ICMP

Los paquetes ICMP varían según el contenido del mensaje. Puede referenciar las especificaciones Para un mensaje de tipo *Echo Request* o *Echo Reply*, el contenido del paquete será el siguiente:

```
Origen > Destino: Tipo de mensaje, identificador, secuencia,
tamaño
```

Considere el siguiente ejemplo de un paquete ping:

```
1) 192.168.121.135 > 192.168.121.1: ICMP echo request, id 21527,
seq 5, length 64

2) 192.168.121.1 > 192.168.121.135: ICMP echo reply, id 21527,
seq 5, length 64
```

El primer paquete envía una petición ping al ordenador con dirección IP 192.168.121.1. El tipo del mensaje es un ICMP *Echo Request*. Tanto el identificador, como el número de secuencia se entregan para poder referenciar el paquete ICMP relacionado.

El segundo paquete es la respuesta a la petición ping. El tipo del mensaje es ICMP *Echo Reply*. Tanto el identificador como el número de secuencia son los mismos que en el paquete previo, indicando que están relacionados.

1.3 WIRESHARK

El proyecto **Wireshark** es una evolución del proyecto Ethereal. Este *software* de código libre ayuda en el análisis de protocolos de red y es desarrollado por expertos en redes de todo el mundo. La aplicación está disponible para plataformas **UNIX**, **Linux**, **Microsoft Windows** y **Mac OS X**. Ethereal era el proyecto original, pero por disputas de marcas registradas sobre el nombre del programa, Gerald Combs, fundador, decidió cambiar el nombre del proyecto a **Wireshark**, siendo éste el mismo programa y con los mismos desarrolladores que antes trabajaban en Ethereal.

Para descargar el programa, diríjase al portal Web del proyecto *www.wireshark.org*. El proyecto contiene instaladores para **Microsoft Windows**, y el código fuente listo para compilar para **Linux**. La mayoría de las distribuciones **Linux** lo incluyen en sus repositorios como un paquete estándar. **Wireshark** utiliza al igual que **Tcpdump**, las librerías **Pcap** para la obtención de paquetes. Por lo tanto, **Wireshark** se limita a capturar los medios soportados por la librería, tanto en redes Ethernet como Wireless.

1.3.1 Configuración

La principal ventaja de **Wireshark**, es poder utilizar una interfaz gráfica. La ventana principal de la herramienta es la siguiente.

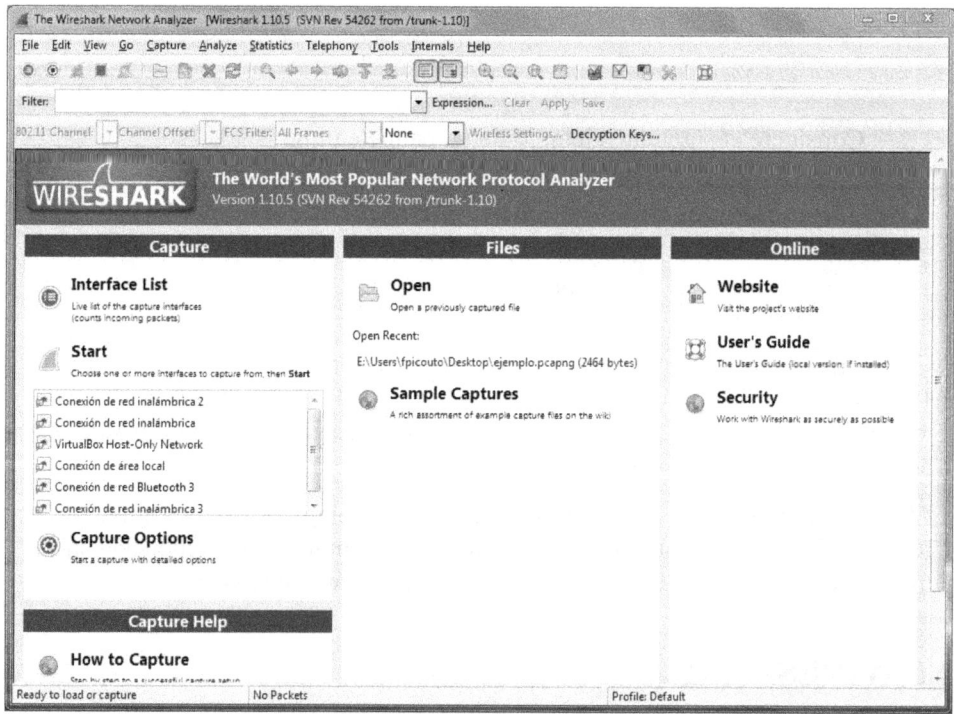

Figura 1.5. Ventana principal Wireshark

Para empezar a utilizar esta herramienta, se describirá cómo configurar la interfaz que se destina a la captura de paquetes. Desde las opciones de menú, seleccione **Capture->Options**. Se mostrará una pantalla especificando las distintas opciones disponibles para preparar la interfaz, previamente a iniciar una sesión de captura de paquetes.

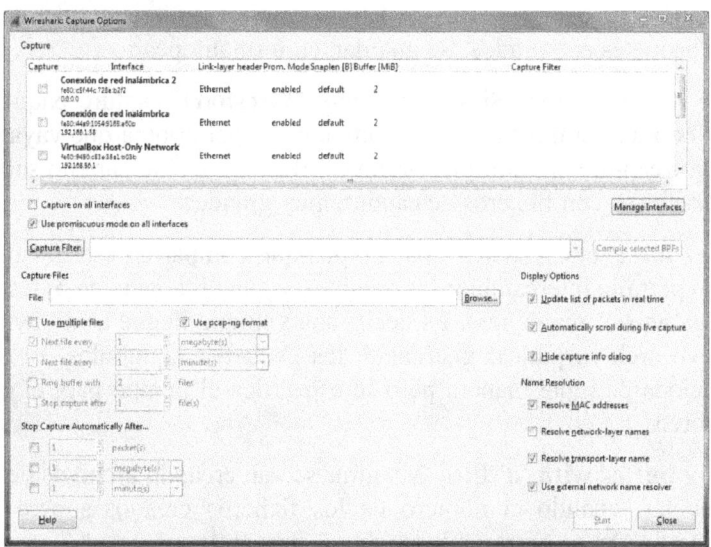

Figura 1.6. Ventana configuración opciones para interfaz de red

En el recuadro de opciones Capture, se muestran las siguientes opciones para configurar la interfaz de red:

- **Interface**. Por defecto se configura la interfaz local de red. Se provee un campo desplegable para poder elegir la tarjeta a utilizar para la captura de paquetes. Por defecto está seleccionada la primera interfaz disponible. La opción de conectarse a una interfaz remota se puede lograr vía el servicio de captura de paquetes en remoto (*remote packet capture*) instalado junto con la librería de Winpcap. Por ahora solo funciona en ordenadores con sistema operativo **Microsoft Windows**.

- **Capture on all interfaces**. Seleccionando esta opción, la herramienta captura en todas las interfaces listadas en la opción anterior, ya sean de red físicas o Wireless.

- **Capture packets in promiscuous mode**. Este campo está activado por defecto, se selecciona para capturar paquetes en modo promiscuo. Esto es necesario para que se evalúen todos los paquetes que no sean destinados a uno mismo.

- **Capture filter**. Este campo se utiliza para especificar los filtros de captura (se examinará más adelante en el capítulo).

En el recuadro de opciones Capture File(s) se muestran las siguientes opciones para configurar dónde se quieren guardar los datos capturados:

- **File**. En este campo se escribe la ruta donde se quiere guardar el archivo de los paquetes capturados. Se guardan en formato .pcap.

- **Use múltiple files**. Si se desea que **Wireshark** capture paquetes por un período de tiempo extenso, se activa esta opción para que vaya guardando lo que captura en múltiples archivos. Recomendable para no sobresaturar a **Wireshark** con ficheros de captura muy grandes.

- **Next file every**. Existen dos campos que comparten este mismo nombre. Uno permite intercambiar los archivos según el tamaño en bytes (kilobytes, megabytes o gigabytes). Es decir, una vez que llegue a "n" bytes, crea un nuevo archivo para ir guardando los paquetes capturados. El otro campo funciona de igual manera pero se especifica el tiempo para el ciclo de los archivos.

- **Ring buffer with 'n' files**. Mientras se van creando archivos de captura de paquetes, cuando el número de los ficheros creados supere el número especificado, se borrarán los archivos más antiguos.

- **Stop capture after 'n' file(s)**. Detiene la captura después de "n" archivos creados.

Otras opciones de Capture files son:

- **Capture packets in pcap-ng format**. Este campo es indicado como experimental. Utilícelo para evaluar la nueva generación del formato binario de captura de paquetes.

Hay más opciones para detener la captura de paquetes en el recuadro de opciones etiquetado Stop Capture:

- La primera opción se puede activar para detener la captura después de un número de paquetes especificado.

- La opción siguiente detiene la captura de paquetes después de una cantidad especificada de bytes.

- La última opción permite detener la captura en base al tiempo.

En la sección Display Options, **Wireshark** dispone de unas opciones para monitorizar paquetes en tiempo real:

- **Update list of packets in real time**. Esta opción activa la visualización de los paquetes en tiempo real.

- **Automatic scrolling in live capture**. Esta opción requiere que esté activada la lectura de paquetes en tiempo real. Permite el desplazamiento automático de los paquetes mostrados en pantalla.

- **Hide capture info dialog**. Esconde la ventana de información de los paquetes capturados.

Por último, la sección **Name Resolution** ofrece opciones para resolución de nombres:

1. **Resolve MAC address**. Activa la resolución de nombres en la capa de enlace, resolviendo el identificador MAC a un nombre.

2. **Resolve network-layer names**. Activa la resolución de nombres en la capa de red, resolviendo la dirección IP pública a un nombre de dominio cualificado.

3. **Resolve transport-layer names**. Activa la resolución de nombres en la capa de transporte, resolviendo la dirección IP a un nombre de *host*.

Una vez elegidas las opciones que se requieren para la monitorización, se puede iniciar la sesión de captura de paquetes pulsando sobre **Start**.

1.3.2 Visualización de paquetes

Una vez que todo ha sido configurado e iniciada la captura de paquetes, si se activó la opción de mostrar los paquetes en tiempo real, se podrá ver inmediatamente como el tráfico de red se muestra en la pantalla de la herramienta. Si por el contrario, no se activó, se procesarán para ser visualizados una vez que se detenga la captura de paquetes.

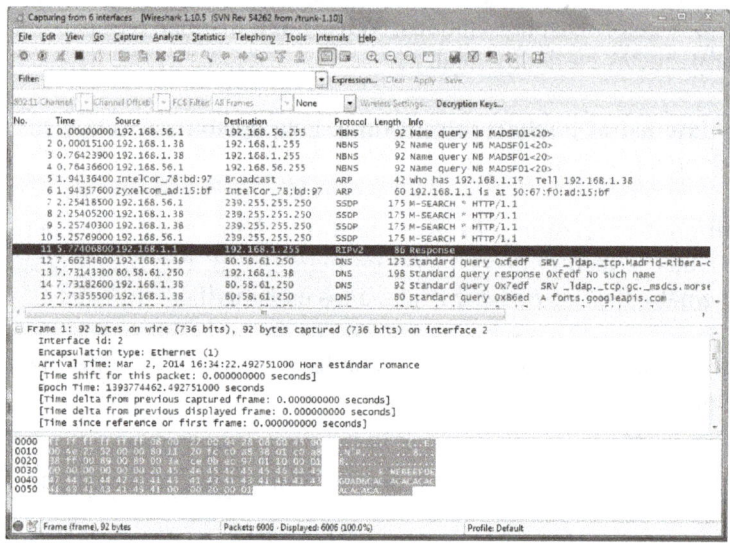

Figura 1.7. Muestra de paquetes capturados con Wireshark

La primera sección de **Wireshark** muestra información general sobre los paquetes capturados. Informa sobre la dirección IP origen y destino, el protocolo e información general. La información general es variada y en general muestra información contenida en la cabecera del protocolo utilizado. Sin embargo, cuando el paquete contiene datos en la capa de aplicación, si **Wireshark** conoce el protocolo utilizado, mostrará dicha información al usuario. Así, será más fácil analizar los paquetes capturados con el objeto de encontrar alguno en particular.

La segunda sección de **Wireshark** será la de mayor interés en la mayoría de los casos. **Wireshark** resulta ser una aplicación bastante útil para el estudio de los protocolos, ya que reconoce la gran mayoría de ellos. Desde la capa de enlace hasta la capa de aplicación, la aplicación puede identificar dentro del paquete los distintos campos del protocolo utilizados y detallar la información que contienen. La primera línea de información, muestra el número de la trama, para hacer referencia y el tamaño del paquete en bytes. Las líneas que siguen son los datos que transporta el paquete presentado según el modelo por capas de TCP/IP. Cada capa se puede expandir para mostrar los atributos y valores que contiene.

La tercera sección de la ventana de visualización de paquetes muestra el cuadro binario capturado, codificado en hexadecimal y ASCII para facilitar la lectura. Cada línea son 16 bytes en longitud. Según se vayan marcando las capas y campos en la segunda sección de la ventana principal de **Wireshark**, los bytes que representan ese campo o capa se van destacando dentro de ambas codificaciones: hexadecimal y ASCII.

1.3.3 Analizando los datos

Capturar los paquetes es tan solo el primer paso para analizar lo que está ocurriendo en una red. Determinar la causa de un mal funcionamiento o analizar las evidencias, en busca del potencial atacante es algo que requiere paciencia y dedicación. **Wireshark** incluye una serie de herramientas que harán que el análisis de la red sea más fácil. Cuando se realiza una captura, **Wireshark** tiene una opción **Statistics**, donde se pueden encontrar una serie de herramientas que se encargarán de analizar la sesión capturada y resumir los datos en informes sencillos de interpretar.

Cuando se disponga de suficientes paquetes capturados, diríjase a la opción **Statistics-> Conversations**. Esta opción resumirá las comunicaciones que se han establecido entre las distintas direcciones IP, emparejando todas las sesiones TCP/IP. Se abrirá una nueva ventana que le presentará la información encontrada, dependiendo del tipo de tráfico, las pestañas de la ventana se activarán para poder clasificar las comunicaciones según los protocolos involucrados y ordenar las comunicaciones en base a sus atributos.

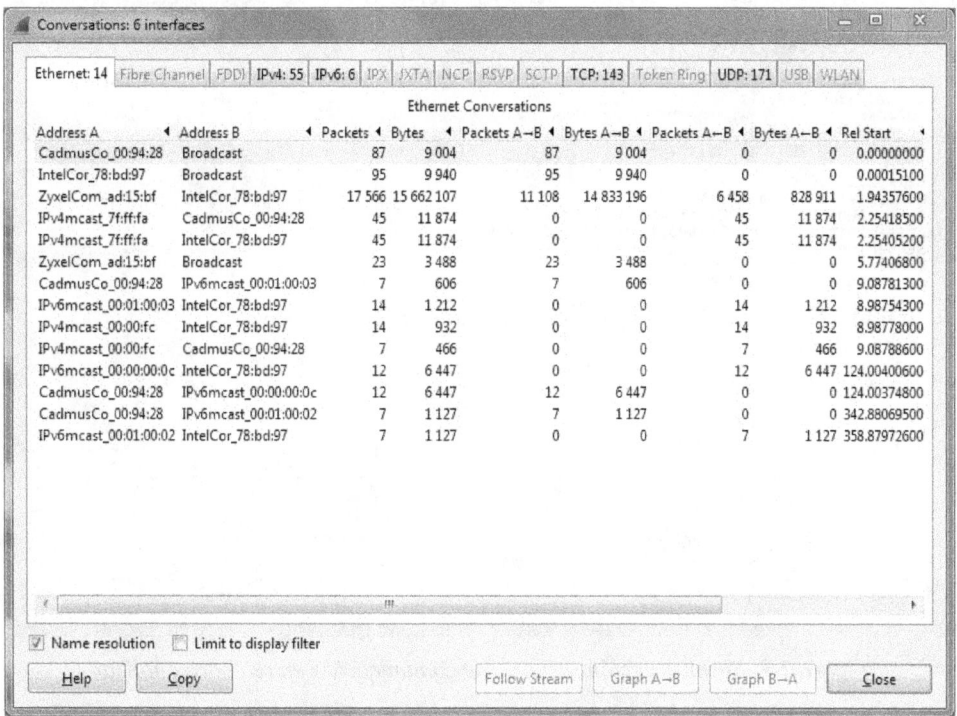

Figura 1.8. Informes en Wireshark

Una vez se tenga una visión general de lo que ocurre gracias a estos informes, se puede empezar a analizar los datos para comprender qué es lo que está ocurriendo. Una vez se ha decidido qué es lo que se desea buscar, se podrá aislar el resto del tráfico para analizar una sesión TCP/IP en particular. En **Wireshark**, esta tarea es relativamente sencilla, gracias a que la herramienta puede reconstruir una sesión de red para que la puedan evaluar de una manera más clara.

Una vez se haya encontrado un paquete de interés que forme parte de la sesión a reconstruir, seleccione el evento con el botón derecho del ratón para abrir el menú de opciones. Seleccionar **Follow TCP Stream** o **Follow UDP Stream**, dependiendo del caso (lógicamente el nombre cambiará según el protocolo a analizar). Aparecerá una ventana con la sesión reconstruida en su totalidad, donde si se transporta la información en ASCII, podrá leer e interpretar de una manera más intuitiva que es lo que ocurre en la conversación entre ambos sistemas.

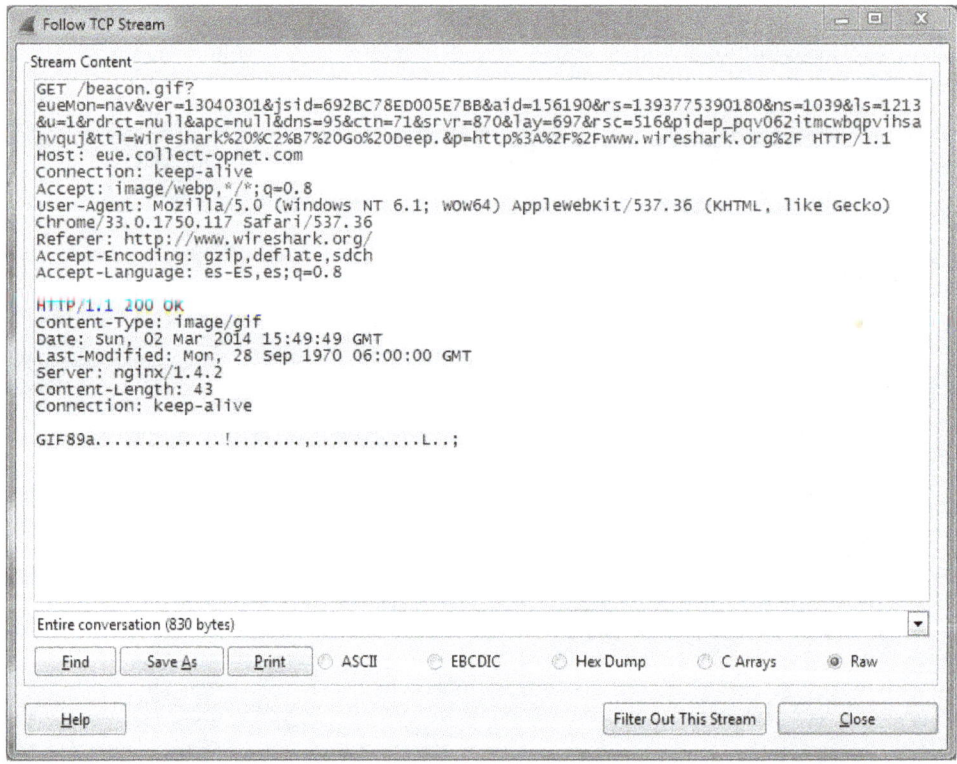

Figura 1.9. Reconstrucción sesiones de comunicación en red para analizar

En este caso, se puede apreciar que la sesión reconstruida es una operación con el protocolo HTTP. Las peticiones al servidor HTTP se muestran en un color distinto de las respuestas al cliente, para que se pueda diferenciar quién envía qué.

La sesión dura desde el momento en que el cliente establece la comunicación HTTP y termina en cuanto termine la operación, que es la visualización de una página web.

1.3.4 Filtros de captura

Cuando se inicia la captura del tráfico de red, normalmente no se quiere capturar todos los paquetes. Una razón para no capturarlos todos, es porque la información que se tendría que revisar sería demasiado extensa. En una red, hay tráfico todos los días que es perfectamente normal y no contiene nada interesante. Normalmente, interesa solo capturar los paquetes que no sean normales o estén fuera de lugar dentro de la red. Tal vez solo interesa capturar los paquetes con bits de control que no concuerden con el RFC, en busca de sistemas que estén tratando de escanear los puertos de los equipos. Si se quiere monitorizar el tráfico de un servicio en particular, la posibilidad de crear un filtro de captura será de gran ayuda, no solo para generar registros más claros sino también para aligerar la carga sobre el sensor que captura las tramas. Esto hace más fácil la vida del administrador de red cuando tiene que revisar todo el tráfico que se capturó en busca de actividad sospechosa. A continuación, se trabajará sobre la sintaxis necesaria para poder crear filtros de captura. La sintaxis para los filtros funciona para toda aplicación creada con la librería Pcap.

1.3.4.1 APRENDIENDO SOBRE EL FILTRADO DE TRÁFICO

Existe una variedad distinta de palabras clave que ayudarán a filtrar las características más buscadas en el tráfico de red. A continuación, se detallarán algunas de ellas, para una referencia más extensa, se puede consultar la ayuda del *man page* para **Tcpdump** en **Linux** o revisar la documentación publicada en Internet:

http://www.tcpdump.org/tcpdump_man.html

Filtrado por ordenador:

`host 'ordenador'`	'Ordenador' es un nombre que se puede resolver mediante fichero o DNS o bien la dirección IP del ordenador.
`src host 'ordenador'`	Los paquetes que se originen de 'ordenador'.
`dst host 'ordenador'`	Los paquetes que se destinen a 'ordenador'.

Ejemplos de uso:

`host 192.168.0.1`	Captura todos los paquetes que se originan o se destinan al ordenador con IP 192.168.0.1.
`src host 192.168.0.1`	Captura todos los paquetes que se originen del ordenador con IP 192.168.0.1.
`dst host webserver`	Captura todos los paquetes que se destinen al ordenador llamado 'webserver'.

Filtrado por puerto:

`port 'puerto'`	Donde 'puerto' es el número de puerto para la comunicación con servicios.
`src port 'puerto'`	Captura los paquetes que se originen de ese puerto.
`dst port 'puerto'`	Captura los paquetes que se destinen a este puerto.

Ejemplos de uso:

`port 21`	Captura todos los paquetes que se originan o se destinan al puerto 21, servicio dedicado usualmente para sesiones FTP.
`src port 80`	Captura todos los paquetes que provengan de un puerto 80, en concreto el tráfico Web.
`dst port 22`	Captura todos los paquetes que se destinen al puerto 22, en concreto el tráfico del servicio SSH.

Filtrado por red:

`net 'red'`	Donde 'red' son los bits más significativos de la dirección IP qué indica a qué red pertenece.
`src net 'red'`	Captura todos los paquetes que se originan de la red especificada.
`dst net 'red'`	Captura todos los paquetes que se destinan a la red especificada.

Ejemplos de uso:

dst 192.168.1	Todos los paquetes que se originan o se destinan a la red 192.168.1.0.
src net 192.168.1	Captura todos los paquetes que provengan de la red 192.168.1.0.
dst net 192.168.1	Captura todos los paquetes que se destinen a la red 192.168.1.0.

Filtrado Ethernet:

Ip	Capturar todos los paquetes de protocolo IP.
arp	Capturar todos los paquetes del protocolo de resolución de dirección física.
rarp	Capturar todos los paquetes de resolución de dirección física reversa.

Estos filtros se pueden utilizar con ambas aplicaciones **Tcpdump** y **Wireshark**. Para utilizar un filtro con **Tcpdump**, solo tendrá que escribir el filtro con sus argumentos de la siguiente manera:

```
tcpdump -v dst host 192.168.0.1
```

En **Wireshark**, deberá introducir el filtro en el diálogo de opciones de captura, dentro del campo correspondiente descrito anteriormente en el apartado de configuración.

1.3.4.2 COMBINANDO LAS PRIMITIVAS

Las palabras clave primitivas se pueden combinar para lograr filtros más sofisticados y resultados más certeros. De la misma manera que se pueden concatenar instrucciones en lenguajes de programación, la sintaxis de filtrado permite la unión o alternancia de filtros. A continuación se ve como se concatena y algunos ejemplos:

and o &&	Permite la unión de filtros. Se captura el paquete solo si todas las instrucciones son verdaderas.
or o ||	Permite la alternación de filtros. Se captura el paquete si cualquiera de los filtros utilizados resulta ser verdad.
! o not	Modificador para negar el filtro.

Ejemplos de uso:

dst host 192.168.0.1 && port 80	Captura todos los paquetes dirigidos al ordenador con dirección IP 192.168.0.1 y cuyo puerto destino sea de servicios Web.
dst host 192.168.0.1 || dst host 192.168.0.2	Captura todos los paquetes dirigidos al ordenador con dirección IP 192.168.0.1 o bien 192.168.0.2.
dst net 192.168.1 && dst host !192.168.1.1	Captura todos los paquetes dirigidos a la red 192.168.1.0 pero no del ordenador con dirección IP 192.168.1.1.

¡Hay que estar atento! De la misma manera que se pueden crear filtros complejos y certeros, se pueden crear algunos que no son prácticos. Considere el siguiente ejemplo:

dst host 192.168.0.1 && dst host !192.168.0.1	Capturar todos los paquetes dirigidos al ordenador con dirección IP 192.168.0.1 y capturar todos los paquetes que no son del ordenador con dirección IP 192.168.0.1.

Un error bastante obvio, se produce cuando el filtro simplemente se contradice y terminaría rechazando todo. Ambos, **Wireshark** y **Tcpdump**, pueden reconocer los errores de sintaxis más comunes, como es el caso del ejemplo anterior, y alertarán al usuario de su error, sin embargo hay otros que no. El siguiente ejemplo no capturaría nada y, sin embargo, se acepta como filtro válido:

dst host 192.168.1.1 && net !192.168.1	Capturar todos los paquetes dirigidos al ordenador con dirección IP 192.168.1.1 y capturar todos los paquetes que no pertenezcan a la red 192.168.1.0.

Nuevamente, el error es bastante obvio, pero no lo suficiente para que el capturador de paquetes detecte el error en la sentencia. Por tanto, será bueno revisar la lógica de nuestros filtros.

> **NOTA**: al utilizar **Tcpdump**, asegúrese de escribir el filtro entre comillas simples para que la *shell* no interprete los caracteres especiales. O bien escapar los caracteres con una barra inversa.
>
> ```
> tcpdump -v 'dst host 192.168.1.1 && port 80'
> ```
>
> o bien
>
> ```
> tcpdump -v dst net 192.168.1 \&\& host \!192.168.1.1
> ```
>
> Estas precauciones no son necesarias al introducir el filtro en **Wireshark**.

1.3.4.3 NOTACIÓN CON DESPLAZAMIENTO DE BYTES

Los protocolos de red son muy completos y están muy bien documentados dentro de su RFC correspondiente. Si se leen detenidamente los RFC, se puede sacar la conclusión, de que algunos son técnicamente complejos. Lo suficiente para no tener una primitiva para cada aspecto que se quiera revisar. Considere, por ejemplo, el caso de que se quiera capturar paquetes con el bit de SYN activado. No se encontrará una primitiva que realice esta captura. Para lograr esto, deberá especificar los bytes que se quieren leer del paquete y comparar el valor obtenido con un valor asignado. La notación con *offset* de bytes son los filtros más potentes que puede utilizar y a la vez resultan ser los más confusos. Sin embargo, una vez comprendida la manera de generar estos filtros, se podrá capturar cualquier paquete que se desee en la red.

Para comprender cómo funciona la notación con *offset* de bytes, y observando el diseño de la cabecera TCP:

```
    0                   1                   2                   3
    0 1 2 3 4 5 6 7 8 9 0 1 2 3 4 5 6 7 8 9 0 1 2 3 4 5 6 7 8 9 0 1
   +-+-+-+-+-+-+-+-+-+-+-+-+-+-+-+-+-+-+-+-+-+-+-+-+-+-+-+-+-+-+-+-+
   |          Source Port          |       Destination Port        |
   +-+-+-+-+-+-+-+-+-+-+-+-+-+-+-+-+-+-+-+-+-+-+-+-+-+-+-+-+-+-+-+-+
   |                        Sequence Number                        |
   +-+-+-+-+-+-+-+-+-+-+-+-+-+-+-+-+-+-+-+-+-+-+-+-+-+-+-+-+-+-+-+-+
   |                    Acknowledgment Number                      |
   +-+-+-+-+-+-+-+-+-+-+-+-+-+-+-+-+-+-+-+-+-+-+-+-+-+-+-+-+-+-+-+-+
   |  Data |           |U|A|P|R|S|F|                               |
   | Offset| Reserved  |R|C|S|S|Y|I|            Window             |
   |       |           |G|K|H|T|N|N|                               |
   +-+-+-+-+-+-+-+-+-+-+-+-+-+-+-+-+-+-+-+-+-+-+-+-+-+-+-+-+-+-+-+-+
   |           Checksum            |         Urgent Pointer        |
   +-+-+-+-+-+-+-+-+-+-+-+-+-+-+-+-+-+-+-+-+-+-+-+-+-+-+-+-+-+-+-+-+
   |                    Options                    |    Padding    |
   +-+-+-+-+-+-+-+-+-+-+-+-+-+-+-+-+-+-+-+-+-+-+-+-+-+-+-+-+-+-+-+-+
   |                             data                              |
   +-+-+-+-+-+-+-+-+-+-+-+-+-+-+-+-+-+-+-+-+-+-+-+-+-+-+-+-+-+-+-+-+
```

Figura 1.10. Diagrama de cabecera TCP según RFC 793

Una cabecera TCP normalmente contiene 20 bytes de información si no contiene opciones y considerando que al final contiene datos para la capa de aplicación. En el diagrama mostrado anteriormente, existe un bit entre cada signo '+'. Contando desde el bit inicial 0 hasta el bit 7, hay ocho bits, que es un byte. Con ocho bits más, se obtendrán, 2 bytes de datos. Estos dos bytes, contienen el valor que indica el puerto origen del paquete. Normalmente, se escribiría un filtro con la siguiente sintaxis:

```
tcpdump -v dst host 192.168.0.1
```

Utilizando la notación con *offset* de *bytes*, se puede crear un filtro de la siguiente manera:

```
tcp[0:2] == 80
```

El filtro dado se interpreta como: con un desplazamiento inicial de 0 bytes (inicia el recorrido desde el inicio de la cabecera TCP), recorre dos bytes. Si esos dos bytes equivalen al valor 80 en decimal, captura el paquete. Este filtro es homólogo a la primitiva "src port 80". Es importante destacar que la notación solo acepta 1, 2 y 4 como valores permitidos en el campo de recorrido de bytes. Es decir, se puede leer un byte, dos bytes o cuatro bytes.

Si se quisiera interpretar el puerto destino del paquete, se puede ver en el diagrama que el campo se posiciona a dos bytes de distancia del inicio de la cabecera. Al igual que el campo de puerto origen, el campo de puerto destino contiene dos bytes de datos. Para poder capturar los datos que se dirijan al puerto 80, se escribiría el filtro de la siguiente manera:

```
tcp[2:2] == 80
```

El filtro dado se interpreta como: con un desplazamiento inicial de 2 bytes, recorre los siguientes dos bytes, y si el valor interpretado equivale a 80 en decimal, captura el paquete. Las comparaciones algebraicas que se pueden realizar son las siguientes:

= o ==	Es igual a
<=	Es menor o igual a
>=	Es mayor o igual a

>	Es mayor a
<	Es menor a
!=	Es distinto de

Considere el problema original de querer capturar un paquete con el bit de SYN activado. Surge un problema al querer tratar de leer el campo que contienen estos bits de control. Si se inicia con un *offset* de 13 bytes y se recorre un byte, entonces se obtendrá la información, además de los bits de control (la información que interesa), hay dos bits del campo reservado. El campo reservado contiene 10 bits de datos y la totalidad de los bits de control es de 6 bits. Dado que la notación con *offset* de bytes no permite fracciones de bytes, se podría concluir, que no hay manera de poder interpretar el campo requerido sin obtener información inútil que afecte al resultado.

Para poder lograr filtrar solo aquellos bits de interés para poder interpretar el resultado (en este caso los 6 bits de control), se tendría que leer el byte que contiene la información que se necesita y restar la información que no interesa. En este caso, leer el byte y restar los primeros dos bits del byte. Para hacer esto, se usará una máscara. Considérese que "tcp[13:1]" obtiene como resultado el siguiente byte:

```
1 1 0 0 0 0 1 0
```

Este byte comienza con dos bits activados, que corresponden al noveno y décimo bit del campo reservado. El penúltimo bit que está activado corresponde al *bit* de SYN. Como los últimos seis bits son los únicos de interés, se aplicará una máscara de la siguiente manera:

```
BYTE ORIGINAL      1 1 0 0 0 0 1 0
MASCARA            0 0 1 1 1 1 1 1
                   -----------------
RESULTADO          0 0 0 0 0 0 1 0
```

Al aplicar una máscara, se indica, con un bit activado, cuál bit del byte original es de interés. El byte resultante tendrá un bit activado si y solo si el bit original y el bit de la máscara están activados. En este caso, al aplicar una máscara de 00111111, se le indica al capturador de paquetes que solo los últimos 6 bits son de interés y el byte resultante contiene solo los bits de control que estuviesen activados. Para aplicar la máscara anterior, se ocupa el signo "&" seguido del valor de la máscara en decimal o bien hexadecimal anteponiendo un "0x".

La máscara en decimal se obtiene de la siguiente manera:

```
128 064 032 016 008 004 002 001
 0   0   1   1   1   1   1   1
---------------------------------
0 + 0 + 32 + 16 + 8 + 4 + 2 + 1 = 63
```

La notación del valor en hexadecimal puede resultar más cómoda. Un byte se representa en dos dígitos hexadecimales, cada dígito representa un *nibble*, que es la mitad de un byte. La máscara anterior se puede calcular de la siguiente manera en hexadecimal:

```
Primer nibble
8 4 2 1
0 0 1 1
----------
0+0+2+1 = 3
Segundo nibble
8 4 2 1
1 1 1 1
----------
8+4+2+1 = 16 -> F en hexadecimal
```

Luego el byte 00111111 se representa como 0x3F. Usando valores en decimal, el filtro para capturar paquetes con el bit de SYN activado sería:

```
tcp[13] & 63 = 2
```

Y con valores en hexadecimal sería:

```
tcp[13] & 0x3F = 0x02
```

Este filtro capturaría todos los paquetes que contienen el bit de SYN activado. Sin embargo, captura aquello que solamente contenga SYN. Si el byte que obtiene después de aplicar la máscara es de 00010010 (que corresponde a los bits de ACK y SYN activados), el valor obtenido ya no equivale a 2, sino a 18 en decimal o 0x12 en hexadecimal. Luego, el paquete no es capturado. Si el objetivo es capturar aquellos paquetes que contengan el bit de SYN activado obviando si están activados conjuntamente a cualquier otro bit de control, se tendría que modificar el filtro para anotar una máscara que solo acepte el bit de SYN. Así, el byte resultante tiene un valor mayor que 0 solo cuando el paquete contenga un SYN en la cabecera TCP. El filtro se escribiría así:

```
tcp[13] & 0x02 = 2
```

En el momento de crear filtros para la captura de paquetes, lo más importante es tener un buen conocimiento sobre los protocolos TCP/IP. Tener el esquema del paquete en el momento de diseñar el filtro es de gran ayuda recordar que la posición inicial es 0.

1.4 ROBANDO DATOS CON ETTERCAP

Mientras que **Tcpdump** y **Wireshark** son herramientas indispensables para el administrador de red a la hora de analizar patrones de tráfico, también son las mismas herramientas que se utilizan para sustraer información sensible de los sistemas, en cualquier tipo de redes, como en cibercafés, empresas, conexiones wireless libres, etc., donde se pueden obtener información como contraseñas de correos y tarjetas de crédito en comunicaciones sin cifrar, contraseñas acceso a repositorios de información confidencial, etc.

La siguiente captura con **Tcpdump** es un buen ejemplo:

```
11:04:43.781395 IP (tos 0x10, ttl  64, id 54872, offset 0, flags
[DF],  proto:   TCP   (6),   length:   67)   192.168.2.2.54755   >
10.0.0.100.ftp: P, cksum 0x1055 (correct), 1:16(15) ack 24 win 46
<nop,nop,timestamp 5626207 471245393>
    0x0000:   4510 0043 d658 4000 4006 1041 c0a8 0202   E..C.X@.@..A....
    0x0010:   d450 bd10 d5e3 0015 1542 1245 3de3 d12c   .P.......B.E=..,
    0x0020:   8018 002e 1055 0000 0101 080a 0055 d95f   .....U.......U._
    0x0030:   1c16 a251 5553 4552 2069 6e76 6974 6164   ...QUSER.invitad
    0x0040:   6f0d 0a                                   o..
```

```
11:04:46.838679 IP (tos 0x10, ttl   64, id 54874, offset 0, flags
[DF],   proto:    TCP    (6),    length:    67)   192.168.2.2.54755   >
10.0.0.100.ftp: P, cksum 0xf923 (correct), 16:31(15) ack 61 win
46 <nop,nop,timestamp 5629264 471245934>
    0x0000:   4510 0043 d65a 4000 4006 103f c0a8 0202   E..C.Z@.@..?....
    0x0010:   d450 bd10 d5e3 0015 1542 1254 3de3 d151   .P.......B.T=..Q
    0x0020:   8018 002e f923 0000 0101 080a 0055 e550   .....#.......U.P
    0x0030:   1c16 a46e 5041 5353 2069 6e76 6974 6164   ...nPASS.invitad
    0x0040:   6f0d 0a                                   o..
```

En estos dos paquetes capturados, se muestra una comunicación entre un cliente y un servidor FTP. Si se estudia el contenido del paquete detalladamente, se aprecia que se ha capturado en el momento que el cliente se valida ante el servidor. Mediante la autenticación normal de FTP, se envía el comando **USER** seguido por el nombre de usuario, en este caso "invitado". De la misma manera, en el segundo paquete se manda el comando **PASS** seguido por la contraseña del usuario invitado, en este caso también "invitado". Esto puede ser una muestra de la grave consecuencia de utilizar comunicaciones sin cifrado.

Para realizar este tipo de intercepciones, se debe buscar el modo de situarse en el medio de una comunicación redirigiendo el tráfico deseado a la interfaz del sistema donde se están ejecutando este tipo de herramientas. Estos ataques se clasifican como ataques Hombre en el Medio o MITM (*Man In The Middle*). A continuación, se describirán estos ataques mediante el uso de Ettercap.

1.4.1 Ettercap

Ettercap es una herramienta diseñada para la captura de paquetes, una aplicación de código libre que se especializa en ataques MITM. En su página web se describe: "**Ettercap** es una suite de herramientas para ataques hombre en el medio dentro de una LAN". Se inició como un proyecto para monitorizar redes conmutadas, pero ha evolucionado a una herramienta con muchas más capacidades, además de la captura de paquetes.

El *software* se puede descargar de su página Web en *http:// http://ettercap.github.io/ettercap/*. **Ettercap** es una herramienta originalmente escrita para **Linux** y los enlaces suministran el código fuente para compilarlo en la distribución de preferencia. Sin embargo, existe una versión que ha sido generada para **Microsoft Windows**, se puede descargar en la siguiente url *http://sourceforge.net/projects/ettercap/*. La última versión disponible para plataformas **Linux** es NG-0.8.0.

La instalación en **Microsoft Windows** es sencilla, al descargar el instalador deberá ejecutarlo y seguir las instrucciones. Para instalarlo en **Linux**, se puede recurrir a los repositorios oficiales de la distribución, de no estar disponible, se puede compilar desde el código fuente. Antes de compilar, será necesario comprobar la existencia de **Libpcap** y de **Libdnet**, unas librerías que permiten manipular los paquetes TCP/IP a bajo nivel. Desempaquete el *tarball* y compile con los siguientes comandos (se necesitan permisos de root para realizar la instalación):

```
jeanpaul@Linux:~$ tar -xzf ettercap-NG-0.8.0.tar.gz
jeanpaul@Linux:~$ cd   ettercap-NG-0.8.0
jeanpaul@Linux:~/ettercap-NG-0.8.0$ ./configure && make
jeanpaul@Linux:~/ettercap-NG-0.8.0$ su
jeanpaul@Linux:~/ettercap-NG-0.8.0# make install
```

Ettercap puede ser utilizado en modo texto mediante la línea de comandos o bien con su interfaz gráfica. En **Linux** se iniciaría con *switch* **-C** para la interfaz gráfica con la librería **Ncurses** o **-G** con las librerías de **GTK**. En **Microsoft Windows** existe un acceso directo para acceder a la misma.

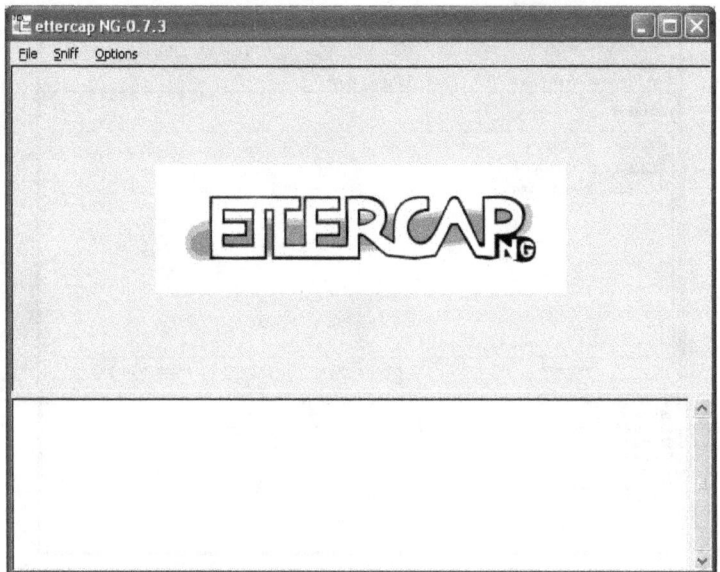

Figura 1.11. Interfaz gráfica de Ettercap

Ettercap provee dos métodos para monitorizar el tráfico. *Unified*, que es el método para capturar todos los paquetes que se envíen por el cable. Si la interfaz de red está en modo promiscuo y Ettercap recibe un paquete que no está dirigido al *host*, será automáticamente encaminado a su destino. El otro método, *bridged*, utiliza dos interfaces de red y redirige el tráfico de uno a otro mientras captura y filtra paquetes. Sería como un hombre en el medio en la capa 1, puesto que estará en medio de las dos entidades como si de un puente se tratase. Para ellos se utilizará el primer método, que resulta ser el más útil para el objetivo que se propone.

Antes de iniciar la captura de paquetes, Ettercap también permite el uso de filtros **pcap**. Debe seleccionar del menú **Sniff->Set pcap filter** y se muestra un diálogo solicitando la introducción del filtro deseado, como ha sido descrito anteriormente. Después en el mismo menú, se selecciona el método de captura, que en este caso será **Sniff->Unified sniffing**.

Ettercap le solicitara que interfaz utilizar para la captura de paquetes, se selecciona la interfaz. Una vez hecho esto, se carga la interfaz completa con todas las opciones disponibles para el uso que se quiera dar a Ettercap. Antes de iniciar cualquier tipo de ataque, hay que informar a Ettercap de qué *hosts* existen en la red. Se puede dejar esta tarea al programa, seleccionando del menú **Hosts->Scan for hosts**, que escaneará toda la red por terminales encendidas y las almacenara en una lista accesible mediante la opción **Hosts->Hosts list**.

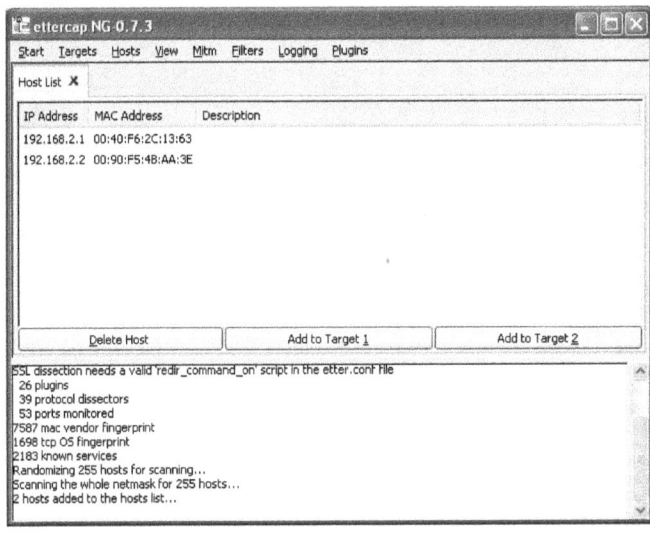

Figura 1.12. Ettercap ha detectado los hosts en la red

Después de haber descubierto los *hosts* en la red, se pueden seleccionar víctimas en concreto, o bien dejar que Ettercap tenga como objetivo a todos los equipos dentro de la red. Seleccione la opción **Targets->select TARGET(s)**. Se muestra un diálogo especificando el primer y segundo objetivo. En la especificación de objetivos no existe el concepto de fuente o destino. Los dos objetivos tienen como propósito afectar el tráfico de una víctima a la otra y viceversa. El **Target** se escribe de la siguiente manera:

Dirección(es) mac / Dirección(es) IP/ Puerto(s)

- **Dirección MAC**. Tiene que ser única y escrita en hexadecimal como 00:11:22:33:44:55.
- **Dirección IP**. Se pueden especificar varias direcciones IP, separándolas con un punto y coma, como también se puede especificar un rango con un guion medio. Entonces "192.168.0.1-5;192.168.0.68" se expande a direcciones 192.168.0.1, 2, 3, 4, 5 y 192.168.0.68.
- **Puerto**. Se puede especificar un rango de puertos mediante un guion medio y puertos singulares con una coma. "20-25,80,139", este ejemplo se expande a los puertos 20, 21, 22, 23, 24, 25, 80 y 139.

Algunos ejemplos:

//21	Significa cualquier MAC, cualquier IP y solo puerto 21.
/192.168.0.1/	Significa cualquier MAC, solo IP 192.168.0.1 y cualquier puerto.

Nota: si se especifican objetivos antes de escanear la red, se limitará a solamente agregar a la lista las direcciones IP que concuerden con las suministradas en esta configuración.

Una vez finalizado, seleccione la opción **Logging->Log all packets and infos** y se mostrará un diálogo solicitando el lugar donde se desea almacenar los paquetes capturados y la información pertinente de cada ordenador. Escriba la ruta y el nombre del archivo que se quiere utilizar, luego elija cualquiera de las opciones en el menú **mitm**, para iniciar uno de los ataques MITM.

Una vez seleccionado el método de ataque, para iniciar la captura de datos, seleccione la opción **Start->Start Sniffing**. Cuando se ha capturado lo suficiente para hacer un análisis, seleccione **Start->Stop sniffing** y se detendrá la captura de paquetes.

1.4.1.1 ENVENENAMIENTO DE LA CACHE ARP

De los ataques MITM (*Man In The Middle*), el método más utilizado es el ARP *poisoning* (envenenamiento ARP), también conocido como ARP *spoofing*. Considere un escenario donde hay tres sistemas en una red. Dichos sistemas se detallan de la siguiente manera:

Nombre host	Dirección IP	Identificador MAC
A	192.168.0.1	AA:AA:AA:AA:AA:AA
B	192.168.0.2	BB:BB:BB:BB:BB:BB
C	192.168.0.3	CC:CC:CC:CC:CC:CC

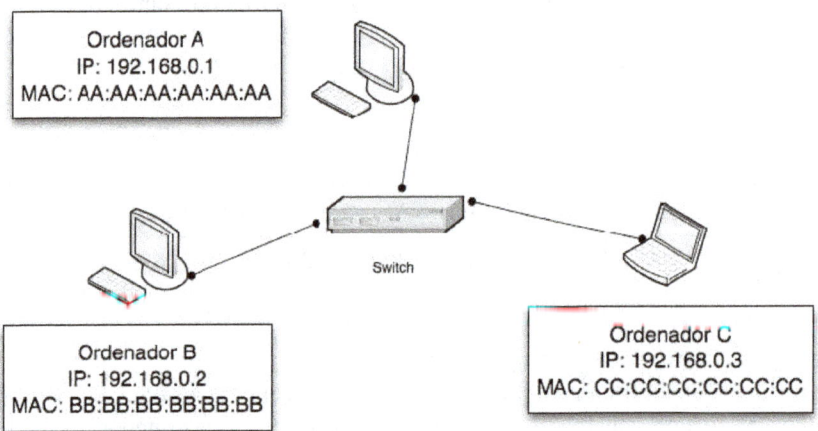

Figura 1.13. Escenario de tres sistemas en red

El ordenador A se comunica con el ordenador B. El ordenador C es el atacante que quiere interceptar la comunicación entre los ordenadores A y B. El objetivo del ordenador C será engañar a los ordenadores víctima en dirigir el tráfico hacia él mismo. Anteriormente se expuso cómo los ordenadores intercambian su dirección física a través del protocolo ARP. Para evitar tener que solicitar continuamente el identificador MAC del ordenador con el cual se quiere comunicar, el sistema operativo guarda la dirección física junto a la dirección IP con la que se relaciona en un *cache*. Para visualizar esta tabla en **Microsoft Windows** y **Linux**, puede escribir el comando **arp -a** en la línea de comandos y obtendrá una lista de direcciones físicas conocidas.

Cada vez que el sistema operativo recibe un paquete A*rp-Reply*, guarda la dirección física en este *cache*, de esta manera simplemente hace referencia a estas tablas a la hora de crear una trama TCP/IP y rellenar el identificador MAC destinatario. La vulnerabilidad reside en el hecho de que el sistema operativo acepta los *Arp-Reply* aun cuando nunca antes solicitó el identificador MAC mediante un *Arp-Request*. En el escenario descrito anteriormente, el ordenador C manda un *Arp-Reply* creado por él mismo que relaciona su propia dirección física con la dirección IP de los otros ordenadores en la red. Es decir, el ordenador A ahora contiene en su tabla ARP el identificador MAC CC:CC:CC:CC:CC:CC relacionada a la dirección IP 192.168.0.2 y B contiene el identificador MAC CC:CC:CC:CC:CC:CC relacionada a la dirección IP 192.168.0.1.

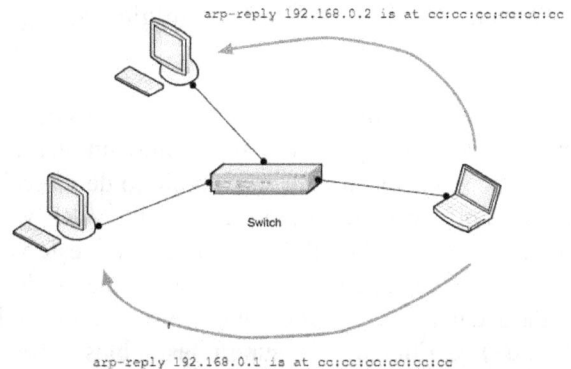

Figura 1.14. El ordenador atacante envía paquetes Arp-Reply maliciosos

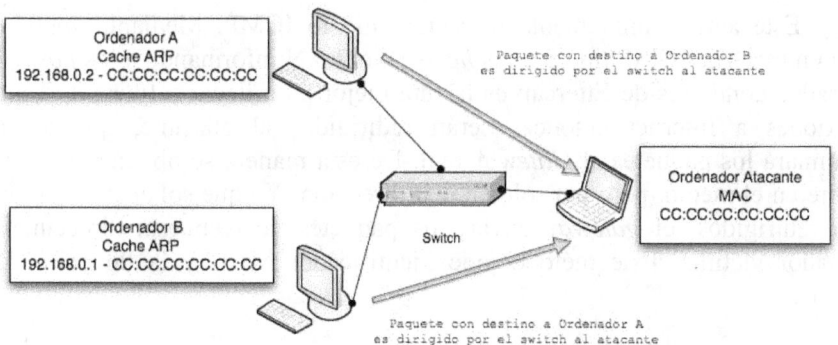

Figura 1.15. El ordenador atacante C ahora recibe los paquetes de los ordenadores víctima

Ahora cuando A envíe un paquete a B, lo hace con la dirección MAC que contiene el *cache*. El resultado es que cuando el paquete llegue al *switch*, éste relaciona el identificador MAC con el puerto del ordenador C y lo dirige de acuerdo a esto. C redirige el paquete a B para no interrumpir la comunicación y lo mismo sucede a la inversa. C acaba de situarse en el medio de la comunicación y puede leer el tráfico normalmente.

En Ettercap, deberá seleccionar la opción del menú **mitm->arp poisoning** donde se muestra un diálogo para introducir parámetros adicionales. Existen las opciones **remote** y **oneway**. La opción **Remote** se debe especificar si se quiere capturar los paquetes que provienen de una dirección IP remota, efectivamente envenenando el *gateway* de la red, puesto que los paquetes deberán pasar a través de éste. Muchas veces no es una buena decisión activarlo, ya que es posible que genere alertas en el momento en que el *router* esté siendo monitorizado. La opción **Oneway** forzará a Ettercap a envenenar solamente los primeros objetivos especificados en **Target**, capturando el tráfico dirigido al segundo conjunto de direcciones IP.

Si se prosigue sin ninguna opción, Ettercap procederá a contaminar la *cache* de ARP en los sistemas operativos mandando un *Arp-Reply* a todos los objetivos, tantos los especificados en el primer conjunto de direcciones IP como en el segundo. Al hacer esto, uno puede fijarse en la tabla ARP y ver que todas las direcciones IP tienen la misma MAC. Para asegurarse que este valor persista en la *cache*, Ettercap envía periódicamente los mismos paquetes de *Arp-Reply* a los sistemas víctima. Para detener el ataque, seleccione del menú la opción **Mitm ->Stop mitm attack(s)** y Ettercap restaurará las tablas ARP con los valores originales, ¡de no ser así se producirá una denegación de los servicios de red!

1.4.1.2 ICMP REDIRECT

Este ataque implementa direccionamiento ICMP. Mediante *spoofing*, se envía un mensaje ICMP tipo 5 a los *hosts* en el LAN informando a los *hosts* que el ordenador donde reside Ettercap es la ruta mejor para llegar a Internet. Todas las conexiones a Internet entonces serán redirigidas al atacante, que a su vez encaminará los paquetes al *Gateway* real. De esta manera se obtiene un ataque de hombre en el medio, pero tan solo en una dirección. Ya que solamente los clientes serán redirigidos, el *gateway* enviar los paquetes de respuesta directamente al ordenador víctima. Este método pide identificador MAC y la dirección IP del *gateway*.

1.4.1.3 DHCP SPOOFING

Este ataque implementa un engaño mediante *spoofing* con el uso del protocolo DHCP. Ettercap emula ser un servidor DHCP legítimo y trata de suplantar al servidor DHCP real, para forzar a los ordenadores cliente que han realizado una petición de una dirección IP a aceptar la respuesta DHCP de él mismo. De esta manera, Ettercap manipula el parámetro del *gateway* informando a los ordenadores cliente que para llegar a Internet, deben hacerlo mediante el atacante. Este ataque resultante es del tipo MITM de una sola dirección, puesto que los paquetes de respuesta de los servidores remotos serán enviados directamente desde el *gateway* al ordenador víctima. Se deben enviar como argumentos el conjunto de direcciones IP, la máscara de red y la dirección IP del servidor DNS. Es importante dar un conjunto de direcciones IP que no estén en uso, puesto que Ettercap no sabe cuáles han sido ya asignadas a los sistemas activos.

> **Nota**: este método es arriesgado, si especifica una lista de direcciones IP que ya están en uso, podría denegar los servicios dentro de la red. "Use este ataque cuidadosamente". Cuando decida parar el ataque, los ordenadores afectados seguirán pensando que Ettercap es el *gateway* hasta que expire la dirección IP asignada.

1.4.1.4 PORT STEALING

Port stealing (robo de puerto) es una técnica efectiva en redes conmutadas cuando el envenenamiento ARP no lo es. Esta afectado por el valor asignado a la variable **port_steal_delay** en **etter.conf**, definida en 10 milisegundos por defecto. Este valor se puede bajar para obtener mejores resultados. En la interfaz **GTK**, si no se especifica la opción **Propagate to other switches** (el argumento en línea de comandos es **tree**), la red es inundada con paquetes ARP que contienen en el campo de identificador MAC destino la misma que la del atacante. Como estos paquetes son dirigidos de vuelta a Ettercap, los otros ordenadores en la red no los ven. La dirección MAC original será una de las direcciones físicas en la lista de *hosts* (obtenida previamente mediante *host scan*). Este proceso roba el puerto físico en el *switch* de cada ordenador víctima en la lista de *hosts*. Paquetes destinados a direcciones MAC "robadas" serán recibidos por el atacante. Cuando Ettercap reciba paquetes de los *hosts* afectados, éste dejará de inundar la red con los primeros paquetes ARP y realiza un *Arp-Request* para el destino real del paquete. Cuando recibe el A*rp-Reply*, esto significara que el puerto en el *switch* ha sido asignado nuevamente a la víctima, permitiendo a Ettercap reenviar el paquete a su destino original y pudiendo así reiniciar el proceso de inundación nuevamente a la espera de nuevos paquetes.

Si se usa la opción **Propagate to other switches** (propagar a otros *switches*), el identificador MAC destino de cada paquete que envía Ettercap para robar inicialmente los puertos será uno que no exista. De esta manera, el paquete será propagado a otros *switches* que puedan existir en la red, pudiendo así robar puertos en otros *switches*. Esto, sin embargo, genera una cantidad enorme de tráfico y puede ralentizar la red severamente. La opción **Remote**, al igual que en el caso de envenenamiento del *cache* ARP, permitirá capturar paquetes que deban atravesar un *gateway*.

Cuando el ataque se detenga, Ettercap enviara un *Arp-Request* a cada *host* afectado devolviéndole de esta manera su puerto en el *switch*. Se pueden capturar paquetes en ambas vías de comunicación o simplemente en una sola dirección, dependiendo de la selección de objetivos en TARGET. Use este ataque cautelosamente puesto que sobrecarga el tráfico en la red y puede crear efectos inesperados. No se debe utilizar, con otros ataques MITM, solo funciona con el Ettercap de **Linux**, debido a discrepancias entre las librerías de captura e inyección de paquetes de **Microsoft Windows** y **Solaris**.

1.4.1.5 ETTERLOG

Una vez detenido el ataque y la captura de paquetes con Ettercap, los ficheros *log* creados se pueden visualizar con el comando **etterlog**. Los ficheros son almacenados en formato binario, pero no en formato **.pcap**, por lo que no podrá visualizar la información capturada con **Wireshark**. Si había seleccionado la opción para almacenar todos los paquetes del tráfico capturado y de recolección de información relacionada a los ordenadores, Ettercap habrá creado dos ficheros que tendrán el mismo nombre pero dos extensiones distintas.

El fichero con extensión **.ecp** corresponde a los paquetes capturados. Se pueden interpretar fácilmente y contendrán información relevante a la fecha y hora en que se capturó, protocolo utilizado, las direcciones IP destino y origen, y los bits de control. Después de la información de las cabeceras, se podrá visualizar el contenido de cada paquete. Es importante destacar que no es necesario capturar los paquetes con Ettercap. Efectivamente, se puede elegir iniciar el ataque MITM y empezar a capturar paquetes con **Tcpdump** o **Wireshark** si se prefiere. Esto resultará más cómodo si se selecciona el formato **.pcap** para poder estudiar los paquetes mediante el uso de la interfaz gráfica de **Wireshark**.

Lo que sí resulta muy útil es el fichero con la extensión **.eci**, que corresponde a la información relevante a cada sistema. Para cada sistema cliente descubierto, Ettercap intentará reconocer el sistema operativo mediante *fingerprinting*, listará los puertos que ha detectado abiertos e intentará reconocer los servicios relacionados. Ettercap reúne toda esta información de manera pasiva y la lista por IP (incluyendo los remotos) la enumeración obtenida de cada ordenador.

```
=================================
 IP address     : 192.168.2.2
 MAC address    : 00:90:F5:4B:AA:3E
 MANUFACTURER   : Clevo Co.
 DISTANCE       : 0
 TYPE           : LAN host
 FINGERPRINT        : 16D0:05B4:40:07:1:1:1:1:S:3C
 OPERATING SYSTEM : Debian Linux
=================================
 IP address     : 208.122.8.2
 DISTANCE       : 20
 TYPE           : REMOTE host
 FINGERPRINT        : 16A0:05B4:40:00:1:1:1:1:A:3C
 OPERATING SYSTEM : Linux 2.6.xx
    PORT        : TCP 80 | http       [Apache]
=================================
```

1.5 F.O.C.A

F.O.C.A (*Fingerprinting Organizations with Collected Archives*) es una herramienta para analizar los metadatos e información oculta en documentos de las suites de **Microsoft Office**, **Open Office** y documentos .pdf, .ps, .ep. Además puede trabajar con **Google** y **Bing** para descubrir y extraer todos los ficheros de ofimática que tiene un dominio, analizando sus metadatos, organizándolos y reportando información como:

- Nombres usuarios sistema.
- Versión software utilizado.
- Correos electrónicos.
- Rutas de archivos.
- Fechas de creación, modificación e impresión de documentos.
- Sistema operativo utilizado en creación de documentos.
- Denominación impresoras.
- Subdominios (con lo que se podría hacer un mapa de red).
- IPs.

- IPs con resolución DNS
- Nombres DNS, transferencia de zonas, nombres PTR *Scanning* **del** segmento de red con DNS interno
- Detección DNS caché
- Filtro criticidad en *logs*
- Búsqueda puertos *squid proxy*
- Políticas anti-spam del dominio
- Análisis de Robots.txt
- Análisis de .DS_Store
- Análisis errores aplicaciones

Todo esto hace de F.O.C.A una herramienta potente para extraer información que en un principio puede ser irrelevante, pero analizada, tratada y cruzada, podría llegar a dar una visión de cómo es la arquitectura de una red.

1.5.1 Extraer y analizar información con F.O.C.A

La descarga de **F.O.C.A** se puede llevar a cabo desde la web *http://www.elevenpath.com*. Una vez instalada la herramienta, se muestra la siguiente pantalla.

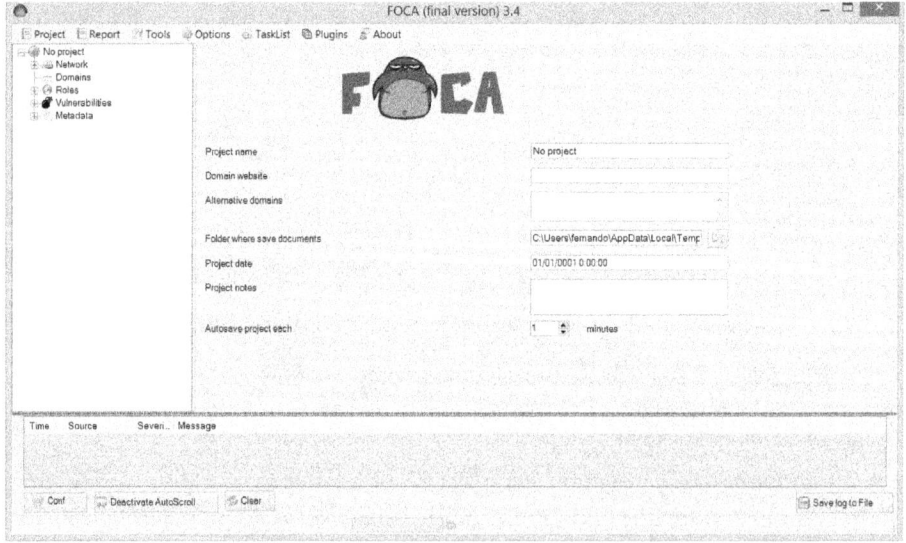

Figura 1.16. La interfase gráfica de F.O.C.A

Como una de las funcionalidades es analizar metadatos de ficheros en genéricos, pero si se descargan de una web, se podría conseguir información de la red del servidor web. Para ello una vez descargado ficheros de la web, se arrastran los ficheros al menú **Metadata**.

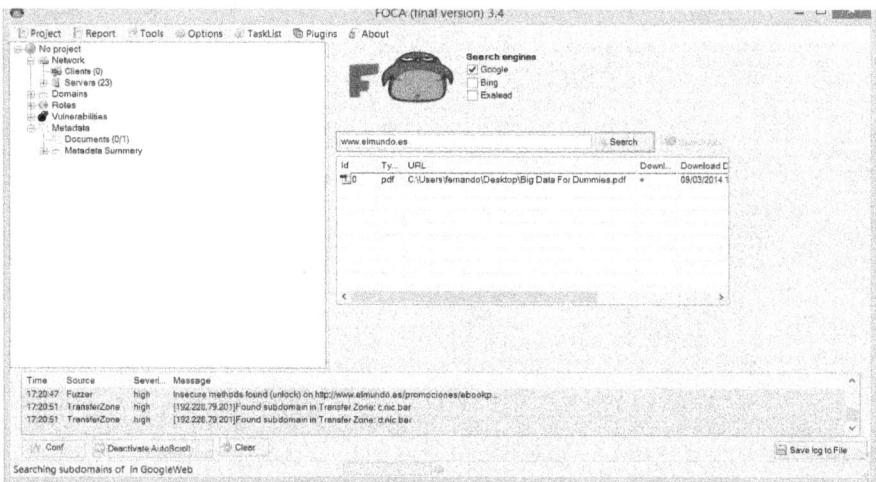

Figura 1.17. Análisis de metadatos ficheros

Seleccione el fichero y con el botón derecho del ratón, la opción **Extract Metadata** y **Analize Metadata**. La herramienta extraerá la información de los metadatos del fichero. Dentro de esta información, puede encontrar el usuario que creo el fichero.

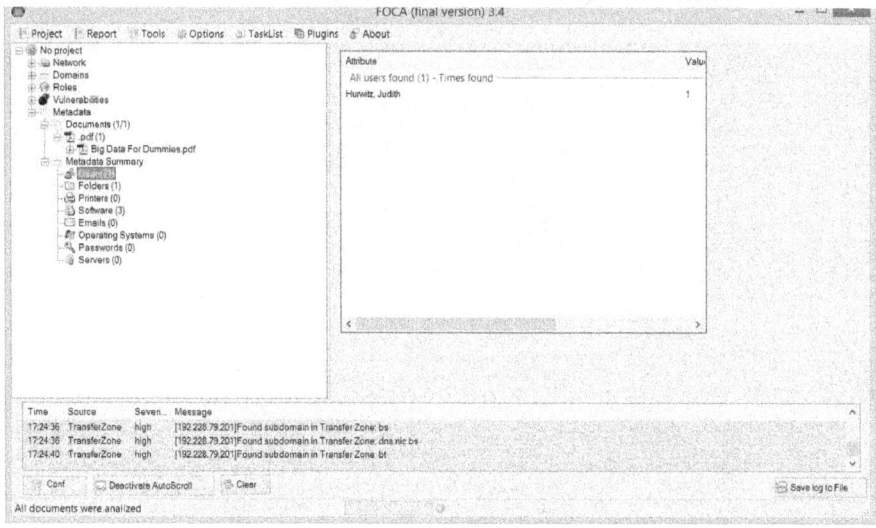

Figura 1.18. Análisis de metadatos ficheros. Users

Otra información adicional que puede ser extraída y analizada son carpetas, impresoras, software utilizado, sistema operativo, direcciones de correo, servidores e incluso contraseñas.

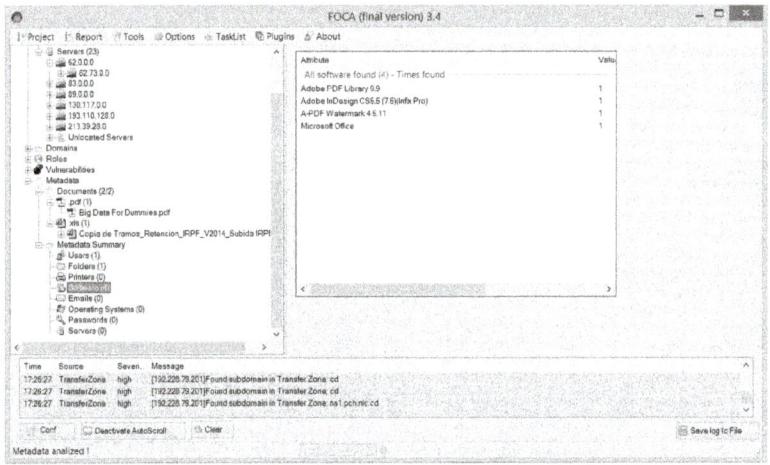

Figura 1.19. Análisis de metadatos ficheros. Software

Otra de las posibilidades que ofrece ésta herramienta, es la de escanear sitios web y extraer información de ellos, para su posterior análisis. Parte de ésta información está detallada en el punto anterior. Para comenzar la extracción de información, en la opción **Network**, seleccione el tipo de motor a utilizar, que en este caso es **Google Web**. Además se pueden seleccionar búsquedas DNS, transferencias de zonas DNS para los subdominios, etc.

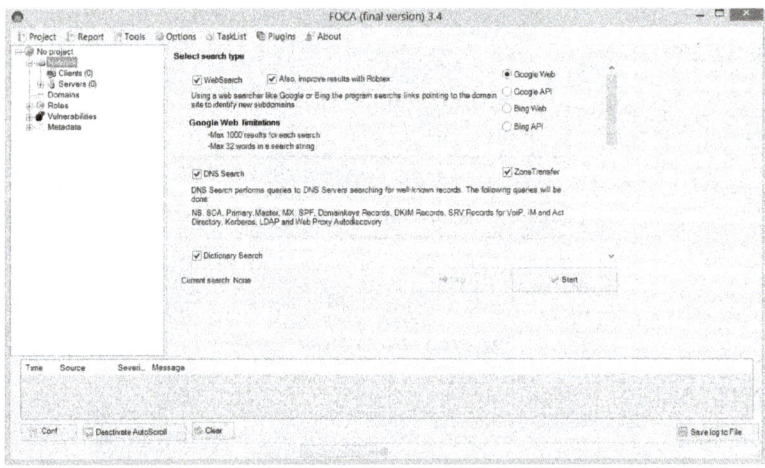

Figura 1.20. Análisis de red

Seleccione un dominio para analizar *www.dominio.com*. La herramienta empieza a reportar información, por ejemplo de las direcciones IP de los servidores que alojan el dominio y subdominios.

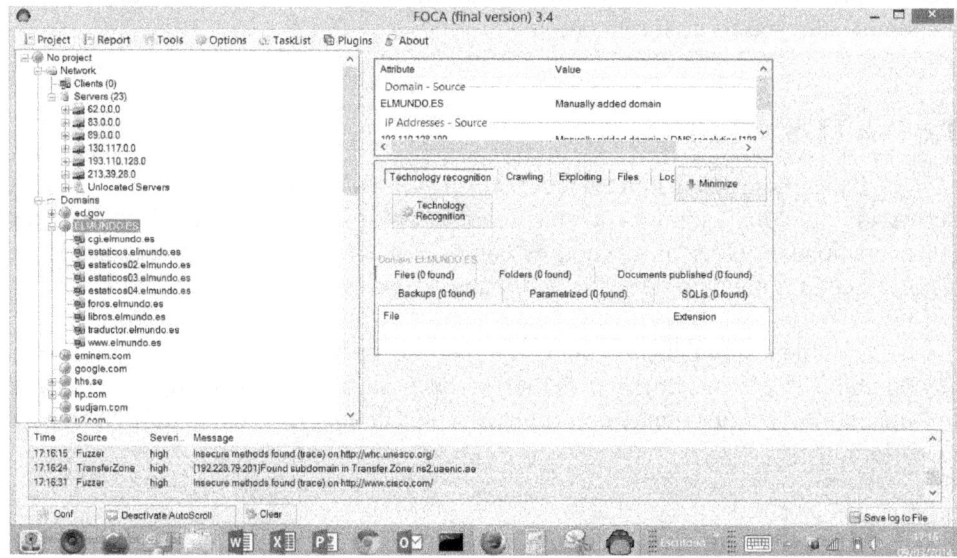

Figura 1.21. Análisis de dominio. Servidores

Información detallada sobre, sistema operativo, servidor web, IP, etc es reportada por la herramienta.

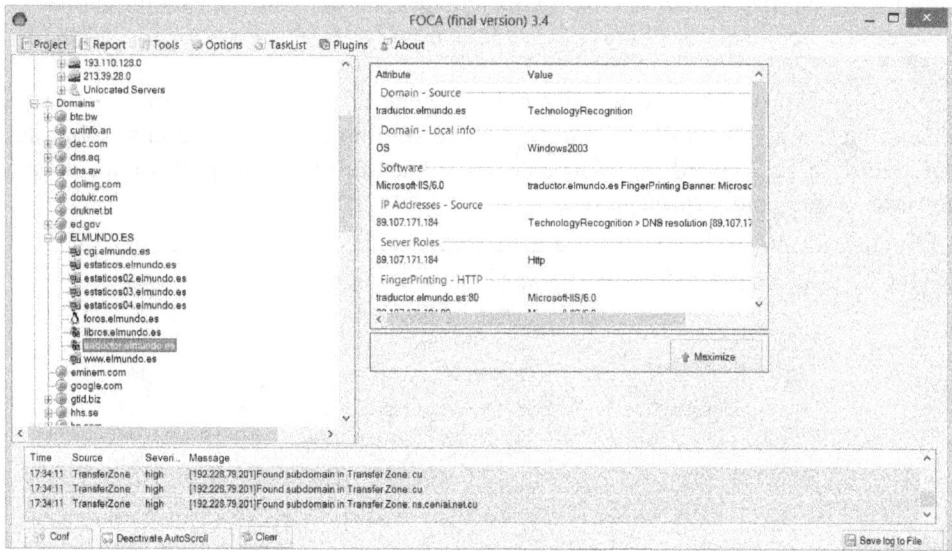

Figura 1.22. Análisis de dominio

Las capacidades de F.O.C.A van más allá de lo descrito anteriormente, como vulnerabilidades, roles, crea informes y más funcionalidades que necesitarían un capítulo independiente para desarrollarlas en profundidad, por lo que se insta al lector a probar dicha utilidad y profundizar en su uso con la gran documentación disponible al respecto de forma online.

1.6 ANTI-SNIFFING

La captura de paquetes en redes LAN es algo muy común y es una actividad que los administradores deben tratar de eliminar. Una de las consideraciones a tener en cuenta, es como se puede detectar la presencia de un sistema que está tratando de robar información sensible en la red.

También surge la pregunta de cómo se puede evitar ser víctima de un ataque como el envenenamiento del *cache* de ARP. A continuación, se detallarán los métodos utilizados junto con algunas aplicaciones que serán de ayuda para lograrlo.

1.6.1 Métodos de detección locales

Si el administrador sospecha que hay alguien dentro de su red que está capturando datos sigilosamente, éste debe empezar un proceso de auditoría para detectar qué ordenador está monitorizando la red. La manera de encontrarlo de forma efectiva es localizar qué interfaz de red está actualmente en modo promiscuo. Normalmente, el NIC no debiera de estar activado en esta modalidad, y si lo está, debería ser considerado sospechoso.

En **Linux**, se puede analizar de manera local mediante herramientas ya disponibles. La herramienta **ifconfig** devuelve información detallada sobre las interfaces de red, cuando una de ellas se encuentra en modo promiscuo, deberá mostrar la siguiente información:

```
eth0    Link encap:Ethernet   HWaddr 00:40:F6:2C:13:63
        inet addr:192.168.2.1 Bcast:192.168.2.255  Mask:255.255.255
.0
        UP BROADCAST RUNNING PROMISC MULTICAST  MTU:1500  Metric:1
        RX packets:82529 errors:0 dropped:0 overruns:0 frame:0
        TX packets:63047 errors:0 dropped:0 overruns:0 carrier:0
        collisions:0 txqueuelen:1000
        RX bytes:83813836 (79.9 MiB)  TX bytes:25285361 (24.1 MiB)
        Interrupt:5 Base address:0xa400
```

Se puede ver en la tercera línea la inclusión de la palabra clave "PROMISC", que indica el estado promiscuo del NIC. Entonces, al ejecutar el comando **ifconfig -a | grep PROMISC, grep** se ejecutará sin error al encontrar la palabra PROMISC y devolverá un error al no encontrar la coincidencia **PROMISC**.

Este comando puede ser muy útil para generar alertas mediante **syslog**:

```
ifconfig -a | grep PROMISC && logger -s -p local6.info "Se
encontró modo promiscuo" || logger -s -p local6.info "nada en
modo promiscuo"
```

El siguiente comando generará una alerta informando si el NIC presenta el estado en modo promiscuo o no a **syslog**, en la facilidad "local6" con prioridad de "información". Se puede agregar como un *script* al servicio de **cron** para que se ejecute cada hora. Se puede agregar al fichero de configuración **syslog.conf** la siguiente línea, para generar un fichero *log* que se genere de forma separada:

```
local6.info    /var/log/promiscuo.log
```

De este modo, es posible generar un control automatizado en los sistemas **Linux** para controlar si el NIC ha entrado en modo promiscuo, con un fichero *log* propio que facilita el trabajo del administrador a la hora de auditar el sistema. Cabe destacar que no todas las distribuciones devuelven la palabra clave PROMISC al ejecutar **ifconfig**. Se debe revisar primero si esto es así, en los sistemas antes de implementar esto.

De todas formas, la única ventaja que se obtiene con este método es tener un fichero *log* con tan solo las horas en que estuvo o no en modo promiscuo el NIC. **Syslog** ya mantiene un registro controlado para cada vez que la tarjeta de red entra en esta modalidad. Habitualmente se escribe a nivel de kernel, en las distribuciones debían y derivados, puede revisar el fichero **/var/log/syslog** o **/var/log/messages** para encontrar mensajes como el siguiente:

```
Jan 31 13:03:01 localhost kernel: eth0: Promiscuous mode enabled.
Jan 31 13:03:01 localhost kernel: device eth0 entered promiscuous
mode
Jan 31 13:03:02 localhost kernel: device eth0 left promiscuous
mode
```

Lamentablemente, en **Microsoft Windows**, las herramientas que están disponibles no suministran información que indique el estado de la tarjeta de red. Por lo que será importante, simplemente, restringir los permisos a usuarios para no instalar programas, concretamente **Winpcap**.

1.6.2 Métodos remotos de detección

En el caso de que se tenga una red extensa, es complejo revisar cada uno de los sistemas, como se indicaba en el apartado anterior, para ello existen metodologías para el descubrimiento remoto de *sniffers*. Estas metodologías son:

- **Detectando resoluciones inversas DNS**. Anteriormente se había mencionado que las herramientas de captura de paquetes tratarán de resolver la dirección IP encontrada a nombre de *host* mediante una interrogación al DNS local. Este método incluye tener una herramienta que esté en sí escuchando en modo promiscuo. Se crean varias conexiones TCP falsas en los segmentos de la red administrada con la esperanza de que algún *sniffer* no autorizado capture el paquete y resuelva la dirección IP inexistente a un nombre de *host*. En el momento de la petición de una búsqueda inversa DNS, la herramienta a la escucha detecta la dirección IP falsa y alerta al administrador. Esta prueba, sin embargo, es fácilmente eludible al suministrar la instrucción al *sniffer* para que no realice ninguna búsqueda inversa.

- **El método PING**. En este método, se construye una petición tipo "ICMP echo" con la dirección IP del ordenador sospechoso. Sin embargo, en la dirección física, se inserta una MAC errónea. Normalmente, cuando un ordenador recibe un paquete con la dirección física equivocada, se ignora ese cuadro ICMP. Sin embargo, existen aquellos sistemas operativos (**Linux**, **BSD** y **Microsoft Windows**) que al tener la interfaz de red en modo promiscuo, recibirán el paquete de todas formas y responderán. Entonces, por haber respondido al paquete, el administrador sabrá que, sin duda, ese ordenador tiene la tarjeta de red puesta en modo promiscuo.

- **Ping de latencia**. Cada vez que se envía un *ping* y se recibe una respuesta, existe un retardo de ida y vuelta. Esto se conoce como *Round Trip Time* (RTT) o tiempo de latencia. En este método, se envía un ping al ordenador sospechoso y se anota el RTT. Se prosigue creando varias conexiones TCP falsas en el segmento de red para que el *sniffer* capture los paquetes y los procese. Inmediatamente se envía nuevamente un *ping* para anotar el RTT. La teoría es que el tiempo de latencia aumenta puesto que la tarjeta de red está ocupada capturando datos. Si se repite este proceso varias veces y existe una diferencia en los promedios de los RTT anteriores y posteriores al envío de conexiones TCP falsas, entonces se deduce que el ordenador bajo sospecha efectivamente está capturando paquetes.

- **La petición ARP**. Se puede enviar una petición ARP al ordenador sospechoso preguntando por su dirección física. El paquete que se envía, tiene una dirección física errónea en la petición. Los ordenadores normalmente ignorarían este paquete puesto que el identificador MAC no concuerda con la suya, sin embargo si está en modo promiscuo, el ordenador lo acepta y responde de todas maneras.

Existen algunas aplicaciones que pueden realizar estas pruebas. Sin embargo, estas pruebas pueden generar falsos positivos, puesto que se depende mucho de cómo el sistema operativo maneja las respuestas a los paquetes de prueba. Por lo tanto, estas pruebas debieran ser acompañadas con una auditoría local, revisando el ordenador sospechoso en busca de *software* malicioso.

Una aplicación de código libre que realiza estas pruebas es "*Sniffdet*". Una pequeña aplicación que incorpora las metodologías antes mencionadas para encontrar *sniffers*. Este proyecto se puede obtener desde su página Web en *http://sniffdet.sourceforge.net/*. Esta aplicación, sin embargo, no posee una comunidad activa. La versión estable no funciona con las librerías nuevas, y si lo quiere compilar en una distribución reciente, se recomienda descargar el código fuente del repositorio de desarrollo.

```
# ./sniffdet 0.9
A Remote sniffer Detection Tool
Copyright (c) 2003
Ademar de Souza Reis Jr.
Milton Soares Filho

Usage: ./sniffdet [options] TARGET
Where:
TARGET is a canonical hostname or a dotted decimal IPv4 address

-i --iface=DEVICE Use network DEVICE interface for tests
-c --configfile=FILE Use FILE as configuration file
-l --log=FILE Use FILE for tests log
-f --targetsfile=FILE Use FILE for tests target
--pluginsdir=DIR Search for plugins in DIR
-p --plugin=FILE Use FILE plugin
-u --uid=UID Run program with UID (after dropping root)
-g --gid=GID Run program with GID (after dropping root)
-t --test=[testname] Perform specific test
```

```
Where [testname] is a list composed by:
dns DNS test
arp ARP response test
icmp ICMP ping response test
latency ICMP ping latency test
-v --verbose Run in verbose mode
-h, --help Show this help screen and exit
--version Show version info and exit

Defaults:
Interface: "eth0"
Log file: "sniffdet.log"
Config file: "/etc/sniffdet.conf"
Plugins Directory: "/usr/lib/sniffdet/plugins"
Plugin: "stdout.so"

You have to inform at least one test to perform
```

Otra aplicación bastante recomendada es "*Promiscan*", una aplicación comercial para **Microsoft Windows** de la que es posible obtener una versión de evaluación desde la página Web de sus creadores en *http://www.securityfriday.com*

Ha sido diseñada para detectar *hosts* que estén trabajando en modo promiscuo, tiene la ventaja de ser una aplicación robusta, con las suficientes opciones de configuración para minimizar los falsos positivos y para no añadir una carga excesiva a la red administrada. Ofrece una interfaz gráfica bastante comprensible y la capacidad de *logging*. Es necesario tener instalado **Winpcap** para su uso.

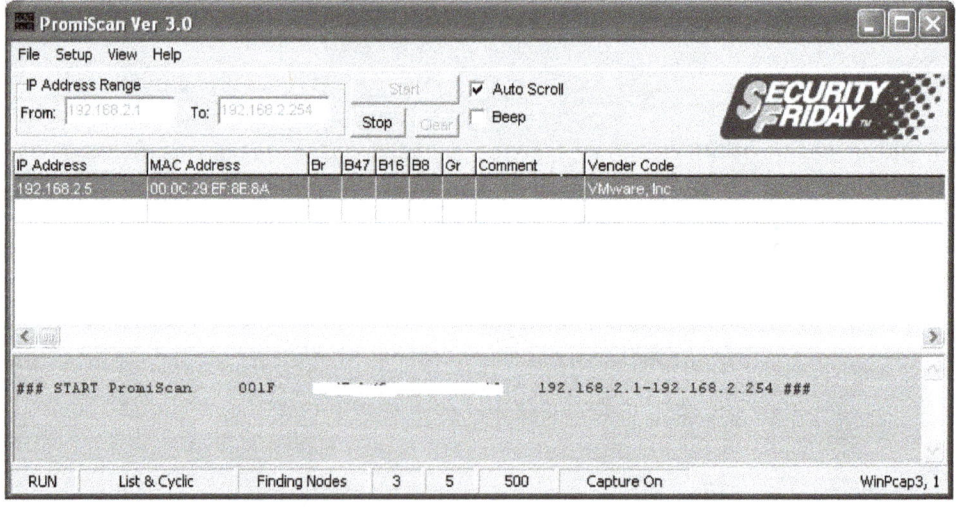

Figura 1.23. La interfase gráfica de PromiScan

1.6.3 Monitorizando actividad ARP (Address Resolution Protocol)

Detectar los sistemas que estén activamente capturando datos, será solamente el primer paso para prevenir el compromiso de la información sensible. Se deberían implementar medidas adicionales como, el monitorizar la actividad de tráfico ARP. La utilidad más usada para lograr esto es "**Arpwatch**".

De los mismos creadores de **Tcpdump**, esta aplicación es de código libre y se debe utilizar en plataformas **Linux**. Arpwatch mantiene vigilados los emparejamientos de direcciones físicas con sus direcciones IP correspondientes. Tiene la capacidad de registrar actividad en archivos *log* y avisar mediante correo electrónico de cualquier cambio que se produzca. Arpwatch utiliza la librería **Pcap** para capturar los paquetes ARP en una interfaz local. Para empezar a utilizarlo, puede descargar el código fuente de la página Web *http://ee.lbl.gov/*.

Este paquete se incluye dentro de los repositorios oficiales de varias distribuciones **Linux**, si existe en su repositorio, se recomienda que lo descargue directamente del repositorio. Una vez descargado, puede utilizar los siguientes comandos para instalarlo (puede necesitar privilegios de **root**):

```
root@Linux:~# tar -xzf arpwatch.tar.gz
root@Linux:~# cd arpwatch
root@Linux:~/arpwatch# ./configure && make && make install
```

Se debe crear un archivo vacío para almacenar los emparejamientos de direcciones IP con sus correspondientes direcciones físicas:

```
root@Linux:~/arpwatch# touch /var/lib/arpwatch/eth0.dat
root@Linux:~/arpwatch# touch /var/lib/arpwatch/eth1.dat
```

En el fichero de configuración **/etc/arpwatch.conf** se puede especificar los argumentos a enviar al demonio Arpwatch. Arpwatch puede ser configurado para múltiples interfaces de red de la siguiente forma:

```
eth0 -f /var/lib/arpwatch/eth0.dat -m correo@dominio.com
eth1 -f /var/lib/arpwatch/eth1.dat -m correo@dominio.com
```

En este ejemplo, se le indica en qué archivo debe almacenar los emparejamientos de direcciones físicas y lógicas para cada dispositivo, que fueron previamente creados con el comando **touch**. Se le agrega también la opción para especificar a qué correo enviar las notificaciones. Solo se requiere reiniciar el servicio para que acepte los cambios y empiece a realizar su labor de monitorización.

```
root@Linux:~# /etc/init.d/arpwatch restart
```

> **Nota**: para que se puedan enviar las notificaciones a un correo externo del sistema, debe estar previamente configurado el agente de correo (MTA).

1.7 CONCLUSIONES

En este capítulo se han detallado algunos conceptos básicos que deberían asimilar todos los administradores de red y expertos en seguridad, sobre sesiones TCP/IP. Conociendo cómo funciona el protocolo y los detalles de cómo se componen estos mensajes entre sistemas, se podrá analizar lo que sucede con el tráfico capturado utilizando las herramientas sugeridas **Tcpdump** o **Wireshark**.

Con **Wireshark** en particular, podrá visualizar las tramas que viajan por la red, en busca de anomalías o patrones interesantes. También se ha mostrado cómo atacantes pueden vulnerar la red utilizando técnicas como ARP *spoofing*, que permiten al atacante capturar los paquetes de red y obtener información sensible.

Utilizando herramientas de análisis de tráfico de red, se pueden interpretar errores en la red o investigar cuellos de botella que se produzcan. Si se tienen como objetivo mantener un nivel alto en la seguridad de los sistemas, se debería analizar en busca de problemas que ocurran, así como tráfico malicioso e inclusive usuarios de la red que quieran abusar de los recursos. Sea cual sea el motivo, la captura y análisis de tráfico de red es un fundamento básico para todo aquél que desee dedicarse a la seguridad TIC

Capítulo 2

FIREWALLS Y DETECTORES DE INTRUSOS

En este capítulo, el lector aprenderá lo necesario acerca de los dispositivos de seguridad. Así mismo se mostrara el uso apropiado de los cortafuegos y de los detectores de intrusos. Una vez pasada la parte teórica, se mostrara el uso de la solución UTM de Untangle, que combina múltiples tecnologías de seguridad en un solo dispositivo. Finalmente, se analizara el uso de *Iptables* para poder crear un cortafuegos desde un sistema **Linux**.

2.1 FIREWALLS

Una de las definiciones más básicas de *firewalls* es que son sistemas de seguridad que conforman una parte vital parte de una red corporativa, estos dispositivos están diseñados para denegar o permitir el acceso, en base a reglas configurables y otros criterios predefinidos. Dentro de sus funcionalidades se destacan las siguientes:

- Bloqueo de paquetes que se originan desde un determinado rango de IP, puertos, dominios, direcciones de correo, etc.

- Bloqueo de paquetes generados por determinados protocolos o aplicaciones no autorizados.

- Bloqueo de paquetes que son reconocidos por el *firewall* como ataques informáticos.

- En algunos casos, el *firewall* genera informes que son útiles como una herramienta de análisis del comportamiento de la red interna y externa.

- Generación de registros que puedan ser utilizados en un análisis forense.
- Integración de sistemas de defensa en contra de virus, *spam*, y *malware* en general.
- Segmentación segura entre distintas redes internas además de Internet.

2.1.1 Clasificación de firewalls

Mientras que la definición de un cortafuegos define su funcionalidad más básica, los *firewalls* se pueden clasificar en virtud de diferentes características o modos de empleo como:

- **Modelo de arquitectura**. Dependiendo del lugar donde se ubiquen en la red pueden tener distintas funciones. Así cuando hay dos o más *firewalls* implementados en una red, aquel que es más externo y se comunica con otras redes o Internet se denomina *firewall de contención*, en cambio el que se encuentra situado internamente y protege redes internas se denomina *firewall bastión*. Cuando solo hay un *firewall* protegiendo la red será el *bastión*.

- **Instaladores de software vs. appliance**. Algunos *firewalls* son implementados mediante instaladores, como es el caso de VPN-1/*Firewall*-1 de *Checkpoint*, *Iptables* de **Linux** o **ISA server de Microsoft**. Hoy en día existen en formato *appliance*, lo cual no requiere realizar la instalación del software, únicamente requiere que se conecte y se inicie el dispositivo, una vez se ha iniciado se podrá proceder a realizar el proceso de configuración. Este tipo de *firewall* proviene de fabricantes que acostumbran a comercializar soluciones *hardware* embebidas con su propio sistema operativo, como es el caso de PIX *Firewall* de Cisco, Netscreen de Juniper, o los dispositivos de SonicWall, Stonegate y NetASQ. Muchos fabricantes hoy en día ofrecen sus soluciones de cortafuego en formato *appliance,* para que otros fabricantes de *hardware*, incluso el propio usuario, lo puedan embeber, como es el caso de FortiGate de Fortinet o Astaro Security Gateway de Sophos. A los fabricantes de *hardware* les gusta trabajar, además, con otros fabricantes terceros de *software* para integrar sus soluciones de *antivirus* o *antispam* y ofrecer un dispositivo "todo en uno" o UTM.

    Características de cortafuegos en Software
    1. Soportados por varios sistemas operativos.
    2. Pueden ser instalados en varias plataformas *hardware*.
    3. Altamente configurables.

Características de cortafuegos en Appliance

1. *Hardware + Software* embebido.
2. *Software* se ejecuta en un sistema operativo propietario del propio fabricante.
3. Se acompañan con soluciones de otros fabricantes para realizar la seguridad.
4. Utilización de memoria ROM (Memoria de Solo Lectura) para ejecución rápida de procesos.
5. Hardware específico para *Firewall* que ayuda a procesar óptimamente ciertos algoritmos de cifrado de datos.

- **Firewalls de host vs. Firewalls de red**. Aquí la diferencia radica en el entorno que se desea proteger. Mientras uno lo hace solo en los sistemas donde se encuentran instalados, otros protegen la red o redes donde se han implementado.

    Características de cortafuegos de red

    1. Protege redes completas.
    2. Sistema dedicado a la función de *Firewall*.
    3. Módulos adicionales como *IDS/IPS*, *antivirus* o *antispam*.
    4. Requieren recursos dedicados de CPU y memoria RAM.

    Características de cortafuegos en el ordenador personal

    1. *Firewalls* personales.
    2. En algunos casos ya están embebidos en el sistema operativo.
    3. Fabricantes de antivirus proveen soluciones "todo en uno" para los usuarios, donde incluyen módulos de cortafuegos.

2.1.2 Tipos de filtrado en firewalls

Hay varios tipos de filtrado que se pueden ejecutar en los *firewalls*; dependiendo de estos filtrados, el *firewall* puede ser más o menos eficiente a la hora de proteger una red o un *host*. Hay tres tipos principales de filtrados basados en la capa del modelo OSI en la que los cortafuegos realizan el filtrado:

- **Filtrado a nivel de paquete**: se realiza a nivel de la capa de red, examinando la cabecera del paquete.

- **Filtrado a nivel de circuito**: se realiza a nivel de la capa de transporte, examinando el flujo de datos TCP y los datagramas UDP.

- **Filtrado a nivel de aplicación (proxies)**: se opera a nivel de la capa de aplicación, verificando el contenido de los datos.

1. **Firewalls de filtrado de paquetes**. Los primeros *firewalls* realizaban el filtrado de los paquetes que los atravesaban en la capa de red del modelo OSI. Verificaban las cabeceras de los paquetes que contienen las direcciones IP y sus opciones, permitiendo o denegando su paso a las redes que protegían. Se pueden encontrar en sistemas operativos, *software*, *routers* (acl) o *firewalls* de *hardware*. Los filtros examinan las direcciones IP de origen y destino, el número de puerto que está utilizando el protocolo con el que se están comunicando, el tipo de servicio, la prioridad del mismo, etc… y permite mejorar el tráfico de datos. Las tecnologías utilizadas para los filtrados son:

    - **Filtrado estático**. Las configuraciones de las reglas de filtrado se realizan manualmente y los puertos permanecerán abiertos o cerrados hasta que la configuración se cambie manualmente. Esto permitía tener abierto un puerto innecesariamente, ya que si éste no se utilizaba quedaba en dicho estatus, con lo que los potenciales atacantes podrían obtener información o acceder a la red a través de éstos. Hay algunas limitaciones al filtrado estático:

        1. Protección de protocolos asociados al número de puerto, con lo que se debe tener especial cuidado a la hora de implementarlos, debido a que un protocolo dado como el HTTP puede estar comunicándose por otros puertos que no son el 80, como el 8080. O pasar un protocolo como el Telnet por el puerto 80.

        2. El filtrado de paquetes carece de inteligencia y no va más allá del número de puerto para determinar qué aplicación está ejecutándose.

        3. Carece de la posibilidad de obtener trazas del estado del tráfico.

        4. El tráfico de *spoofing* puede ser permitido, si la protección no está debidamente implementada.

        5. Ataques de fragmentación.

    - **Filtrado dinámico**. Las configuraciones de las reglas de filtrado pueden ser variadas de forma automática, basándose en una serie de condiciones o eventos. Esto permite tener los puertos abiertos solo cuando sea necesario. Filtros establecidos *on-the-fly* y quitar cuando las conexiones se rompen. Se configura la interfaz de red externa que ve las conexiones que se realizan hacia las redes externas (Internet). Cuando se establece una conexión externa desde un sistema interno y el tráfico retorno, se compara a una tabla o lista de acceso que se creó dinámicamente cuando el tráfico de salida dejó la red.

- **Filtrado de estado (stateful)**. Se genera una tabla donde se mantienen los estados de las conexiones de todas las sesiones para que los paquetes pasen secuencialmente y sean filtrados por las reglas configuradas. Examina predominantemente la capa de transporte en la pila OSI e información de paquete más hacia abajo. Además negocia con la capa de aplicación (capa 7) para los paquetes que inician la conexión. Si el paquete que se inspecciona tiene alguna correspondencia con alguna de las reglas del *firewall*, entonces se añade una entrada a la tabla de estado. A partir de aquí, a todos los paquetes en esa sesión en particular se les permite acceder sin más inspecciones, porque tienen una entrada en la tabla de estado. Este tipo de filtrado es más seguro que los anteriores y posee más rendimiento que los proxies (éstos examinan todos los paquetes).

Concepto de estado. En los *firewalls* donde se filtra por estado, esto se realiza a partir de una tabla. Dicha tabla de estado gestiona entradas que representan una sesión de comunicación individual entre dispositivos, de la que obviamente el *firewall* tiene constancia. Cada una de estas entradas gestiona información que solo identifica la sesión de comunicación que representa. Información como direcciones IP de origen y destino, *flags*, secuencias, números de reconocimiento, etc. Cada entrada es creada cuando una conexión se establece a través del *firewall*. Cuando el tráfico retorna, el *firewall* compara la información del paquete con la entrada en la tabla de estado para determinar si forma parte de dicha sesión de comunicación. La información que se maneja en la tabla de estado debe ser tan específica y detallada que garantice que los potenciales atacantes no sean capaces de construir tráfico que permita el paso a través del *firewall*.

Estado-TCP. TCP es un protocolo orientado a conexión, con lo que el estado de comunicación puede ser definido de una forma robusta y clara. Desde el inicio a la terminación de la sesión hay una serie de *flags* que indican en qué status se encuentra la conexión, con lo cual ésta se puede trazar. Por todo esto se puede indicar qué TCP es un protocolo de estado. Los estados de las conexiones en TCP están definidos en la RFC 793. Algunos de estos estados son:

- **CLOSED**: es un "no estado", ya que existe antes de que se establezca la conexión.
- **LISTEN**: un sistema está esperando una petición para comenzar una conexión. Éste es el estado de inicio de las conexiones TCP.
- **SYN-SENT**: tiempo después del que un sistema ha enviado el paquete SYN y está esperando el SYN-ACK.

- **SYN-RCVD**: estado del sistema después de recibir un paquete SYN.
- **ESTABLISHED**: estado de una conexión después de que ha recibido un ACK.

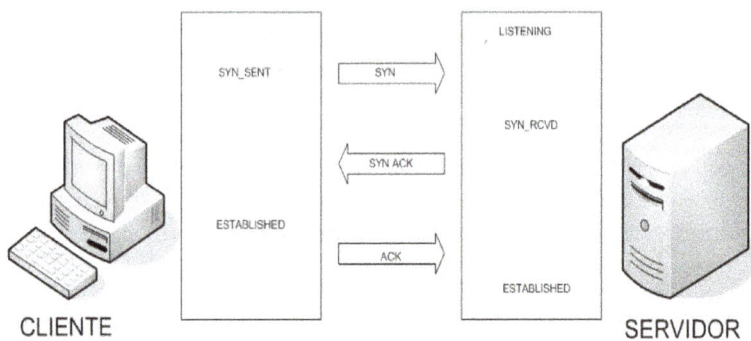

Figura 2.1. Inicio comunicación TCP

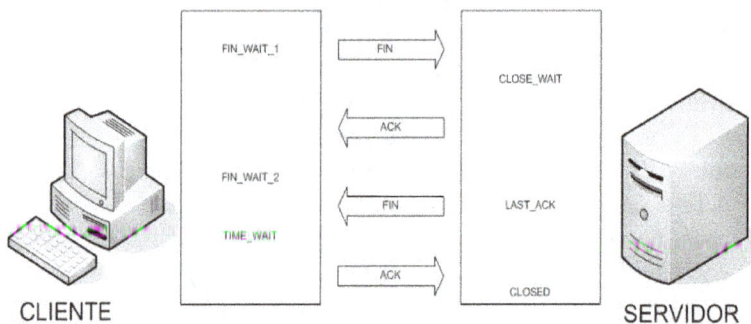

Figura 2.2. Comunicación TCP

Estado-UDP. UDP es un protocolo no orientado a conexión, con lo que el estado de comunicación no puede ser definido de una forma robusta y clara. Para esto un dispositivo que tracee una conexión UDP lo debe realizar a partir de pseudo-estados. UDP, al no tener números de secuencias en sus paquetes o *flags*, el único parámetro por el que se puede basar el estado de una sesión es por la dirección IP y el puerto que están utilizando tanto el origen como el destino. Dado que los puertos efímeros que se establecen en las conexiones son distintos para cada una de ellas, este parámetro podría determinar a qué conexión corresponde cada paquete. Otro de los problemas que se puede plantear al no tener *flags* para determinar cuándo se termina una sesión es que un sistema puede eliminar una entrada de una conexión UDP en la tabla de estado, configurando un valor de *time-out*. Hay diferenciación de velocidades de entrega de paquetes entre dos sistemas.

Estado-ICMP. ICMP es un protocolo no orientado a conexión como UDP, con lo que el estado de comunicación no puede ser definido de una forma robusta y clara. Para esto, un dispositivo que tracee una conexión ICMP lo debe realizar a partir de pseudo-estados. Se puede tracear por el tipo de mensaje de petición y el tipo de mensaje de respuesta. Otro de los problemas que se puede plantear al no tener *flags* para determinar cuándo se termina una sesión es que un sistema puede eliminar una entrada de una conexión ICMP en la tabla de estado, configurando un valor de *time-out*.

2. Firewalls de filtrado de circuito. Trabaja en las capas de transporte y sesión. Se examina la información TCP que se envían entre sistemas para verificar que la petición de sesión es legítima. Los filtros de circuito restringen el acceso a sistemas procesando la información que se encuentra en las cabeceras TCP y UDP. Permite crear filtros, por ejemplo, prohibir al Sistema "A" usar FTP para acceder al Sistema "B". El control de acceso está basado en flujo de datos TCP y datagramas UDP. También pueden ser basados en los *flags* de estatus, las direcciones de origen y destino y los números de puerto. Permite inspeccionar sesiones. Una sesión puede estar compuesta de varias conexiones. Las sesiones son establecidas solamente en respuesta a la petición de un usuario. Los filtros de circuito no restringen el acceso basado en información de usuario. No pueden distinguir entre comandos **PUT** o **GET**.

3. Proxys: los servidores Proxy se ejecutan en unos pocos programas que pueden ser securizados y confiables. Estos programas son aplicaciones específicas, cada protocolo soportado tiene su propio servicio proxy gestionado por un Proxy genérico. Realiza conexiones punto a punto desde el cliente al Proxy y desde éste al servicio de red requerido. Desde un punto de vista técnico el proxy es servidor y cliente al mismo tiempo ya que tiene funciones de *listener* y de *iniciador*. La comunicación a través de un Proxy requiere varios niveles de autenticación. Características de una conexión Proxy:

- Usuario realiza petición de un servicio de Internet, como HTTP, FTP, Telnet, etc.

- El software instalado en el sistema del cliente lanza la petición de acuerdo con la política de seguridad a utilizar para el servicio de Internet requerido.

- El Proxy provee conexión actuando como *gateway* del servicio remoto.

- El Proxy realiza las comunicaciones necesarias para establecer la conexión con los sistemas externos, mientras protege los sistemas que se ubican detrás de él.

- Todo el tráfico se encamina entre el usuario interno y el sistema externo a través del Proxy Gateway.

- Ejemplo: servicios Proxy para correo. El servicio en el *firewall* acepta todos los correos con dirección interna y entonces realiza un *forward* a los sistemas internos o al servidor de correo central interno.

- Al realizarse la comunicación entre el usuario interno y el servicio externo a través del Proxy, éste protege la dirección IP del usuario, el sistema operativo que ejecuta en su sistema (a través de técnicas de identificación como las de *passive fingerprinting)*.

- El sistema Proxy debe ser implementado para ser usado por un solo servicio (si es posible), no configurar cuentas de usuario, no instalar en ellos compiladores ni otros programas innecesarios, etc.

Tipos de Proxy:

- **Proxy inverso**: es utilizado normalmente fuera del *firewall* para implementar un servidor de contención seguro para los clientes externos, previniendo directamente los accesos no monitorizados de los servidores internos por parte de los usuarios externos. Se puede usar también para mejorar el rendimiento, ya que múltiples proxies pueden ser implementados en un frontal para realizar *load balancing* de los usuarios con accesos pesados.

- **Proxy de aplicación**: son programas cliente servidor implementados para cada servicio. El ejemplo más notable son los proxies de HTTP.

- **Proxy de circuito**: además de filtrar por dirección IP, número de puerto u otro tipo de información contenida en las cabeceras, puede validar y monitorizar cada una de las sesiones que se establecen en la comunicación. El Proxy de circuito determina que la sesión es válida basándose en reglas como la dirección IP de destino/origen, el puerto de destino/origen, protocolo, usuario ID, *password*, fecha, etc... pudiendo gestionar el tráfico UDP.

2.1.3 Arquitecturas de firewalls

La casuística sobre los diferentes tipos de arquitectura de *firewall* es variada, pero las arquitecturas básicas son las que a continuación se exponen:

2.1.3.1 ARQUITECTURA CON FIREWALL BASTIÓN

En ésta arquitectura, la red está protegida perimetralmente por un solo *firewall*. La arquitectura más básica en este caso es un *firewall* que protege la red interior de la exterior, es el caso típico de conexión a Internet, que tiene instaladas dos interfaces de red. En este tipo de arquitectura, obviamente el tráfico de intercambio entre la red interna y la externa está sometido a las reglas de un solo *firewall*, con lo que éstas deben ser lo más robustas posibles.

El tener este tipo de arquitectura no significa una mayor sencillez en la definición de políticas de seguridad, ya que a veces las conexiones de fuera de la red hacia el interior, que hay que realizar con distintas aplicaciones y protocolos son las que establecen la dificultad de diseño de las políticas de seguridad.

Otros lugares donde se suele integrar esta arquitectura, es cuando se quieren proteger subredes, como en el caso, por ejemplo, de redes donde están integrados los servidores críticos que se quieren segmentar de otras subredes que componen la red interna.

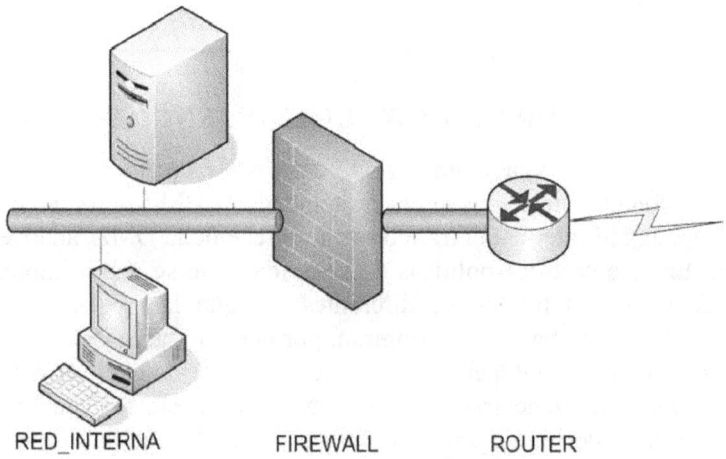

Figura 2.3. Firewall bastión

2.1.3.2 ARQUITECTURA FIREWALL, DMZ Y RED INTERNA

Aquí, los servicios de acceso público, como pueden ser el correo electrónico, los servidores de páginas Web, los servidores de imágenes de vídeo, DNS o similares se encuentran situados en redes o zonas denominadas "zonas desmilitarizadas" o DMZ. Debido a que estos servicios tienen la particularidad de ser de acceso libre o con ciertas limitaciones desde cualquier parte, su protección es más compleja, porque obviamente a un servidor Web no se le puede cortar el acceso externo a las páginas que este alberga. Teniendo en cuenta lo anterior, una arquitectura básica con DMZ puede consistir en un *firewall* con tres interfaces de red, que comunican con la red interna, la DMZ y el exterior.

Las políticas de seguridad que se integran en este caso, por una parte, deben ser restrictivas en cuanto a los accesos a la red interna, pero, por otra, deben tener en cuenta que la DMZ es una zona de acceso libre y las reglas a definir aquí son menos restrictivas.

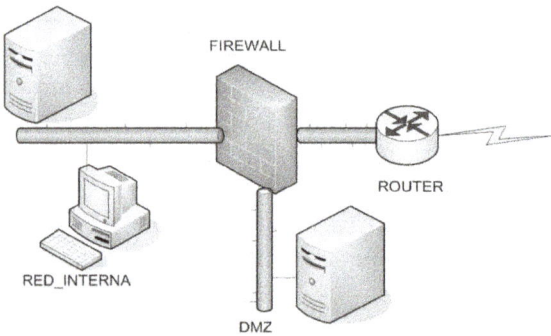

Figura 2.4. Firewall bastión-dmz

2.1.3.3 ARQUITECTURA FIREWALL CONTENCIÓN-BASTIÓN

En este tipo de arquitectura la DMZ está integrada entre dos *firewalls,* uno de ellos, el de contención, se encuentra protegiendo la DMZ de la red externa y el bastión protege la red interna del tráfico que proviene de la DMZ, además del de la red externa. En este caso las políticas de seguridad que se van a implementar en cada uno de ellos son totalmente diferentes, ya que las reglas que se deben establecer en el *firewall* bastión restringirán, por ejemplo, accesos externos a redes internas de peticiones HTTP, pero no así el de peticiones de páginas Web por parte de los sistemas que se encuentran en la red interna. Con esto se debe tener especial cuidado, en la congruencia de ambas políticas ya que lo que uno de los *firewalls* deja pasar, el otro lo debe rechazar.

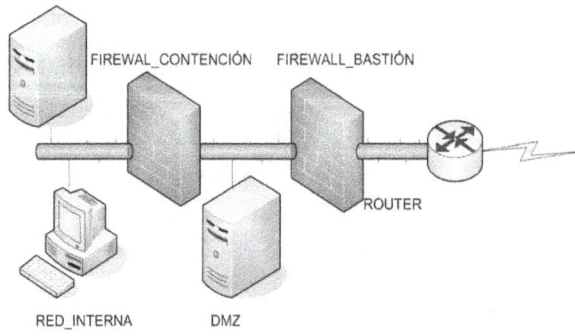

Figura 2.5. Firewall contención-bastión

2.1.3.4 ARQUITECTURA ALTA DISPONIBILIDAD

Cuando es necesario implementar soluciones de seguridad perimetral en las cuales la disponibilidad de los servicios y sistemas es esencial, se recurre a *firewalls* que son clusterizables, es decir el *firewall* se ejecuta en dos sistemas independientes.

Hay *firewalls* con funcionalidades de clúster, en los que por un solo sistema se filtra el tráfico a la vez, y si éste se viene abajo, el otro sistema es el que entra en funcionamiento mediante un proceso de *failover*. En cambio, hay otros en los que los dos sistemas están filtrando el tráfico a la vez.

Este tipo de soluciones es conveniente implementarlas, puesto que la pérdida del *firewall* puede generar graves problemas de seguridad al dejar la red sin protección, y por otra parte, se deben suspender servicios, ya que sin el *firewall* es mejor no tener ningún tipo de comunicación con el exterior, ya que el riesgo de trabajar sin éste es crítico en algunas situaciones.

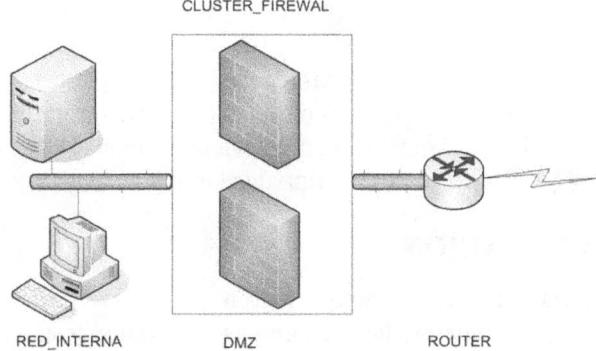

Figura 2.6. Firewall en clúster

2.1.4 Conceptos

Antes de implementar cualquier *firewall* se van a definir una serie de conceptos o técnicas básicas con los que trabajan la mayoría de *firewalls*.

2.1.4.1 NAT

NAT *(Network Address Translation)*, es básicamente el método por el cual la dirección IP es mapeada desde un grupo a otro, que a su vez es transparente a los usuarios. Otro método de mapeo es el de NAPT *(Network Arddes Port Translation)*, donde un conjunto de puertos asociados a direcciones IP son trasladados a otros puertos de una dirección IP. Hay dos tipos básicos de NAT:

- **NAT estático**: cada dirección IP se enmascara en otra dirección IP, de modo que la relación es uno a uno. Este tipo de NAT se utiliza, por ejemplo, para ocultar los servidores de acceso público a Internet, ya que se oculta detrás de una dirección IP del *firewall*.

- **NAT dinámico**: varias direcciones IP se enmascaran detrás de una dirección IP de firewall. Ese tipo de NAT se implementa en redes que se ocultan detrás de la IP del *firewall*, siendo la relación varios a uno.

2.1.4.2 SPOOFING

Spoofing es la técnica de envío de paquetes con información falsa, donde puede parecer que el origen del paquete proviene de una red que se encuentra protegida por el *firewall*. En este caso, las direcciones IP de origen son del rango de las direcciones privadas de una red interna, pero el flujo de los paquetes es "hacia el interior del *firewall*, con entrada por la tarjeta externa de éste". Si penetran este tipo de paquetes, uno de los *hosts* que se encuentran en la red interna puede llegar a determinar que provienen de un sistema confiable y que puede acceder a su información.

Esto se realiza con herramientas de *crafting* de paquetes como **hping o scapy**. Establecer reglas *anti-spoofing,* como las de no permitir entradas al *firewall* cuyas direcciones IP de origen sean privadas además de deshabilitar el enrutamiento de origen, protege de este tipo de ataques.

2.1.4.3 FRAGMENTACIÓN

Los ataques de fragmentación fueron diseñados para contrarrestar el filtrado de paquetes. En principio las tecnologías de filtrado dejaban pasar todos los fragmentos, pero se implementaron mejoras donde se verificaba el primer fragmento, y si pasaba los filtros, se permitía pasar los siguientes. La verificación de la cabecera del primer fragmento dio lugar a la división de la información de los puertos TCP y UDP en fragmentos más pequeños. La RFC 1858 define los métodos para detener la fragmentación.

2.2 DETECTORES DE INTRUSOS

Se pueden definir los *IDS* como soluciones de *software* o sistemas de *hardware* que automatizan procesos de monitorización de eventos que ocurren en una red o en un sistema, analizando posteriormente dichos eventos o firmas para detectar problemas de seguridad en dicha red. En el caso de que además realicen algún tipo de evento o acción preestablecida al haber detectado un problema de seguridad, estos *IDS* se denominan *IPS*.

Sus principales funcionalidades, son:

- Previenen problemas de comportamiento de abusos en el sistema o red.
- Detectan ataques y otras violaciones de seguridad.
- Detectan las vulnerabilidades de una red o sistema.
- Implementan calidad de control para eventos de seguridad y administración.
- Proporcionan información sobre el diagnóstico y corrección de problemas de seguridad acerca de los intrusos que intentan acceder a la red o sistemas.

Cuando se diseña una infraestructura perimetral de seguridad, en la mayoría de los casos en las redes a proteger se implementa un *firewall* como único elemento, por lo que la seguridad que pueda dar este tipo de elemento de defensa es a veces insuficiente. Esto es debido a que una parte de los *firewalls* que se implementan carecen de las funcionalidades que pueden aportar los *IDS*. Cuando una trama de cualquier protocolo pasa a través de un *firewall*, verifica si cumple una serie de reglas preestablecidas por los administradores del sistema, si las cumple, atraviesa el *firewall*, si no, son rechazadas. Cuando estos sistemas verifican las tramas, algunos de ellos no son capaces de realizar un análisis en profundidad en cuanto a contenido de la trama, por ejemplo, en la parte que transporta los datos, determinar actividades anómalas, incorrectas o ilegales.

Los niveles de control deberían ser reforzados con la implementación de este otro tipo de sistemas, con lo que mejoraran el control del tráfico de red que atraviesa la red a través de *routers* y *firewall*. Los *IDS* son un complemento a los sistemas anteriormente citados.

Es como la paradoja de la seguridad que se implementa en ciertos edificios, en los que un visitante pasa por ciertos sistemas de detección especializados en la detección de ciertos materiales, pero no de otros.

Permítanme el símil: desde hace tiempo, a la hora de realizar un viaje en avión, solo es posible transportar líquidos en el equipaje de mano si éstos ocupan un determinado volumen y son introducidos en bolsas transparentes de plástico. Esto es debido a que los métodos para detectar explosivos líquidos están basados en perros y personas, con lo que es necesario facilitar la verificación de los líquidos transportados por los pasajeros y así no colapsar los aeropuertos. Imagine que los arcos por los que pasan los viajeros son los *firewalls*, y los agentes de seguridad y perros son los *IDS* que verifican el contenido que transporta un viajero, pudiendo llegar incluso a cachear al viajero. Definitivamente, cada elemento se especializa y cumple una función en cuanto a la seguridad se refiere.

2.2.1 Tipos de IDS

En el mercado existe una gran variedad de *IDS*, que se diferencian en cuanto a la metodología de la detección de intrusos y en que se basa su funcionamiento. Una clasificación básica de los algoritmos que utilizan los *IDS* podría ser la siguiente:

- **Basados en patrones/firmas simples**: éstos buscan secuencias fijas en cada paquete que analizan, si éste coincide con una firma conocida que se encuentra en su base de datos lo tratan como un potencial ataque. El patrón de ataque normalmente es definido básicamente por un servicio o puerto, esto da lugar a que el análisis sea rápido. Para protocolos o programas que normalmente no utilizan los puertos conocidos, como los troyanos, puede ser complicado detectarlos. Por ejemplo, un paquete TCP con destino al puerto 12345 y que puede contener "peligro esto es un ataque" como cadena, podría ser detectado por este tipo de *IDS*. Obviamente, estos *IDS* son muy simples y se pueden aplicar en todos los protocolos, además de tener una relación directa con la firma de ataque.

- **Basados en la coincidencia de los patrones de estado**: en este caso no solo se verifica un paquete de modo aislado como lo hacen los *IDS* anteriores, sino que verifican el flujo de la sesión a la que pertenece el paquete. En este caso el *IDS* analiza las firmas de ataques contra todo el flujo de las sesiones que le llegan. En este caso el *IDS* tiene que ser capaz de ordenar los paquetes que le llegan, establecer todo el flujo de comunicación y analizarlo. En una comparación con lo anterior, aquí el *IDS* tiene que determinar el protocolo utilizado, TCP, el puerto de comunicación 12345 y la firma "**peligro esto es un ataque**", pero con la diferencia de que la firma en el anterior tenía que estar integrada en un solo paquete, mientras que aquí podría detectar un ataque aunque en el primer paquete viajase "**peligro**", en el segundo "**esto**", en el tercero "**es**", en el cuarto "**un**" y en el quinto "**ataque**", porque es capaz de analizar todo el flujo. En este caso, pueden detectarse muchos falsos positivos (si la firma no es muy específica), las modificaciones de ataques pueden ser no detectadas (falsos negativos) y se requieren múltiples firmas de ataques para detectar una vulnerabilidad.

- **Firmas basadas en descodificación de protocolos**: es una extensión de la anterior. Estas clases de firmas se implementan decodificando los elementos que componen el flujo de información de la misma manera tanto como cliente o como servidor en el proceso de comunicación. Cuando los elementos de un protocolo son identificados, el *IDS* aplica las reglas definidas en los RFC para tratar de encontrar alguna violación de éstos. Algunas de estas firmas son debidas a variaciones en alguno de los campos del protocolo, longitud de campos o a los argumentos o *flags* que utilizan. Este tipo de *IDS* minimiza los falsos positivos, pero requiere bastante tiempo en su desarrollo.

- **Firmas basadas en algoritmos heurísticos**: están basados en logaritmos que evalúan el tráfico que pasa por la red, desde un punto de vista estadístico y trazan líneas base de comportamiento. Por ejemplo, a través de estos algoritmos se puede detectar acceso a unos determinados puertos por un determinado sistema cuando la red funciona de forma normal, cuando hay una variación en este comportamiento el sistema genera alarmas. Este tipo de *IDS* tiene que estar continuamente ajustando su configuración, ya que de alguna manera, si el comportamiento en un punto en el tiempo se cree normal, éste puede cambiar también, por ejemplo, imaginemos analizar el protocolo HTTP en un momento dado, ocurre algún suceso informativo extraordinario y el tráfico HTTP se eleva considerablemente, el *IDS* lo tratará como un potencial ataque dando lugar a un falso positivo.

Otro tipo de clasificación de *IDS* es dependiendo de dónde se instalan y qué sistemas tienen que monitorizar. En esta clasificación los *IDS* son:

- **NIDS- IDS de red**: éstos son los *IDS* que se pueden instalar en sistemas independientes o en aquellos que están ejecutando otras aplicaciones para monitorizar el tráfico que atraviesa por un segmento de red. Dependiendo de la arquitectura de la red, pueden ser implementados varios de éstos en cada segmento de red (delante del *router*, entre el *router* y el *firewall*, en la DMZ, entre la DMZ y la red interna) como sensores y enviar los datos para su análisis a consolas centralizadas.

- **HIDS- IDS de host**: está ejecutándose en un solo sistema y solo monitoriza a éste. Cuando se tienen aplicaciones críticas en sistemas independientes, se podría implementar este tipo de *IDS* y así analizar de forma más detallada los eventos que ocurren entre la red y dicho sistema.

2.2.2 Componentes de los IDS

Los *IDS* se suelen componer de tres componentes funcionales fundamentales:

- **Origen de la información**: desde donde se suministra la información utilizada para determinar dónde un intruso ha intentado penetrar. Esos orígenes pueden ser de los diferentes niveles de monitorización del sistema, de la red, del *host* o de las aplicaciones.

- **Análisis**: parte del *IDS* que organiza y hace que los eventos derivados del origen de la información sean catalogados como intentos de intrusión o que ha tenido lugar una intrusión efectiva.

- **Respuesta**: conjunto de acciones que el sistema puede tomar para detectar/eliminar las intrusiones. Estas acciones pueden ser activas (intervenciones automáticas) o pasivas (informes).

Los *IDS* se suelen componer de cuatro componentes lógicos fundamentales:

- **Motor**: componente que desensambla y ensambla los paquetes que pasan por él, analizándolos y comparándolos con firmas o líneas de comportamiento.

- **Base de datos**: componente que almacena los registros, alertas y alarmas del *IDS*. El esquema lógico de la base de datos tiene que ser coherente con las entradas que pueda establecer el motor en ésta.

- **Consola**: componente donde se visualizan los resultados de los análisis del *IDS*.

- **Aplicación de análisis**: recoge los datos de la base de datos y realiza análisis estadísticos de varios parámetros.

2.2.3 Conectividad de los IDS

Los *IDS*, como se ha visto anteriormente, se pueden implementar en varios puntos de la red (cuando éstos son *NIDS*), pero una vez seleccionadas las redes que se quieren monitorizar, hace falta integrar estos dispositivos en los equipos de conectividad de red. Para que puedan seleccionar entre varias posibilidades.

- **Empleo de concentradores/hubs**: envían todo el tráfico que pasa por cada uno de sus puertos por todos los demás. Esto da lugar a problemas de rendimiento.

- **Switches con capacidad de puerto SPAN**: *switches* que integran un puerto especial de análisis denominado **SPAN**. Esta funcionalidad suele estar integrada en casi todos los *switches* gestionables que hay en el mercado, es configurable de forma remota. Cuando se intenta monitorizar tráfico en una red *full-duplex* en un canal del puerto SPAN, habrá problemas de pérdida de paquetes. Otra consideración a tener en cuenta es que los errores en las capas 1 y 2 de red no son duplicados y, por lo tanto, no se pueden analizar.

- **Switches con capacidad de "port mirroring"**: *switches* gestionables capaces de copiar el tráfico de un puerto a otro, con lo que el *IDS* que esté conectado al puerto que hace de espejo está "viendo" el mismo tráfico que el puerto a observar.

- **TAP (Test Access Ports)**: es un dispositivo de red para la monitorización de sistemas y aplicaciones, siendo dicha monitorización pasiva, ya que se limita a trasladar todo el tráfico de red de cada uno de los puertos al puerto donde se conecta el *IDS*. En este dispositivo hay varios puertos donde por uno se conecta el dispositivo que se quiere monitorizar, por otro el sistema de monitorización *IDS* y un último puerto de conexión a los *switches* de red. Con estos dispositivos todo el tráfico que salga o entre al sistema a que hay que monitorizar pasa por dicho TAP, es capturado por el *IDS* y también es derivado a la red por el último puerto.

2.3 HONEYPOTS Y HONEYNETS

Dentro de las soluciones o dispositivos de seguridad que una organización implementa normalmente se puede encontrar *firewalls*, detectores de intrusos *IDS*, preventores de intrusos IPS, sniffers, antivirus, soluciones contra ataque DDoS, pero en muy pocas de ellas se despliegan unas soluciones desconocidas no solo para el usuario de TIC, sino también para muchos profesionales, denominadas *Honeypots*.

Normalmente, dentro de aquellos que por lo menos han oído hablar de ellos, muchos no sabrían indicar cuál es su utilidad, donde se pueden desplegar en una arquitectura de seguridad, con que otras herramientas de seguridad deberían trabajar de forma conjunta, etc. Todo ello se va a desarrollar a lo largo de este capítulo y el objetivo es que al final de éste el lector sea capaz no solo de saber qué, dónde, cómo o cuándo, sino también el por qué.

Otro de los conceptos a los que se hace referencia en el título del capítulo es el de *Honeynets*, que de una forma intuitiva el lector puede asociar, y de manera correcta, a un conjunto de *Honeypots*. Además de éste hay otros conceptos como *Honeywalls* e incluso algunos autores establecen una asociación de este tipo de herramientas con los *Tarpics*.

Desde un punto de vista conceptual puede ser diferente a las herramientas de seguridad que habitualmente se despliegan en una red, pero no así desde un punto de vista funcional, ya que al final, como cualquier herramienta de seguridad, recolecta datos, para su análisis y una posterior propuesta de medidas correctoras ante las posibles brechas de seguridad que existan en un sistema o red.

Desde un punto de vista básico, el rol que juegan los *Honeypots* en la red de una organización son:

- Potenciación *IDS* y *firewalls*.
- Investigación.
- Respuesta a incidentes.
- Análisis forense.
- Engaño a los atacantes.
- Disuasión.

2.3.1 Algunos conceptos previos

Antes de comenzar a analizar cómo funcionan los *Honeypots*, hay que ser conscientes de qué son y para qué sirven.

Un de las definiciones de *Honeypots*, "…es un recurso de seguridad basado en un sistema con ficheros, directorios y servicios como un sistema real, cuyo valor radica en ser probado, atacado o comprometido, con lo que se podría incluir en la clasificación de herramientas de detección y respuesta ante potenciales ataques a sistemas o redes…".

En esta definición hay conceptos que pueden sorprender que se omitan como es el caso de la prevención. Un *Honeypots* no es una herramienta preventiva *per se*, ya que su principal función es la de recoger información de los potenciales ataques y detectar las firmas de éstos, con ello queda establecido que si es una herramienta de detección.

En cuanto a que es una herramienta de respuesta, una vez recogida la información sobre el comportamiento de un potencial atacante, se analiza el proceso que sigue a la hora de ejecutar un ataque (por ejemplo, si ha utilizado en primer lugar una herramienta de escaneo de puertos y servicios, herramientas de detección de vulnerabilidades o cualquier otra) además de las firmas de las herramientas que utiliza para realizar primero la penetración a las redes o sistemas y posteriormente el ataque, dando lugar por parte de los recursos encargados de la seguridad de la red o sistemas del despliegue de las respuestas y contramedidas ante este tipo de amenazas.

Un *Honeypot* es por tanto una herramienta que recoge información y evidencias sobre las potenciales amenazas y vulnerabilidades de redes y sistemas, para obtener el conocimiento necesario para ejecutar un procedimiento de respuesta global ante potenciales ataques.

De otra forma como dice un viejo adaggio "conoce a tu enemigo". Uno de los grandes libros sobre *Honeypots* se titula "Know your enemy: Learning about security threats" cuyos autores se agrupan en *The Honeynet Project*.

No es importante solo saber los patrones y firmas de un potencial atacante, sino también de su comportamiento y habilidades cuando se enfrenta a explotar vulnerabilidades en sistemas y redes. Otras posibilidades que dan este tipo de herramientas es la de detectar potenciales atacantes de sistemas de producción y redirigirlos a los *Honeypots*.

Pero como se está hablando de seguridad, todo tiene un pero, en este caso es que si se utilizan este tipo de herramientas tiene que ser en manos expertas, porque, podría darse el caso que el potencial atacante utilice los Honetpots como puerta de entrada a las redes y sistemas de producción y evadir este tipo de herramientas. No es un asunto de naturaleza trivial el desplegar este tipo de herramientas en una red, para aprender, dejarlas desatendidas y que supongan un puente para acceso a los entornos críticos de una compañía.

En la arquitectura de seguridad y la segmentación de una red, este tipo de herramientas, siempre deben estar respaldadas por otras de carácter proactivo, como son los *firewalls*, *IDS/IPS*, *UTM*, *antivirus*, etc, así como por políticas de seguridad, procesos auditados y siguiendo unas buenas prácticas.

Dentro de una dimensión menos formal, el nombre *Honeypot* y su traducción directa al español, puede dar una primera pista de lo que se pretende, "tarro de miel", algo que actúa como cebo para otros, pero como se hace referencia en el párrafo anterior, es muy importante tener claro el fin de estas herramientas y que no se conviertan en una verdadera pesadilla.

2.3.2 Clasificación de Honeypots

Como en otro tipo de herramientas y soluciones, las clasificaciones pueden atender a distintas categorías. Una de ellas es dividirlos en Honeneypots de producción y de investigación, teniendo en cuenta su utilidad y otra de ellas es teniendo en cuenta las capas de la pila de componentes de un servicio que un *Honeypot* pueda estar simulando, y la interacción con los posibles atacantes, con lo que se tienen niveles de baja, media y alta interacción.

Teniendo en consideración la primera clasificación, donde se refleja la función dentro de una red.

1. **Honeypots de producción**: se usan mayoritariamente para proteger la infraestructura interna de una red. En este tipo de *Honeypots* es obligatorio, asegurar que está correctamente diseñado e implementado. Puede llegar a ser un punto muy vulnerable de la red, aunque de cierta forma como se ha indicado anteriormente, su naturaleza descansa en ser probado y atacado, por lo que hay que tener precauciones adicionales.

Desde un punto de vista práctico, este tipo de *Honeypots* deben reducir o mitigar el riesgo de cualquier red o sistema. Asegurar las políticas de seguridad, por identificación de ataques y detectar *hackers* con intenciones criminales son sus mayores objetivos.

El despliegue e implementación de este tipo de *Honeypots* es más sencillo que los posteriores, ya que por sus características requieren menos funciones y servicios ejecutándose.

2. **Honeypots de investigación**: se encargan de la acumulación de evidencias e información cuyo fin es el análisis del comportamiento, patrones y motivos por los que un atacante quiere penetrar en una red o sistema.

Entre la información que pueden reportar este tipo de herramientas, seencuentra la clase de herramientas que se utilizan para el intento de ataque, sistemas operativos y clases de dispositivos, tipos de exploits utilizados, como los atacantes están organizados (es un único atacante o es un grupo y cada elemento de se está especializando en un área determinada, desde que puntos geográficos se realiza el ataque, etc.).

Un análisis posterior de la información recogida, puede determinar a cualquier compañía u organización entender además de los patrones y firmas de ataque, los motivos ya que pueden intentan atacar porque en un mal llamado reto intelectual les supone un desafío o lo que pretenden es conseguir información confidencial para su posterior utilización o venta (hay grupos e incluso países que intentan obtener información de propiedad intelectual, clientes, finanzas, etc de otros países y compañías).

La mayoría de las veces a este tipo de *Honeypots*, no se le da el valor que merecen, ya que muchos creen que el aprendizaje en este tipo de entornos es un coste y no una inversión. Para hacer ver el valor de este tipo de *Honeypots*, se debe hacer referencia siempre a los tres pilares básicos de la seguridad, prevención, detección y respuesta.

Desde un punto de vista operativo éstos *Honeypots* de investigación son más complejos de implementar y gestionar, ya que se necesita proporcionar un sistema operativo, protocolos y aplicaciones para que puedan ser susceptibles de ser atacados. Por ello, es una clara desventaja con respecto a los anteriores, ya que unido a su complejidad, se tiene un mayor riesgo y requiere a personal especializado en diversas áreas.

A modo de conclusión, y teniendo en cuenta las diferencias entre ambos tipos de *Honeypots* si una organización quiere proteger sus entornos de producción y bloquear los potenciales ataques y perseguir a los atacantes, entonces se debería implementar un *Honeypot* de Producción, si en cambio, lo que se pretende es conocer las técnicas, comportamiento, herramientas, origen de los ataques y aprender de ello, para reforzar la seguridad en sus sistemas y redes, lo mejor es utilizar un *Honeypot* de investigación.

Otra de las clasificaciones que se pueden proponer es la que tiene por objeto el nivel de interacción con los potenciales atacantes y las capas de la pila de componentes de un servicio que un *Honeypot* pueda estar simulando: Por todo ello, se podrían dividir en:

3. Honeypots de baja interacción: son los más fáciles de implementar, ya que si se tiene en cuenta aspectos como los procesos de instalación, configuración, despliegue y mantenimiento, estos no conllevan una complejidad especial.

En ellos lo que se emula son sistemas operativos, protocolos y servicios básicos. Estas soluciones se despliegan sobre un host con **Microsoft Windows** y **Linux**, ya sea en máquinas físicas o en entornos virtualizados como VMware o KVM. Estos sistemas host deben ser bastionados previamente para prevenir que el atacante pueda acceder a sistema host. A dichas soluciones o herramientas se las puede configurar, para que emulen un determinado sistema operativo y servicios básicos, con lo que se puede crear entornos como **Microsoft Windows 2012 / Microsoft Windows 7** ejecutando, por ejemplo, un servidor de correo o FTP.

Son de baja interacción porque el atacante solo tendría capacidad para conocer el sistema operativo que se está emulando, aprovechar alguna vulnerabilidad básica o intentar ganar privilegios en alguno de los servicios en el *Honeypot*, pero nada más, ya que no hay ningún servicio real ejecutándose.

Pero aun así, se obtendrían resultados como saber si el atacante ha utilizado un ataque de fuerza bruta intentando acceder, por ejemplo, al servicio de correo o el FTP, con lo que solo se obtendrá información de los intentos de login en un determinado servicio. Otra información que se podría obtener es la fecha y hora del ataque, protocolo usado, herramientas, dirección IP de origen, etc...

Este tipo de *Honeypot* tiene un nivel de riesgo bajo, ya que no pueden ser utilizados como pasarela para poder acceder a otros servicios dentro de la red, ya que están simulando servicios que solo se ejecutan en ellos. Aunque a esta última afirmación habría que hacerle una salvedad y es la de ubicarlo en una subred aislada, separada completamente de los sistemas críticos de la organización. Ya que aunque un atacante no pueda explotar servicios de la red, podría pasar del *Honeypot* a otros sistemas que se encuentran en la misma red que si ejecuten aplicaciones en producción.

Algunos ejemplos de *Honeypots* de baja interacción están *Specter*, *Honeyd*, *SF Sensor*.

4. Honeypots de media interacción: en estos aumenta el grado de interacción con respecto a los anteriores, con el despliegue de un sistema operativo real y los servicios que emulan son más sofisticados.

Estos proveen de mayor información que los anteriores y obviamente el riesgo también aumenta. Un ejemplo de estos podría ser emular un servicio de base de datos o un servidor de aplicaciones.

El atacante podría utilizar para ello herramientas de escaneo de vulnerabilidades, utilizar gusanos o virus. El *Honeypot* debería estar configurado para responder parcialmente a este tipo de ataques, por lo que protocolos, puertos y funciones deben ser emulados de forma correcta. La consideración aquí es que sigue sin ejecutarse de forma real los servicios y aplicaciones, por lo que la información que se recaba sigue siendo parcial, ya que no llega a consumarse del todo el ataque. Por ejemplo, un gusano que se diseña para atacar bases de datos o servidores de aplicaciones, el fin del *Honeypot* sería capturarlo para su posterior análisis, pero es complicado porque llega un momento en el cual ya no se tiene con qué interactuar, porque se siguen emulando servicios como en el caso de los *Honeypots* de baja interacción.

Una de las desventajas de este tipo de *Honeyots* es la cantidad de tiempo que lleva la instalación, configuración y su mantenimiento. El personal de gestión debe poseer conocimientos no solo como funcionen los protocolos sino también de como lo hacen los servicios y aplicaciones que se van a emular.

Aquí el punto más vulnerable es el sistema operativo real que sustenta el *Honeypot*, con lo que es requerido asegurar de forma robusta esta pieza del sistema, sobre todo cuando se están utilizando exploits de nueva creación. Comprometer el *Honeypot* puede suponer comprometer el resto de la red.

5. Honeypots de alta interacción: éste se construye basándose en sistemas operativos y aplicaciones reales. No se emula nada. Esto conlleva un aumento del riesgo, pero a su vez la información que se puede obtener del atacante es mayor.

Al ser más complejos, su instalación, despliegue y configuración son las más complejas y el tiempo que lleva su puesta en marcha es mucho mayor, al igual que su mantenimiento. Es necesario personal con mayores habilidades, porque necesitan un profundo conocimiento de las aplicaciones que se instalan y su comportamiento.

Como uno de los objetivos de la implementación de este tipo de *Honeypots* es la captura de la mayor información posible sobre el atacante y su comportamiento, el fin será que dicho atacante se haga con el control del *Honeypot* y esto se lleva a cabo si escala privilegios hasta llegar a ser súper usuario. Aquí la información de la que se podría disponer sobre el atacante, además de la básica como herramientas utilizadas, direcciones IP y área de donde proviene el atacante, exploit que utiliza y para que vulnerabilidades, se podría monitorizar el cómo es la interacción con todos los componentes del servicio, como el sistema operativo, middleware, aplicaciones, etc... Todo ello permite obtener una huella completa de cómo se realiza un ataque, no como en los anteriores tipos de *Honeypot*, donde se emulaban aplicaciones y no se capturaba toda la información sobre el proceso de ataque.

Al ser el riesgo mucho mayor, ya que lo que se pretende es que el atacante pueda conseguir privilegios de súper usuario, se debería estar constantemente monitorizando el *Honeypot*, aunque no sea un sistema en producción, ya que como se definieron estas herramientas, están para ser probadas, atacadas y comprometidas con el riesgo que esto conlleva.

Para reforzar la seguridad de este tipo de herramientas es imprescindible que estén completamente aislados de las redes de producción de la organización, ya que al estar comprometido debido a que el atacante ha obtenido los privilegios para su control, hay que reducir la capacidad que tiene el atacante de poder lanzar ataques al resto de la red desde el sistema vulnerado. Para ello se podría aislar implantando un *firewall* y un *IDS* delante del *Honeypot*, que bloquee cualquier trafico saliente del sistema hacia cualquier punto de la red.

2.3.3 Ventajas e inconvenientes de Honeypots

La implementación de las soluciones o herramientas de este tipo siempre traen una serie de ventajas e inconvenientes que se van a enumerar.

Ventajas:

- Conceptualmente muy simple.
- Hay soluciones donde elegir, ya sean comerciales u open source.
- Pueden capturar ataques y obtener una información completa acerca del tipo de ataque, lo cual es de utilidad a la hora de entender cómo se desarrollan, pudiendo dar lugar a la creación de nuevas soluciones o políticas de seguridad para su prevención.
- No requieren gran cantidad de recursos. Cualquier sistema se puede utilizar como soporte donde se ejecute un *Honeypot*, tanto desde el punto de vista físico como del de la utilización de tecnologías de virtualización (se podría utilizar un solo sistema físico para crear una *Honeynet*).
- No es necesario crear una red de almacenamiento específica para contener los logs del *Honeypot*.
- Reduce los falsos positivos.
- Facilidad de implementación (excluidos los de alta interacción).
- Retornos de la inversión muy rápido.

Desventajas:

- Requieren tener técnicos con conocimientos altos y su implementación requiere cierto tiempo, el cual es proporcional al nivel de interacción.
- Solo se obtienen registros de actividad cuando un *hacker* o alguna aplicación de red está intentando interactuar con el *Honeypot*.
- No es posible capturar datos de sistemas que se encuentran en la red, con lo que si otros sistemas están siendo atacados, el *Honeypot* no tendrá conocimiento de ello ni forma alguna de detectarlo.
- Los ataques dirigidos hacia un *Honeypot* podrían comprometer otros sistemas de red, si no se han tomado las medidas de seguridad necesarias para mantenerlo aislado del resto de sistemas.
- Un atacante experto podría detectar si está ante un *Honeypot* o un sistema real debido a las huellas diferentes de ambos.
- Utilización de un *Honeypot* comprometido, como sistema zombie para llevar a cabo otro tipo de ataques a sistemas de la red.

2.3.4 Arquitectura y estrategia Honeypots

Otro de los aspectos a tener en cuenta en la implementación de un *Honeypot* además de cuál va a ser su función, es determinar cuál será el lugar donde se ubicara en una red.

Hay distintas arquitecturas que se pueden diseñar dependiendo de los requerimientos y objetivos a conseguir, desde la más básica que es un *Honeypot* de baja interacción simulando servicios básicos, pasando por crear varios *Honeypots* en máquinas virtuales que se están ejecutando en una misma máquina física, hasta complejas *Honeynet* donde se despliega un conjunto de *Honeypots* conectados entre sí y que son monitorizados y gestionados pro-activamente.

2.3.4.1 HONEYPOT DE BAJA INTERACCIÓN

Dentro de una red se podrían desplegar delante del *firewall* que protege la red interna, inmediatamente después del *firewall* en DMZ, o por último dentro de la red interna, segmentada y aislada del resto de sistemas.

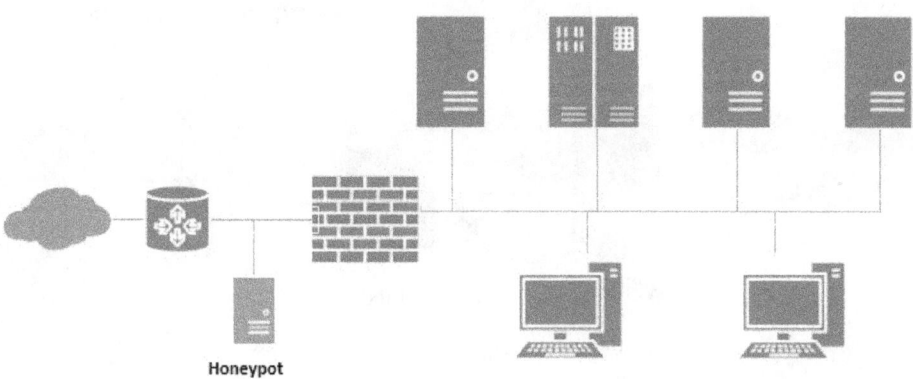

Figura 2.7. Honeypot baja interacción

Cada una de las ubicaciones tiene sus pros y contras, ya que si se implementa delante del *firewall* que protege la red, por ejemplo, podría ser considerado como un sistema demasiado fácil de atacar y por lo tanto ser descubierto por los atacantes rápidamente.

Hay que recordar que la inmensa mayoría de los atacantes potenciales, no tienen un perfil experto, por lo que este tipo de *Honeypot* podría ser bueno a modo de distracción. Algunos autores denominan a este tipo de *Honeypots* "Sacrificail Lamp".

En cambio, esta arquitectura o estrategia, podría recoger información relevante, ya que el tráfico hacia la red aún no ha sido filtrado por el *firewall* y llega en bruto y se podrían monitorizar los intentos de ataques para establecer las respuestas adecuadas. Aunque al ser de baja interacción, la cantidad de información es menor que en otros tipos de *Honeypots*, el nivel de riesgo es menor.

Uno de los *Honeypots*, que se podrían desplegar de este tipo son *Honeyd* o *SK Sensor*. En este tipo de arquitecturas, si se despliega *Honeyd* se podrían crear varios entornos virtuales con su correspondiente sistema operativo e IP. Este es un demonio ejecutándose en un sistema **Linux**, siendo el fichero de configuración **/etc/honeypots/Honeyd.conf**.

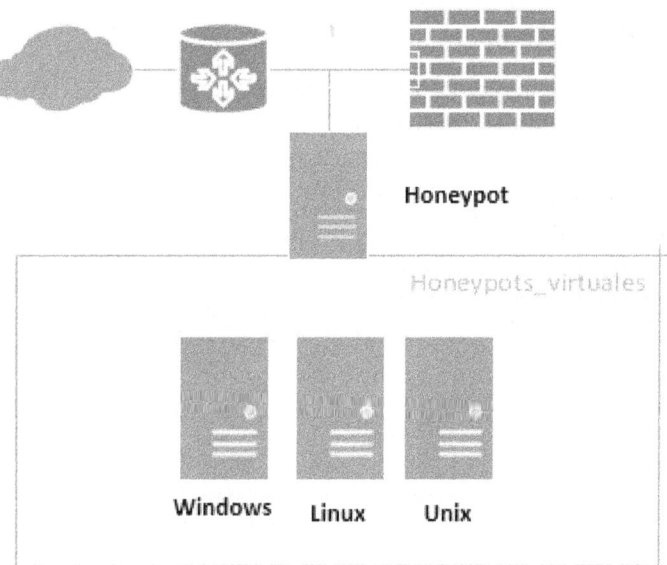

Figura 2.8. Honeypot virtual

Desgraciadamente *Honeyd* no es un proyecto que esté actualizado, siendo su obsolescencia un problema a la hora de implementarlo en ciertos entornos cuyos requerimientos sean rigurosos.

2.3.4.2 HONEYPOT DE INTERACCIÓN MEDIA Y ALTA

Las arquitecturas que se pueden diseñar con este tipo de *Honeypots*, pueden ser como en el caso anterior, desde un único elemento en el perímetro de la red, hasta las más sofisticadas conteniendo varios *Honeypots* dando lugar a una *Honeynet* de gran complejidad e interacción.

Los *Honeypots* están conectados, en el perímetro externo de la red como en el interno, formando una red OOB (*Out-Of-Band*) exclusiva para la monitorización de estos sistemas. También se podrían emplear *IDS* y escáneres de vulnerabilidades conectados a estas redes. El *IDS* podría aprender y crear reglas para integrarlas y así poder neutralizar un posible atacante si este llegase a penetrar en la red interna. Un ejemplo de este tipo de configuración podría ser una arquitectura con un *Honeyd* y un *IDS* como *Snort* o *Suricata*.

Teniendo en consideración que en estas arquitecturas, pueden estar construidas con *Honeypots* de media y alta interacción, su diseño e implementación suele ser de cierta complejidad, por lo que aquí no se están emulando puertos, servicios o sistemas operativos, si no que todos ellos son reales.

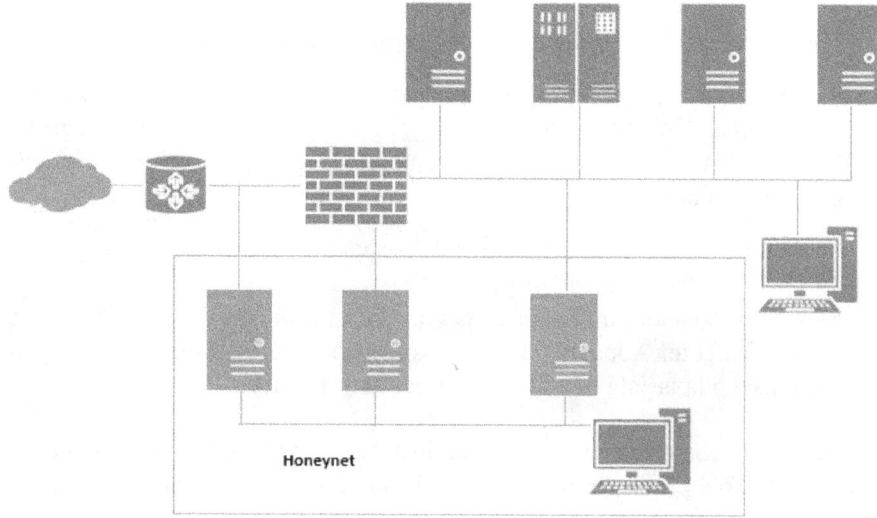

Figura 2.9. Honeynet

2.3.5 Configuración de Honeypots

A continuación se detalla cómo se puede instalar, configurar y monitorizar un *Honeypot*, para ello se ha seleccionado uno de baja interacción y su implementación en un entorno **Microsoft Windows** como es *FK Sensor*.

KF Sensor simula servicios en el nivel de aplicación de la capa OSI. Al no introducir más elementos en las capas, como drivers adicionales ni variar la pila IP, hace que se reduzca el riesgo de detección y el poder comprometerlo. Puede gestionar múltiples puertos y direcciones IP.

Entre las ventajas que tiene esta herramienta, se pueden destacar:

- Identificación de firmas de ataques.
- No hay falsos positivos.
- Sin overhead
- Detecta ataques de red a sistemas **Microsoft Windows**
- Gestión remota
- Detección en tiempo real
- Puede trabajar con otros sistemas de seguridad como *IDS*, *antivirus*, etc...
- Detecta ataques 0 day.

KF Sensor está compuesto por los siguientes elementos:

- *KF Sensor Server*: componente que provee las funcionalidades principales del sistema. No utiliza una interfaz gráfica y se ejecuta en background. Escucha los puertos TCP/UDP e interactúa con los posibles atacantes, generando alarmas.

- *KF Sensor Server*: interfaz gráfica del sistema

Para su instalación, diríjase a la página *http://www.keyfocus.net/kfsensor,* y descargue el ejecutable. Además hay que instalar la librería Winpcap, para poner en modo promiscuo la tarjeta de red y poder capturar paquetes.

Para ello debe seguir el proceso de instalación por defecto, mostrándose la pantalla principal del producto una vez se ha instalado la herramienta.

2.3.5.1 CONFIGURACIÓN DE KF SENSOR

El primer paso consiste en determinar si el sensor está en funcionamiento, para ello diríjase a **File-> Service-> Start/Stop/Restart Server**, donde se podrá activar o desactivar el sensor dependiendo de su estado.

Para conectar con el servidor *KF Sensor* seleccione la opción **File-> Sensor Connection-> Connect/Disconnet**.

Se puede instalar como un servicio en **Microsoft Windows**, en el mismo menú, seleccionando la opción **Install As Service System**. Por último se puede dejar el programa en ejecución en background seleccionando la opción **File ->Close**.

Dentro del menú **File** dispondrá de las opciones para exportar toda la información de los eventos generados por el sensor en distintos formatos, como .html, .xml, .tsv o .cvs, además de la posibilidad de importar logs desde un una base de datos. Todo ello, para obtener una gestión y análisis de los datos obtenidos a través de los sensores.

La pantalla principal de *KF Sensor*, ésta dividida en varias áreas o paneles. La sección de la izquierda es donde se muestra la información capturada por el *Honeypot*, ya sea listada por puerto (Figura 2.10) o por dirección IP, así como de qué modo interactúa con el sistema (Figura 2.11).

Para seleccionar ambos escenarios, se puede realizar desde el menú **View -> Ports** o **View-> Visitors**.

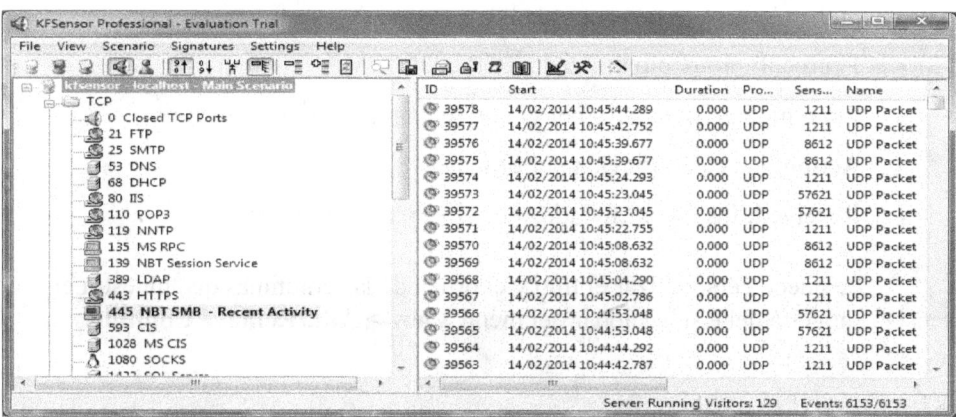

Figura 2.10. KF Sensor puertos

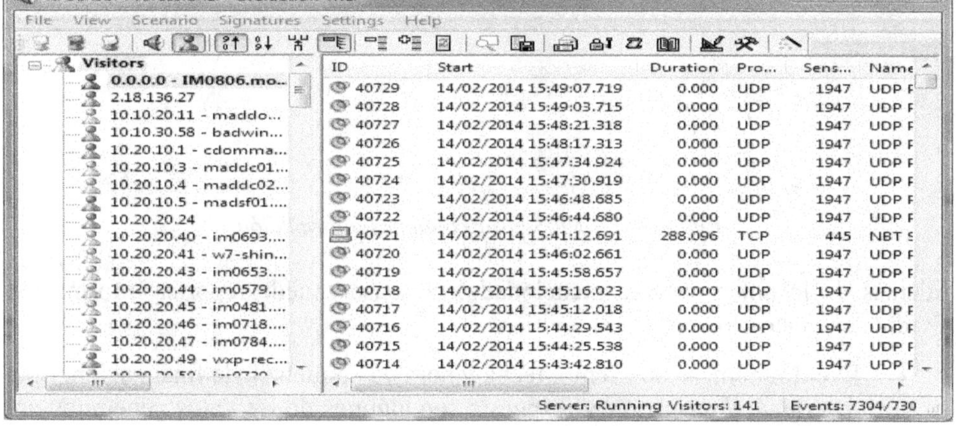

Figura 2.11. KF Sensor visitantes

El área derecha del panel de control, muestra columnas con la siguiente información:

- **ID**: número de evento, con iconos asociados a códigos de colores. Cada color significa un nivel de severidad con respecto a la seguridad. Gris es de baja severidad, verde media y rojo alta. En cuanto a los iconos pueden describir desde servicios en general como el de la campana, hasta servicios que pueden estar expuestos en Internet identificados con el icono del mundo.

- **Start**: indica la fecha y hora de la conexión al *Honeypot* para ese evento.

- **Duration**: información sobre el tiempo que la conexión al sistema se ha mantenido abierta, si esta ha sido demasiado corta y si ha sido cerrada por el visitante, puede indicar que éste no ha querido esperar a la respuesta, pudiendo indicar una actividad de escaneo de puertos.

- **Protocol**: protocolo utilizado TCP/UDP/ICMP.

- **Port**: número de puerto por el que se ha realizado la conexión.

- **Action**: la acción tomada por el sensor

- **Received**: los datos enviados por el visitante al sensor.

Se puede personalizar el tipo y el orden de las columnas que muestra el sensor. Para ello debe seleccionar del menú **View-> Add/Remove Columns**.

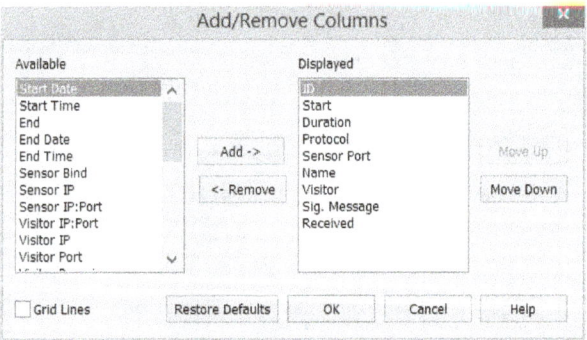

Figura 2.12. KF Sensor columnas información

Además de lo anteriormente mencionado, el sensor puede reportar información dividida en cinco bloques:

- **Evento**: número de evento, fecha y hora de comienzo, de finalización, tipo, severidad, descripción y respuesta son algunos de los datos generados por el sensor para catalogar los eventos.

- **Visitante**: se puede obtener información sobre su IP, puerto y dominio.
- **Sensor**: información sobre el nombre del sensor, IP, puerto, protocolo, acción que debe ser tomada ante un evento dado, reglas creadas para ese tipo de visitante.
- **Firma**: es una de las opciones más interesantes de éste sensor, el poder trabajar con firmas de ataques, ya sea por su configuración manual, por importarlas en .xml de otros dispositivos como los *IDS* (en este caso de Snort), o por su actualización desde el fabricante. Esto permite al sensor comparar dichas firmas con los datos de captura de los visitantes y así analizar que ataques se pueden estar realizando y que respuesta se les da.
- **Data**: donde se pueden obtener datos enviados por el visitante al sensor, la respuesta de éste al visitante.

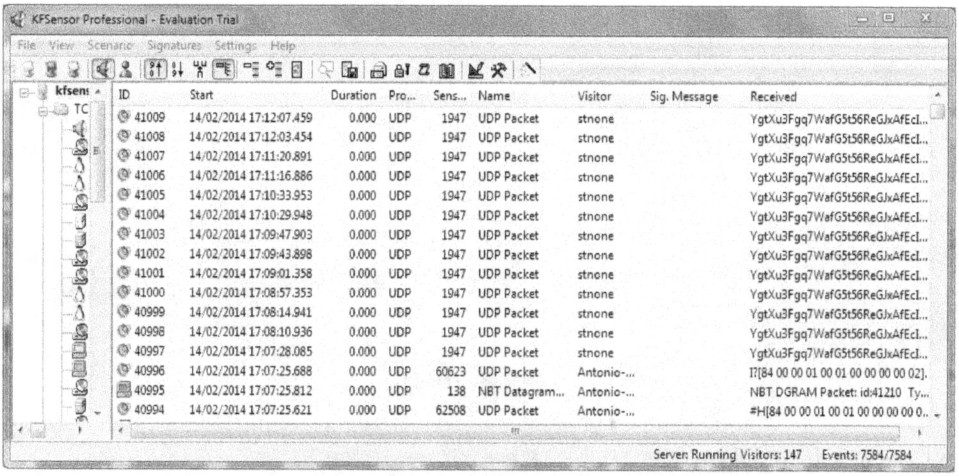

Figura 2.13. KF Sensor columnas de información

Para mostrar toda la información sobre un evento, debe seleccionarlo en el panel derecho, hacer doble clic, mostrando la aplicación una pantalla como la siguiente. Dividida en cuatro pestañas:

- **Summary**: información sobre el evento como el ID del sensor, del evento, la severidad, la dirección IP y el puerto por el que el visitante establece comunicación con el sensor, protocolo, puerto, firma y datos intercambiados por el visitante.
- **Deatails**: más datos sobre el evento, visitante y sensor.
- **Signature**: información detallada sobre la firma de un ataque, si este evento lo fuera.

- **Data**: datos intercambiados entre visitante y sensor.

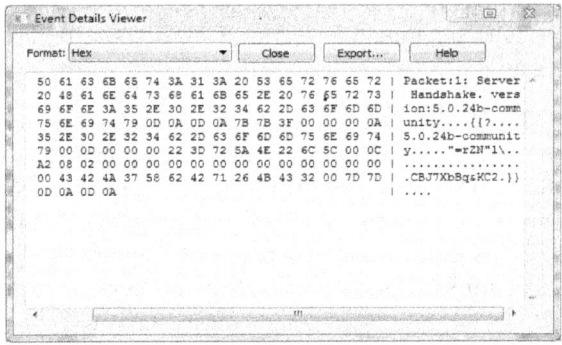

Figura 2.14. KF Sensor detalle datos

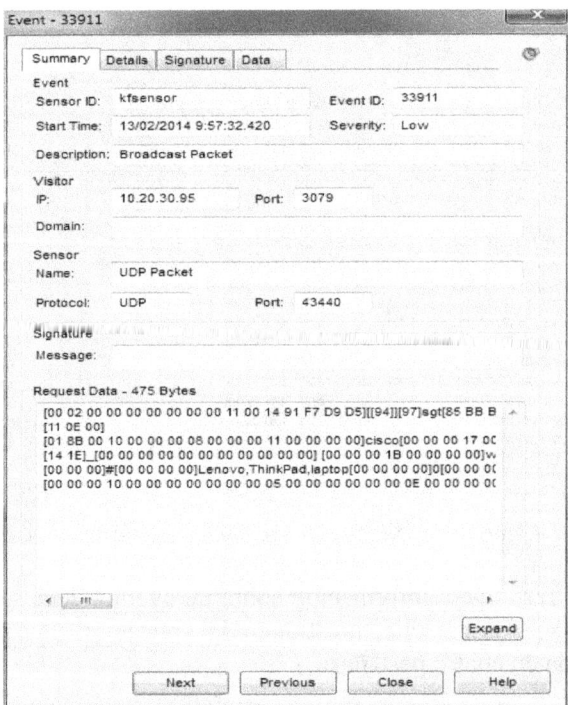

Figura 2.15. KF Sensor información de evento

2.3.5.2 ESCENARIOS

KF Sensor se puede configurar en varios escenarios, en cada uno de éstos se pueden configurar o definir que emule distintos tipos de servicios y crear reglas para los visitantes, de tal modo que se podría crear un escenario emulando, por ejemplo, un servidor MySQL y otro con **Microsoft Windows** y un servidor Web.

Todo esto se puede llevar a cabo desde el menú **Scenario**, donde hay distintas opciones:

- **Switch Scenario**: para cambiar de escenario.

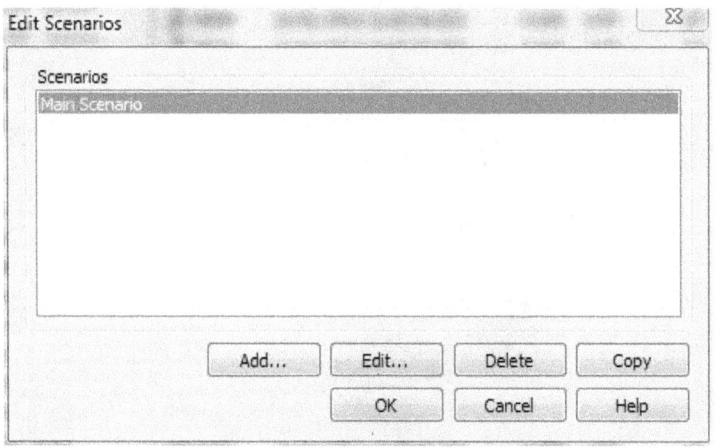

Figura 2.16. KF Sensor cambio escenario

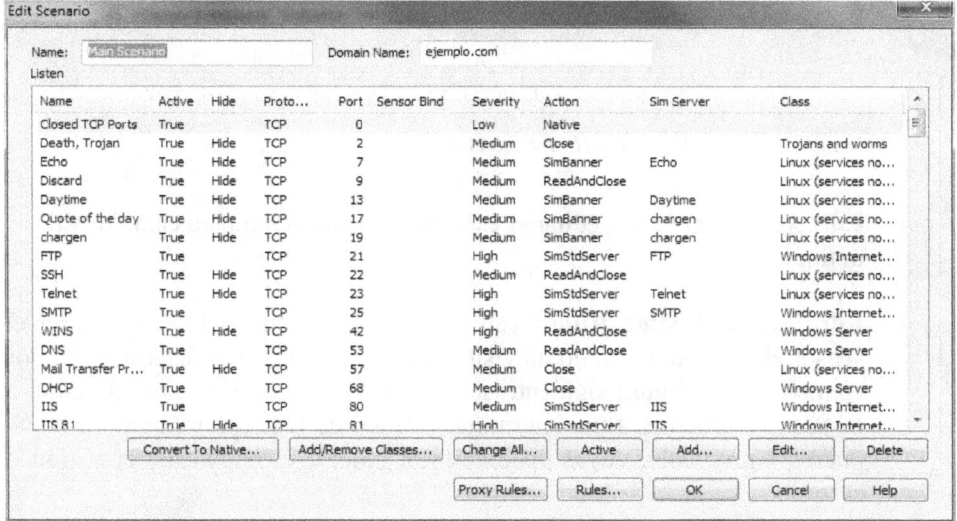

Figura 2.17. KF Sensor editar escenario

- **Edit Scenarios**: para añadir, cambiar o eliminar escenarios.

  En la configuración hay plantillas predefinidas que pueden simular diferentes tipos de servidores (Web, FTP), estaciones de trabajo, sistemas operativos (**Windows, Linux**), troyanos, gusanos, etc. También existe la posibilidad de crear algunos de forma manual y simular entornos a medida.

  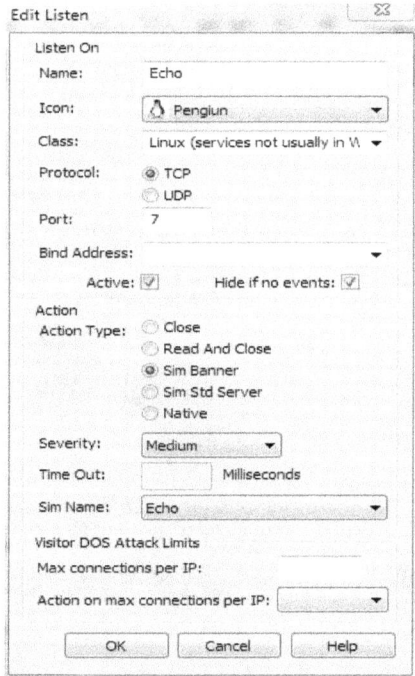

  Figura 2.18. KF Sensor editar escenario

- **Edit Acitve Scenario**: editar el escenario en ejecución para cambiar su definición.

- **Edit Active Visitor Rules**: cambiar la definición de las reglas que el sensor ejecuta para cuando un visitante realiza una acción determinada. Por ejemplo, en la figura siguiente se podría crear una regla para el servicio FTP, cuyo origen sea un determinado rango de IPs, con un nombre DNS, puerto y protocolo, cuyas opciones son ignorar el intento de conexión o cerrarlo.

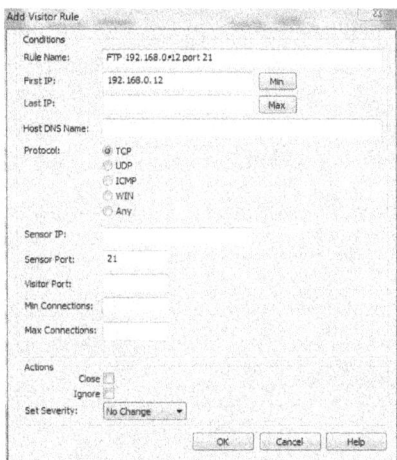

Figura 2.19. KF Sensor editar reglas visitante

- **Import Scenario Definitions**: se pueden importar definiciones de escenarios y reglas en formato .xml.

2.3.5.3 FIRMAS DE ATAQUES

En esa opción, se podrán editar, configurar e importar las firmas de ataques, para analizar y saber si los atacantes o visitantes del *Honeypot* están usando herramientas, exploits, gusanos, virus o sistemas que dejan dichas firmas o patrones de ataques y así poder tener ya implementadas las respuestas. Para ello dentro del menú **Signatures** se tiene:

- **Edit Signatures**: dentro de esta opción se pueden añadir, cambiar o exportar firmas.

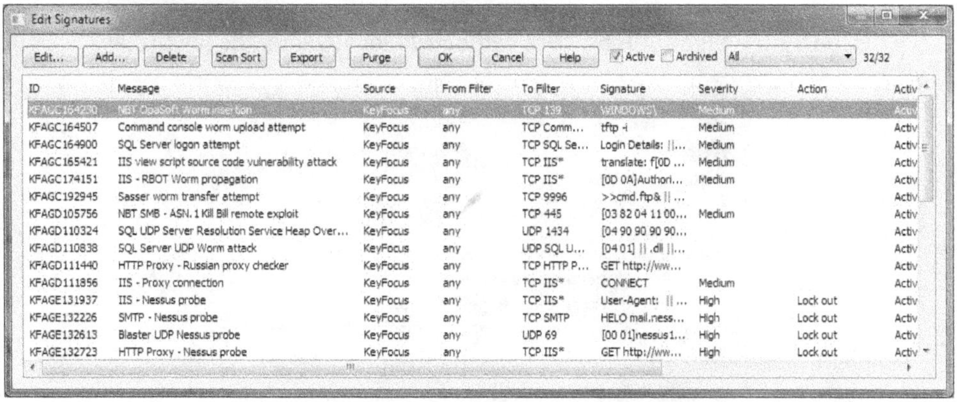

Figura 2.20. KF Sensor editar firmas

Una vez seleccionada la firma que se quiere editar, el sensor muestra la siguiente pantalla, donde se pueden modificar parámetros de dichas firmas. Como muestra la siguiente pantalla, la firma contiene la cadena WINDOWS/. Esta parece una firma obvia, hay otras que hacen referencia a páginas web, como la cadena nessus.org o cadenas más complejas como:

[0D0A]Authorization:Negotiate   YIIQegYGKwYBBQUCoIIQbjCCEGq hghBmI4IQYgOCBAEAQUFBQUFB

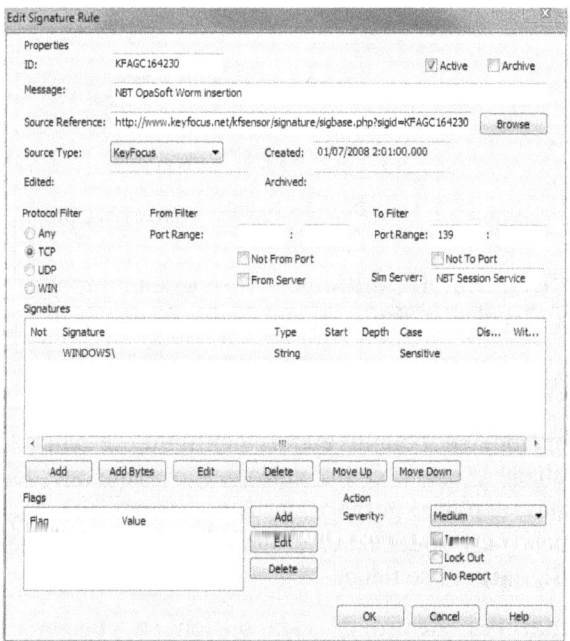

Figura 2.21. KF Sensor editar firmas

- **Configure Siganatures**: para cambiar la localización de las firmas.

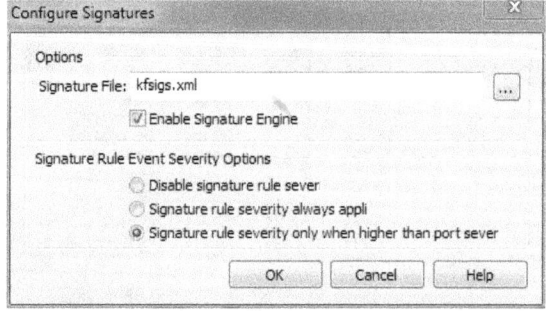

Figura 2.22. KF Sensor configuración localización firmas

- **Import Signatures**: importar firmas en formato .xml entre sensores.

- **Import External Signatures**: importar y actualizar las firmas desde Snort en un fichero .conf.

- **Import Signatures Into Database**: importar las firmas desde una base de datos.

2.3.5.4 CONFIGURACIONES

Además de las configuraciones anteriores, dentro del sensor se pueden establecer una serie de configuraciones personalizadas, que hacen referencia a ataques, registros, alarmas y otros.

- **DOS Attack Settings**: se usa para configurar el ataque de denegación de servicio, DOS. El sensor es realmente rápido respondiendo a los visitantes y en un entorno donde los accesos a Internet son cada vez más rápidos, es posible que al cabo de un determinado tiempo, pueda responder y gestionar millones de peticiones por hora. Esto no es un problema para la capacidad del sensor y del servidor, pero los registros pueden crecer de forma desmesurada y suponer un problema. Para prevenir esto, el sensor implementa varios límites de la cantidad de tráfico que acepta y como registra los eventos. Se puede limitar, por ejemplo, el máximo número de clientes que se conectan al mismo tiempo, el número máximo de bytes recibidos, el máximo tamaño del registro, incluso bloquear e ignorar conexiones limitando su número por IP.

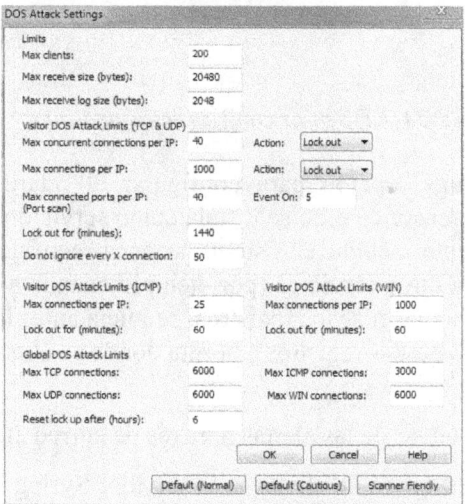

Figura 2.23. KF Sensor configuración DOS

- **Network Protocol Analyzer**: donde se configuran las características de la captura de paquetes. Se utiliza para monitorizar todos los paquetes de la red que pasan a través de los interfaces de red del sensor. Esto permite al sensor detectar ataques que no puede, cuando se configura como un servidor a nivel de aplicación (mail, web, etc.), Pudiendo detectar mensajes ICMP, conexiones a puertos cerrados o escaneos furtivos.

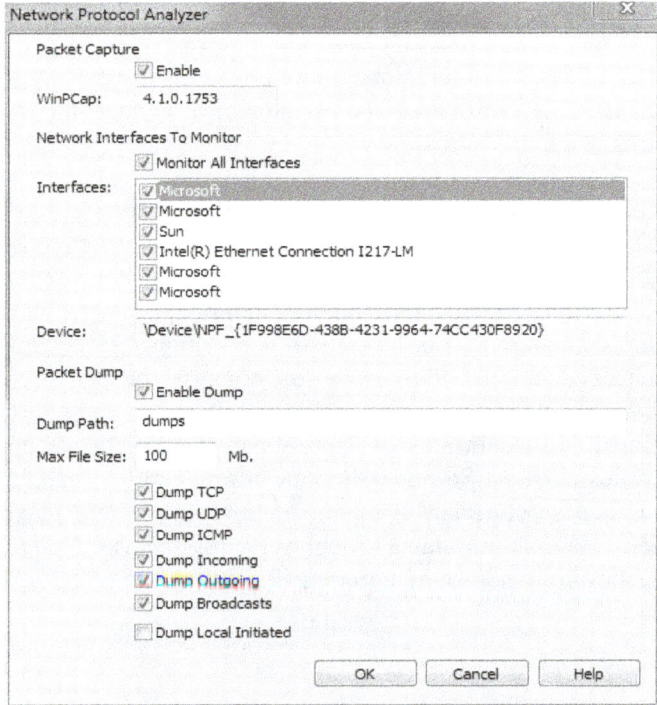

Figura 2.24. KF Sensor configuración analizador de red

- **Server Settings**: opción para configurar el retardo en un número de segundos del sensor cuando se instala como servicio y comienza a iniciarse automáticamente cuando el sistema arranca, configurar las dependencias con respecto a otros servicios (por ejemplo cuando se conectan a una base de datos para almacenar los registros, se inicia antes la base de datos que el sensor para no perder registros), la ruta donde se almacenan los ficheros de configuración.

- **Email Alert**: envío de las alertas a través de correo electrónico.

- **SysLog Alerts**: envío de alertas a un servidor Syslog.

Figura 2.25. KF Sensor configuración servidor Syslog

- **Evant Log Alerts**: envía las alertas a la herramienta de gestión de eventos propia de **Microsoft Windows**.

- **Local Sensor Configuration**: configura la conexión al servidor del *KF Sensor*.

- **Log Database**: *KF Sensor* siempre almacena los eventos en formato .xml localmente, pero estos también se pueden almacenar en bases de datos .sql. De esta forma se podrían almacenar un mayor número de eventos y de manera más rápida. Hay dos bases de datos que soporta *KF Sensor* que son MySQL y SQL Server. Para realizar la conexión se necesita crear una base de datos vacía y configurar los conectores de ODBC.

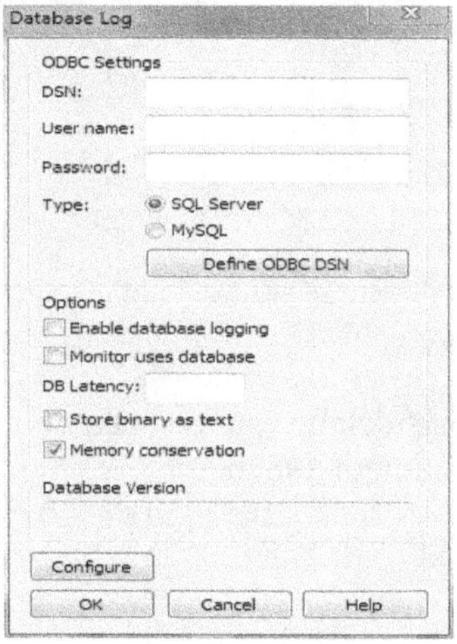

Figura 2.26. KF Sensor configuración conexión base de datos

2.3.5.5 MONITORIZACIÓN

Una vez configurado el sensor, ya se podría poner en producción y empezar a monitorizar los eventos que puedan generar en éste los potenciales visitantes. Por medio de las alarmas y los códigos de colores asociados a éstas, se podrá tener una visión global de lo que pueda estar pasando en el *Honeypot* de forma intuitiva.

En la figura siguiente se puede observar que hay una actividad en el sensor que no es normal, ya que está reportando alarmas con una severidad alta (color rojo) y en una multitud de puertos al mismo tiempo (FTP, SSH, SMTP, POP; Telnet, etc.). Indudablemente un administrador experimentado puede deducir que el *Honeypot* puede estar siendo sometido a un escaneo de puertos y servicios, por algunas de las herramientas diseñadas para tal efecto, si solo viese el panel de la izquierda.

Pero para verificarlo, por un lado el sensor muestra en el panel de la derecha dentro de la columna **Name** la entrada **Port Scan**.

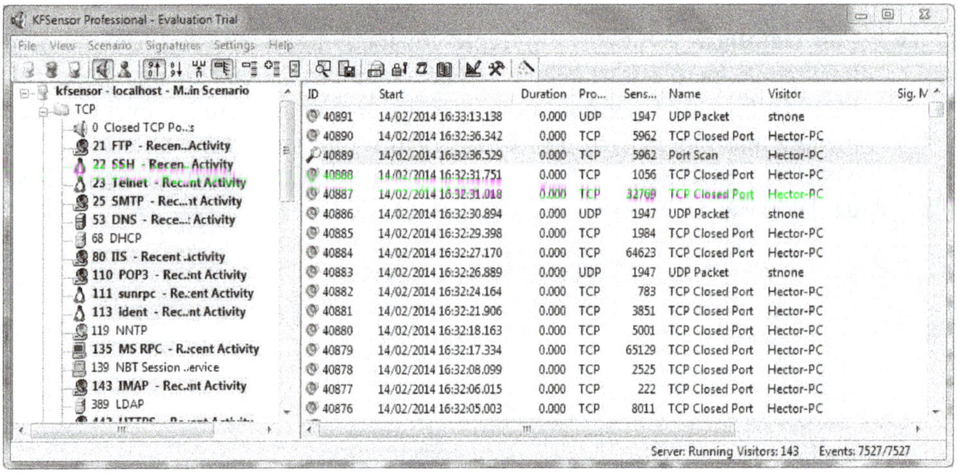

Figura 2.27. KF Sensor análisis registro

Para analizar con más detalle este escaneo de puerto, se selecciona uno de los eventos, en este caso el número 40876.

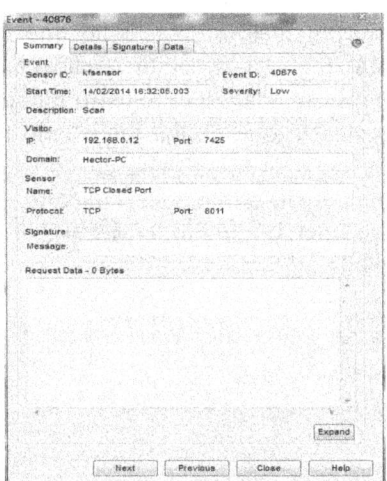

Figura 2.28. KF Sensor detalle registro

Dentro de los detalles del registro, se encuentran el nombre del sensor, el ID del evento, la fecha y hora cuando se generó la interacción entre el sensor y el visitante, el grado de severidad, una descripción del evento, la IP desde donde se intentó realizar el escaneo, dominio y puerto utilizados. Por el lado del sensor el protocolo y puerto de comunicación.

Al ser un escaneo el visitante no ha intercambiado datos con el sensor, pero el sensor si le ha respondido. La respuesta se muestra en la pestaña **Data** en el bloque **Response Data** que se puede ver en la siguiente figura.

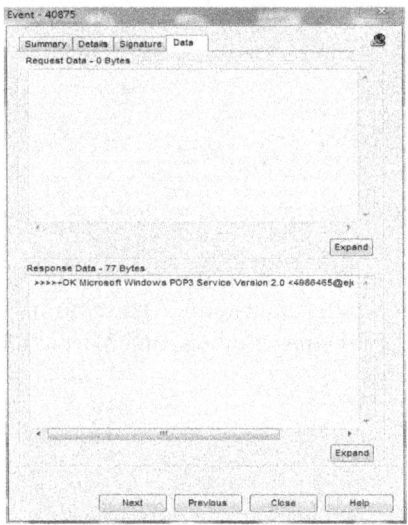

Figura 2.29. KF Sensor detalle respuesta sensor

Para tener una imagen más amplia de lo que está ocurriendo, hay que seguir analizando los demás registros y seguir la cadena, hasta verificar que es lo que ha sucedido. En principio se analizó el registro número 40876, que determinó que es un escaneo de puertos lo que estaba realizando el visitante y lo catalogó como severidad baja, tras unos eventos más, en concreto el número 41099, el sensor recogió que se habían escaneado o conectado a más de 40 puertos (umbrales que se configuraron el sensor) y cambió la severidad a alta y con respuesta, bloqueó la acción del visitante.

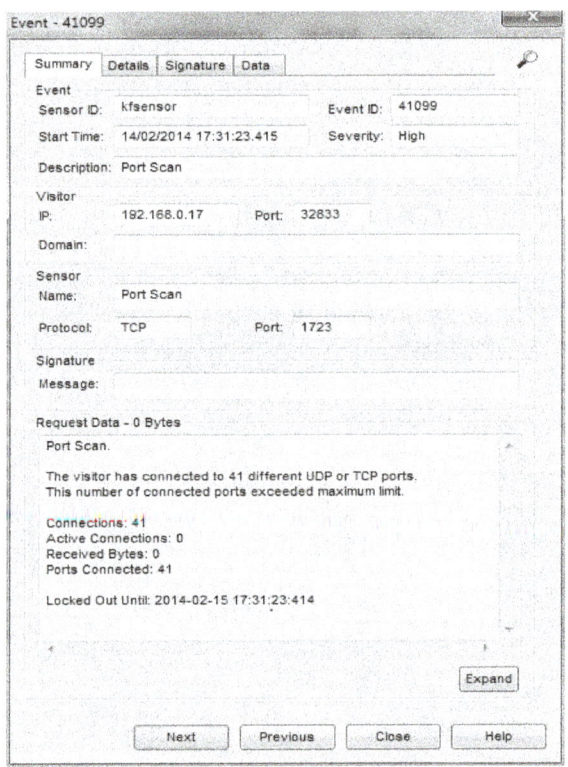

Figura 2.30. KF Sensor detalle múltiples peticiones visitante

En otro evento que se muestra en la figura siguiente, se obtiene información sobre una petición realizada por parte de un visitante. Es un paquete de NetBIOS sobre IP que proviene de un sistema **Microsoft Windows**.

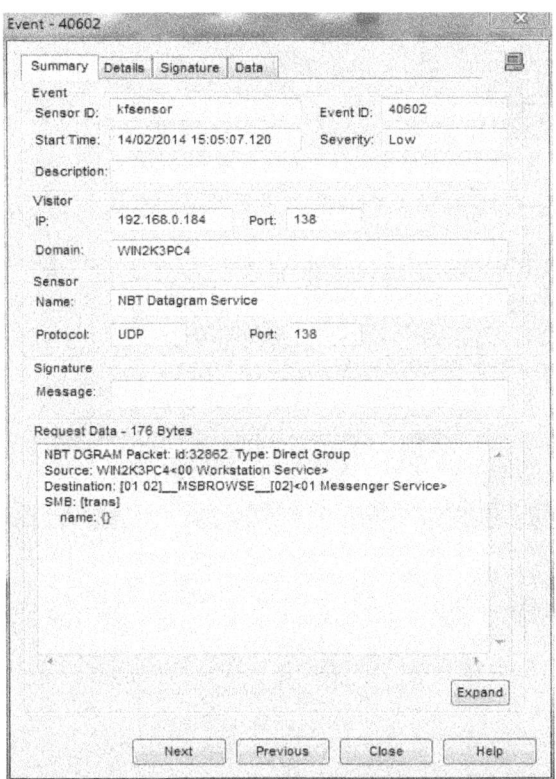

Figura 2.31. KF Sensor detalle petición visitante

Se han mostrado algunos de los eventos y registros básicos que esta herramienta puede generar, pero el grado de complejidad puede ser mucho mayor, ya que se pueden crear *Honeynets* y distribuir *Honeypots* por las distintas redes y subredes, emulando distintos servicios y entornos a lo largo de una organización, pudiendo obtener información relevante para preservar la seguridad de las red y tener un mecanismo de detección temprana de actividades sospechosas.

2.3.6 Conclusiones

En este capítulo se ha desarrollado el concepto de *Honeypots* y *Honeynets*, además se han definido sus posibles arquitecturas dentro de una red de una organización y configurado alguno de ellos.

Como sistemas de seguridad no han sido implementados de forma extensa en redes, ya que a veces por desconocimiento, otras por falta de tiempo y por creer que hay productos sustitutivos su despliegue es muy limitado.

Pero en verdad los *Honeypots* resultan ser de gran utilidad si se quiere conocer en profundidad el comportamiento de potenciales atacantes y que metodología y herramientas utilizan para ello. Pero estos siempre se deben apoyar en otras herramientas de seguridad proactivas como *IDS*, *UTM* y *firewalls*, garantizando que el *Honeypot* se encuentra perfectamente aislado de la red y sus sistemas.

Para poder profundizar aún más en los *Honeypots* y las *Honeynet*s hay una serie de páginas web, que serán de gran interés para el lector, en ellas se pueden obtener las últimas herramientas y conocimientos acerca de estos sistemas, siendo la más famosa https://www.honeynet.org/.

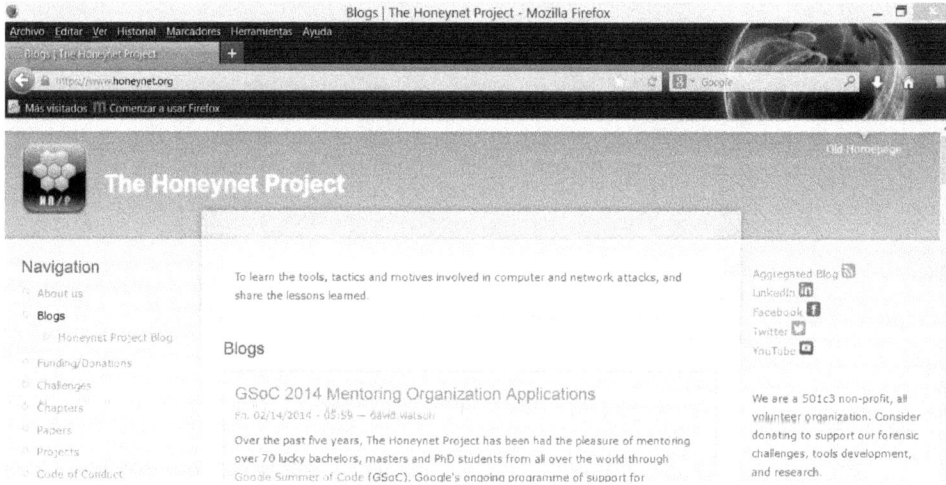

Figura 2.32. https://www.honeynet.org

2.4 UNTANGLE

A lo largo de este capítulo se realizará la instalación y configuración de la solución de seguridad perimetral *Untangle NG Firewall*, ésta es una distribución de código abierto basada en Debian con licencia GPL v2, dicha solución es desarrollada y mantenida por la compañía Untangle Inc. y está disponible en varios idiomas, incluyendo el español. Untangle es una solución de *firewall* multifuncional que unifica y consolida en un único dispositivo varias soluciones de seguridad. Es un sistema óptimo para las pequeñas y medianas empresas, ya que centraliza toda la gestión de la seguridad de red en una única consola de administración vía Web.

Figura 2.33. Logo de Untagle

2.4.1 Componentes de Untangle

Actualmente, Untangle tiene disponible tres versiones de su solución; **Lite**, **Standard** y **Premium**. La versión Lite es la versión gratuita que se distribuye con todos los módulos de seguridad basados en proyectos de código libre. Las versiones Standard y Premium, además de contener dichos paquetes de código libre, tienen la opción de comprar módulos de código propietario mediante el pago de una licencia adicional.

En el siguiente apartado, se instalará la **versión Lite**, ya que es la que contiene todos los paquetes de código abierto que permiten cubrir prácticamente todos los requisitos de una empresa sin necesidad de un desembolso económico.

Untangle Lite incluye las siguientes aplicaciones o módulos:

- **Web Filter Lite**: permite filtrar e impedir el acceso a páginas Web no autorizadas.
- **Virus Blocker Lite**: analiza en busca de virus todos los paquetes que circulen por la red.
- **Spam Blocker Lite**: filtra el correo electrónico no deseado y lo envía a una zona de cuarentena.
- **Phish Blocker**: bloquea el acceso a páginas Web de *phishing* o de robo de identidad.
- **Application Control Lite**: bloquea el acceso de las aplicaciones en función no solo de los puertos que utilizan, sino además en función de un patrón en el contenido de los paquetes, por ejemplo redes P2P y aplicaciones de mensajería instantánea.
- **Firewall**: protege la red corporativa de accesos no autorizados ya sean internos o desde Internet basándose en una política de filtrado.
- **Intrusion Prevention**: protege su red de ataques e intrusiones provenientes desde Internet.
- **Captive Portal**: habilita un portal cautivo que se muestra a todos los

usuarios antes de poder acceder a Internet, pudiendo solicitar la aceptación de las políticas de la compañía o la validación de los usuarios de modo que cada uno tenga definidos unos niveles de acceso.

- **AD Blocker**: permite bloquear contenido de las páginas web que visitan los usuarios, como banners, spyware y ads.

- **OpenVPN**: habilita el acceso seguro a través de Internet a la red corporativa.

- **Reports**: generación de informes periódicos de la actividad de su red de manera automatizada.

- **Automatic updates**: Sistema de actualizaciones automatizado del *firewall*. Descarga las últimas firmas de ataque y virus para que el *firewall* esté siempre al día.

2.4.2 Requisitos mínimos

Antes de iniciar la instalación de Untangle, es importante definir cómo desea implementar el *firewall* y tener claro el número de usuarios a los que va a dar servicio el equipo. Para que pueda estimar los recursos necesarios, Untangle pone a disposición de los usuarios una tabla de requerimientos mínimos del *hardware* basándose en el número de usuarios y el tráfico que tendrá la red.

Usuarios	Procesador	Memoria	Disco	Tarjetas de red
1-50	Atom/P4 o superior	1 GB	80 GB	2 o más
51-150	Dual Core	2 GB	80 GB	2 o más
151-500	2 Cores o superior	2 GB o mas	80 GB	2 o más
501-1500	4 Cores	4 GB	80 GB	2 o más
1501-5000	4 Cores o superior	4 GB o mas	80 GB	2 o más

Estos son valores de requisitos mínimos y no contemplan el tipo de tráfico que tendrá la red. En una red de trabajo estándar, el tráfico generado podría no afectar al rendimiento. Sin embargo, si muchos usuarios utilizan la solución para conectarse remotamente, un *hardware* superior le ayudará a mantener las líneas de comunicación disponibles con mínimas interrupciones.

2.4.3 Instalación en entornos virtuales

Untangle pone a disposición de los usuarios una versión de su solución UTM en formato *appliance* para entornos virtuales bajo VMware ESXi. Éste se encuentra descargable en formato OVA, extensión perteneciente al estándar de *Open Virtual Machine Format* (Formato Abierto de Máquinas Virtuales). Está disponible en versión de 32 bits y 64 bits, dependiendo del *hardware* del que disponga. A continuación, se describen los pasos necesarios para descargar e instalar el *firewall*:

1. Lo primero que ha de hacer es descargar de Internet el paquete de instalación que Untangle pone a su disposición en la URL: *http://sourceforge.net/projects/untangle/files/*. Aquí encontrará las distintas versiones archivadas en sus respectivas carpetas. Al abrir la carpeta para listar sus contenidos, encontrará dos ficheros con extensión .ova. Elija entre la versión de 32 o 64 bits e inicie la descarga.

2. Una vez descargado, lo primero que se ha de hacer es acceder a la consola VMware vSphere para administrar el servidor de virtualización donde residirá Untangle. Una vez dentro, diríjase al menú **file** y seleccione la opción **Deploy OVF Template**. Esto abre una ventana de diálogo que le asistirá al desplegar el *appliance* virtual. A continuación seleccione la opción **Deploy from file** y pulsando en el botón **Browse**, podrá seleccionar el fichero que ha descargado, cuyo nombre será similar a **Untangle_100_VMware_x64.ova**.

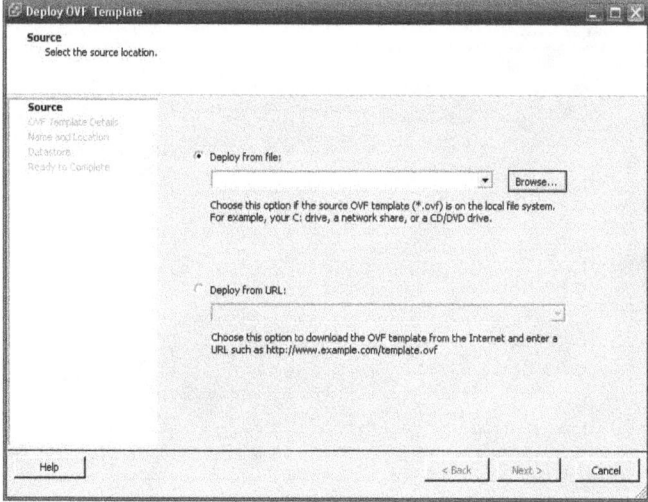

Figura 2.34. Deploy OVF Template

3. Una vez seleccionado el fichero, el sistema le informará del nombre del producto y su versión. Esto confirma que ha podido reconocer bien el formato del fichero.

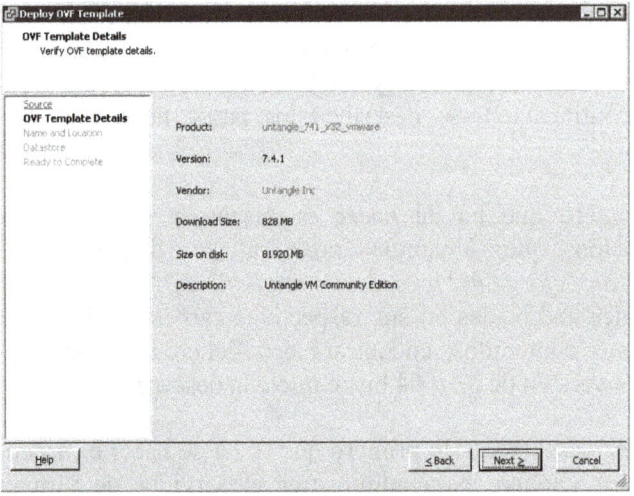

Figura 2.35. Nombre del producto y versión

4. Pulse en el botón **Next** para continuar con el proceso de importación. A continuación, se le solicitará el nombre que quiere darle a la máquina virtual. Asigne a esta máquina un nombre y en el siguiente paso elija el repositorio de datos a utilizar para albergar la máquina virtual.

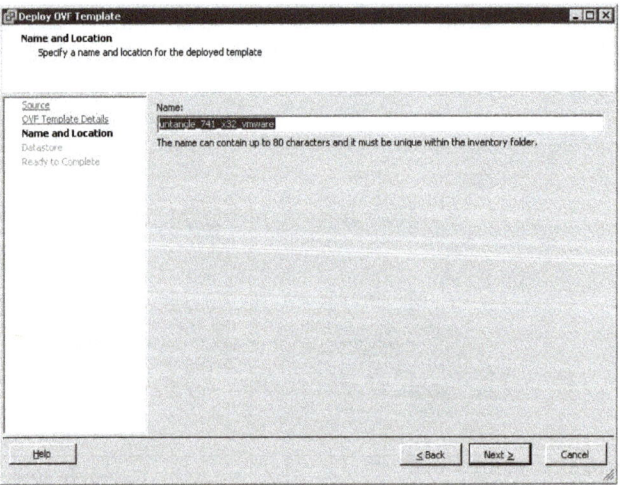

Figura 2.36. Nombre de la máquina virtual

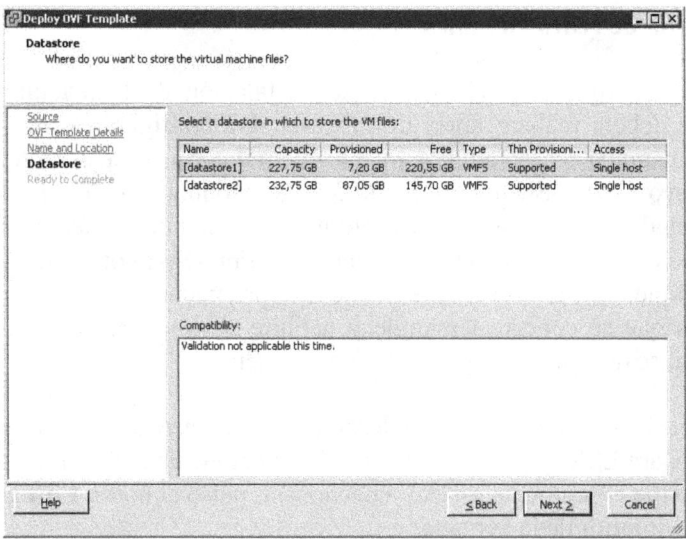

Figura 2.37. Selección del datastore donde se almacenarán los ficheros

5. Habiendo seleccionado un *datastore* adecuado, el siguiente paso resume todos los datos de configuración. Revise que todo sea correcto y pulse **Finish**. En ese momento se iniciará la instalación del *appliance* virtual. Una vez finalizado el proceso, se le mostrará la pantalla de confirmación y podrá comenzar a configurar los parámetros de la máquina virtual.

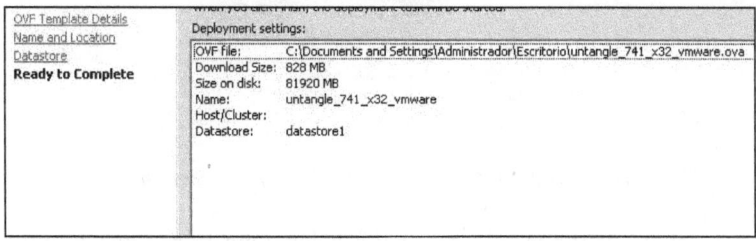

Figura 2.38. Datos de configuración de la máquina virtual

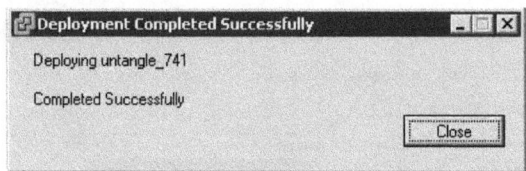

Figura 2.39. Confirmación del proceso de instalación

Configuración de redes virtuales

Una vez finalizado el proceso de instalación de la máquina virtual, lo primero que deberá realizar antes de iniciarla será configurar la red virtual para darle a esta máquina acceso a los segmentos de red que se desean proteger. Se debe crear un nuevo *Virtual Switch*, de modo que la máquina virtual tenga una interfaz de red conectada a la red con salida a Internet y otra al nuevo *Virtual Switch* donde conectará todas las máquinas virtuales que quiera proteger con Untangle. Para que el sistema funcione correctamente, edite las propiedades de todos los *Virtual Switch* a los que se conecte Untangle y habilite el modo promiscuo en ellos. A continuación, se describen los pasos de configuración:

1. Seleccione el *Virtual Switch* desde la zona de *networking* en su servidor de VMware ESXi y pulse en el botón **Properties**. Esto abrirá una ventana que describe el segmento virtual, una vez ahí, pulse el botón **Edit** ubicado en la parte inferior de la ventana.

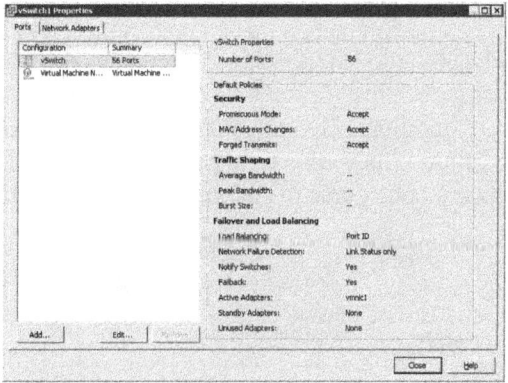

Figura 2.40. Configuración del Virtual Switch

2. En la nueva ventana que se abrirá, seleccione la pestaña **Security**. En el campo **Promiscuous Mode**, cambie la opción **Reject** por **Accept**.

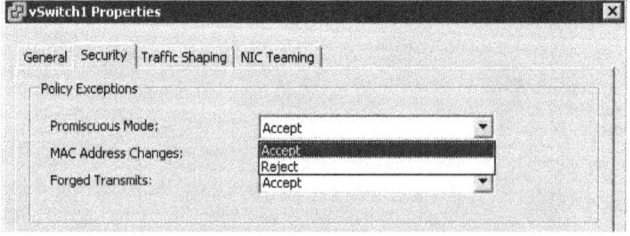

Figura 2.41. Configuración del modo promiscuo

3. Cuando tenga correctamente configuradas las redes virtuales, seleccione la máquina virtual en el menú izquierdo y pulse el botón derecho para hacer aparecer un submenú de opciones. Seleccione **Edit Settings** para abrir la ventana de configuración de la máquina virtual. Lo primero que deberá hacer es añadir las tarjetas de red a la máquina virtual. Añada tantas tarjetas de red como *Virtual Switch* tenga que interconectar Untangle. Lo habitual es añadir dos tarjetas de red, una que esté conectada al *Virtual Switch* principal del servidor y otra que se conecte al *Virtual Switch* donde se conectarán las máquinas virtuales a proteger con Untangle.

4. Una vez realizado esto, únicamente tendrá que dirigirse a la pestaña **Options** de la configuración de la máquina virtual, seleccione **VMware Tools** y en el lateral derecho marque la casilla **Synchronize guest time with host**, que hará que la máquina virtual sincronice su reloj con el del servidor VMware. Una vez llegado a este punto, ya puede iniciar la máquina virtual y empezar a configurar el *firewall*.

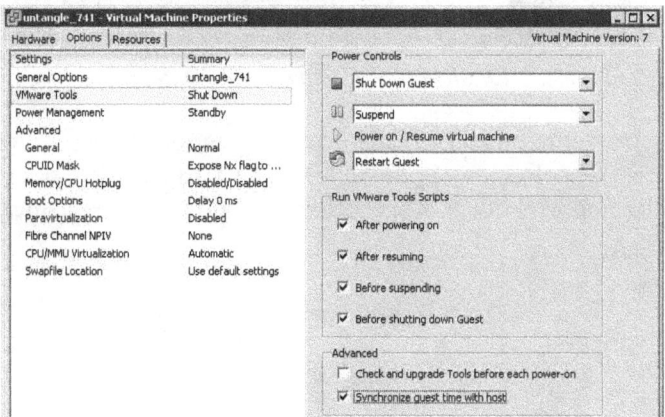

Figura 2.42. Configuración de la sincronización horaria

2.4.4 Instalación en entornos físicos

Antes de iniciar el proceso de instalación en el equipo, deberá descargar desde la página Web de Untangle la última versión del producto, para ello debe dirigirse a la URL: *http://www.untangle.com/store/get-untangle*. En esta página podrá descargar la imagen ISO o una imagen de tipo USB tanto de la versión de 32 bits como la de 64 bits. Siempre que su *hardware* sea compatible con arquitectura de 64 bits es recomendable la instalación de esta versión, dado que el rendimiento del equipo será superior que en su versión de 32 bits sobre la misma plataforma de *hardware*.

Una vez tenga descargada la imagen ISO de la última versión de Untangle, grabe la imagen en un DVD e inicie la instalación introduciéndolo en el equipo donde residirá Untangle. Tenga en cuenta que esta instalación borrará cualquier información que exista en el disco duro del equipo, por ello, si posee alguna información que desee conservar deberá respaldarla antes de iniciar el proceso de instalación. A continuación, se detallan los pasos de instalación:

1. Una vez iniciado el equipo con el DVD de Untangle, lo primero que se mostrará es el menú de arranque de Untangle, donde se da a elegir diferentes tipos de instalación. En este caso, se utilizará la instalación que viene marcada por defecto, **Graphical Install (normal mode)**.

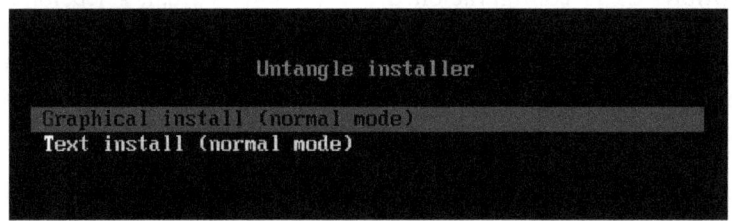

Figura 2.43. Menú de arranque del DVD de Untangle

2. Seleccione el idioma en el cual desea realizar el proceso de instalación. En este caso, se selecciona **Spanish – Español**. El siguiente paso le consultará su ubicación para que la zona horaria se configure correctamente.

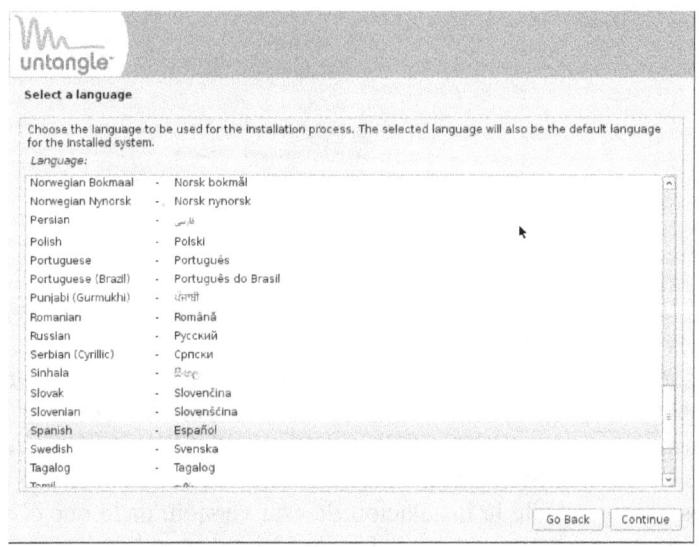

Figura 2.44. Menú de selección de idioma

Figura 2.45. Menú de selección de idioma por país de origen

3. A continuación, le solicitará el idioma del teclado y la zona horaria donde se encuentra.

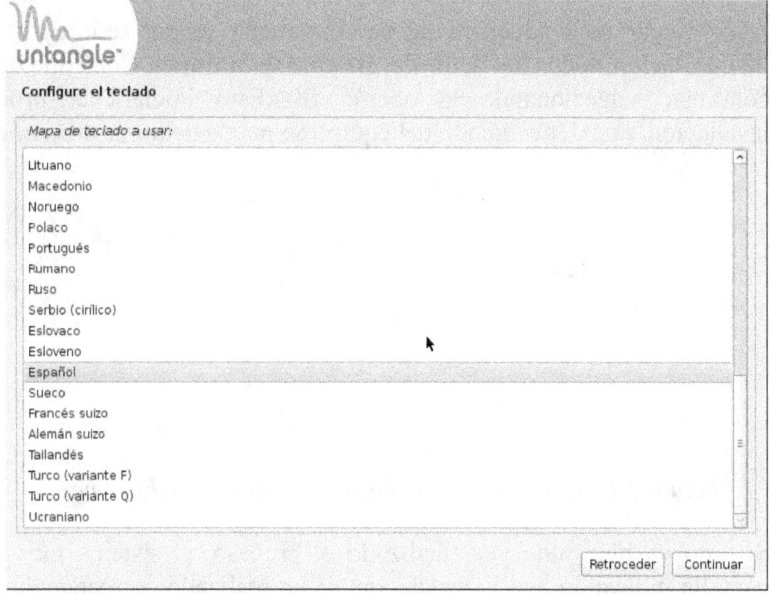

Figura 2.46. Menú de selección de idioma del teclado

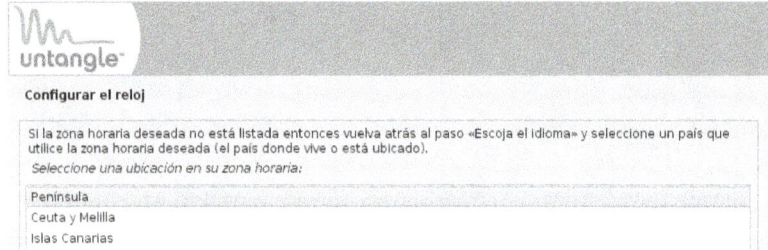

Figura 2.47. Menú de selección de la zona horaria

4. En la siguiente ventana el sistema comprobará que su equipo dispone de suficiente procesador y memoria para la instalación del sistema. Si todo va bien, se mostrará un **OK** al lado de cada ítem.

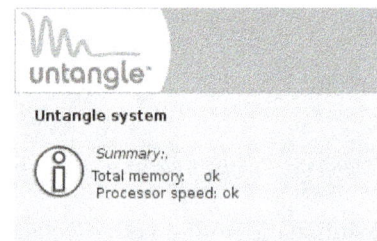

Figura 2.48. Comprobación de los recursos del sistema

5. Al continuar, se le advertirá que en el momento en que se inicie el proceso de instalación, todos los datos del sistema se borrarán. Confirme que desea continuar seleccionando la opción **Sí**. Esto iniciará el proceso de instalación, que dependiendo del equipo se puede demorar unos minutos.

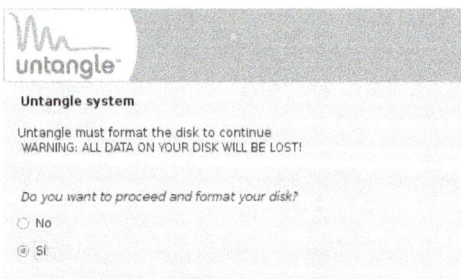

Figura 2.49. Confirmación del borrado completo del disco duro

6. Si todo va bien, una vez finalizado el proceso, el sistema mostrará una pantalla indicando que la instalación se ha realizado correctamente. Retire el DVD del lector, al continuar el equipo se reiniciará para arrancar el sistema de Untangle.

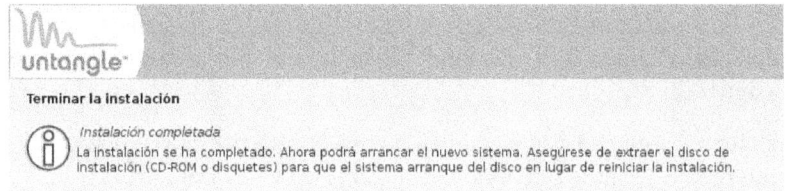

Figura 2.50. Pantalla de finalización del proceso de instalación

2.4.5 Configuración inicial de Untangle

Si ha instalado Untangle en su red, sea en su versión virtual o física, antes de ponerlo en marcha deberá configurarlo para adaptarlo a su entorno. A continuación se detallan los pasos de la configuración inicial:

1. Al iniciar por primera vez el sistema de Untangle, iniciará un proceso de configuración inicial antes de que pueda poner en marcha el cortafuego. En la primera ventana se le solicitará que seleccione el lenguaje deseado para continuar con la configuración, en este caso seleccione **Spanish** y pulse el botón **Next** para continuar.

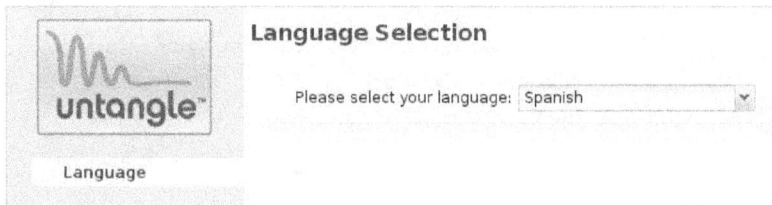

Figura 2.51. Selección del idioma

2. El siguiente paso configurable le solicitará que defina una contraseña para el administrador del equipo. Si es un sistema en entorno de producción, elija una contraseña robusta, dado que el equipo gestionará la seguridad de su organización. En esta misma pantalla, asegúrese de que su zona horaria esté bien configurada antes de continuar.

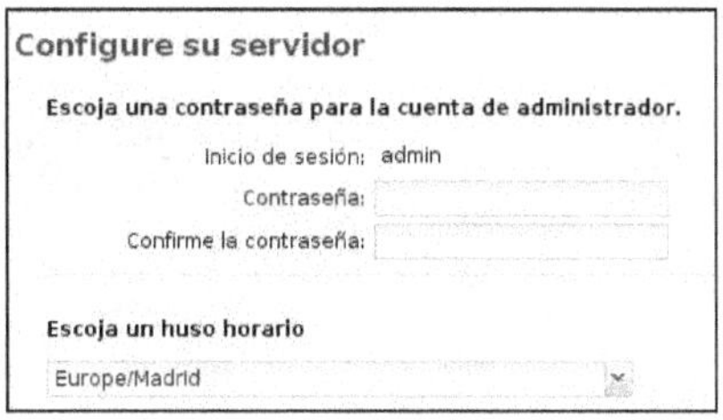

Figura 2.52. Configuración de contraseña de administración y uso horario

- En la siguiente pantalla se le mostrarán todas las interfaces de red que ha detectado Untangle y la zona de seguridad por defecto a la que se han asignado:

- **Externa**: ésta es la zona asignada para la interfaz de red que comunica con Internet. Se asume que todo el tráfico entrante es por esta vía.

- **Interna**: ésta es la zona donde residirán los usuarios de la red de trabajo. Se asume que esta zona es confiable y se permiten conexiones salientes a Internet.

- **DMZ**: ésta es la zona desmilitarizada, habitualmente es la zona donde residirán sus directorios, BBDD y servidores Web a los que concederá el acceso desde el exterior.

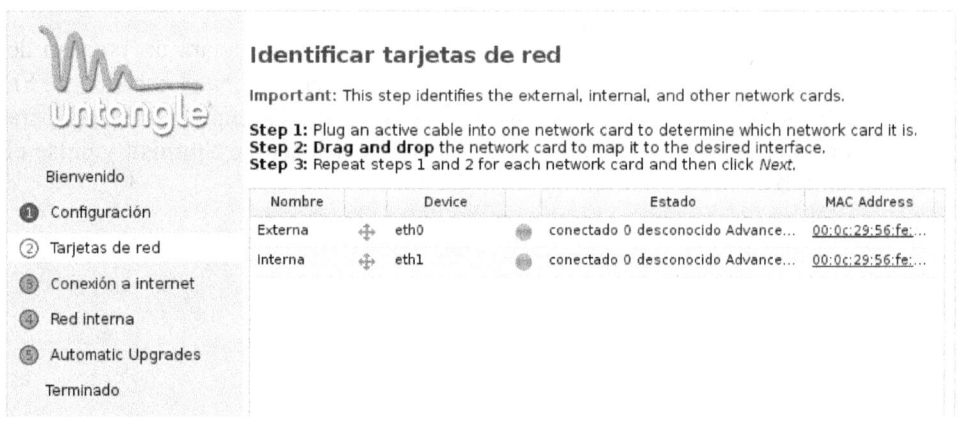

Figura 2.53. Identificación de las tarjetas de red

Asegúrese de que las interfaces de red estén conectadas a sus zonas correspondientes. Si no sabe qué tarjeta pertenece a qué zona, desconecte el cable de red y refresque la pantalla para que se le indique con luz roja cuál es la zona sin conectividad. Para cambiar la tarjeta de red a otra zona, simplemente arrastre la interfaz a su zona correcta. Una vez revisado que está todo bien configurado, prosiga con el proceso de configuración.

3. El siguiente paso le ayudará a configurar la tarjeta de red correspondiente a la zona externa y de qué modo se conectará a Internet. Puede configurar una dirección IP estática o dinámica si Untangle se ubica detrás de un *router*. También tiene la posibilidad de configurar una conexión PPPoE si tiene un módem y conoce los datos de configuración. Seleccione la opción más adecuada para su entorno y continúe.

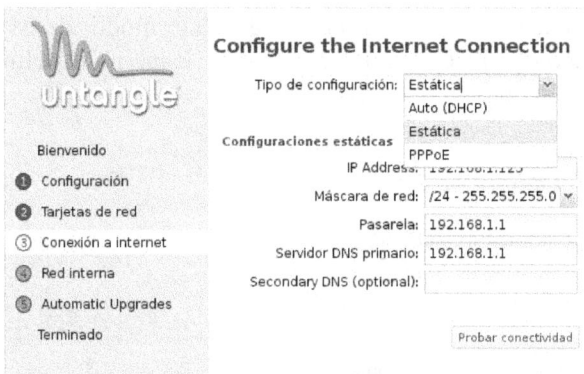

Figura 2.54. Configuración de la interfaz de red externa

4. Ahora deberá configurar la tarjeta de red correspondiente a la interfaz interna. Debe definir en qué modo se comportará su cortafuegos para la segmentación de red mediante las siguientes opciones:

- **Puente Transparente**: el modo *bridge* es apropiado en muchas ocasiones cuando desea realizar la seguridad de un segmento de red, pero ésta seguirá perteneciendo a la red configurada en la zona externa. Este modo asume, entonces, que en la zona externa existen servicios de red como DHCP, DNS y puertas de enlace hacia Internet.

- **Router**: este modo es utilizado por pequeñas y medianas organizaciones que necesitan una puerta de enlace a Internet. Este modo segmenta la red interna de la red externa y convierte a Untangle en una puerta de enlace con capacidades de DHCP para la asignación de direcciones IP en su red de trabajo.

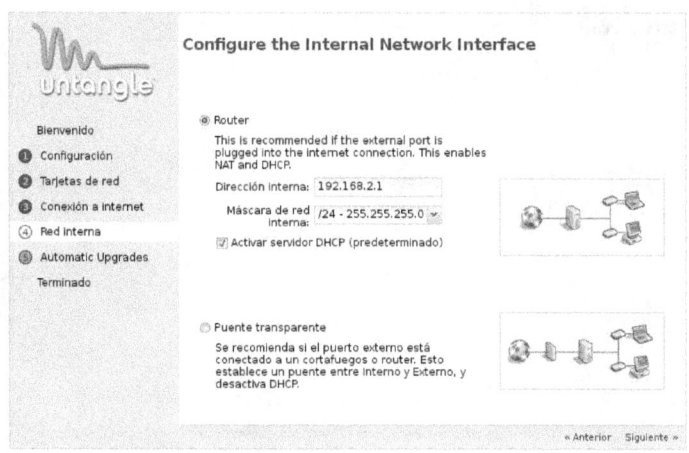

Figura 2.55. Configuración de la interfaz de red interna

5. A continuación, se le solicitará de qué modo desea configurar las actualizaciones de Untangle. El sistema le permite definir si desea una actualización automática o manual.

Configure Automatic Upgrade Settings

◉ Install Upgrades Automatically

Automatically install new versions of Untangle software.
This is the recommended for most sites.

○ Do Not Install Upgrades Automatically

Do not automatically install new versions of Untangle software.
This is the recommended setting for large, complex, or sensitive sites.
Software Upgrades can be applied manually at any time when available.

Note:
Signatures for Virus Blocker, Spam Blocker, Web Filter, etc are still updated automatically.
If desired, a custom upgrade schedule can be configured after installation in the Upgrade Settings.

Figura 2.56. Configuración del sistema de actualizaciones de Untangle

6. Una vez finalizado el proceso de configuración, accederá a la interfaz principal de Untangle, sin embargo, aún le queda un último paso antes de comenzar, el registro, para ello deberá seleccionar créate account y cumplimentar los datos del formulario de registro.

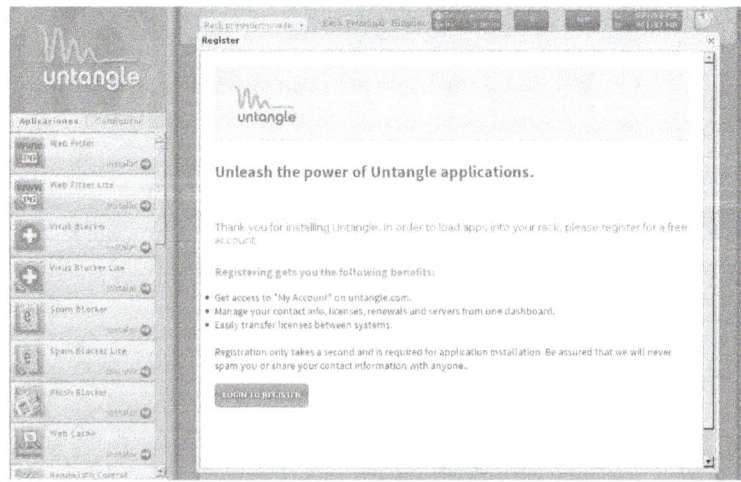

Figura 2.57. Interfaz principal de Untangle con la pantalla de registro

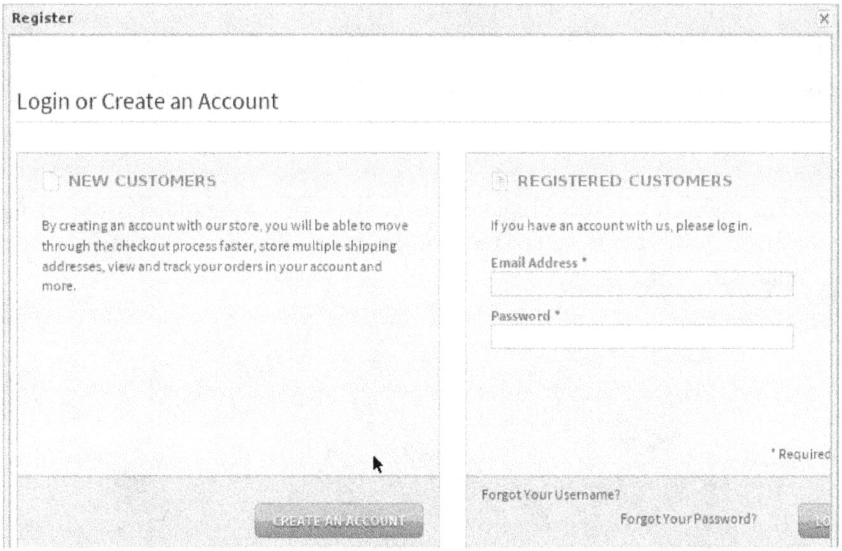

Figura 2.58. Pantalla de registro

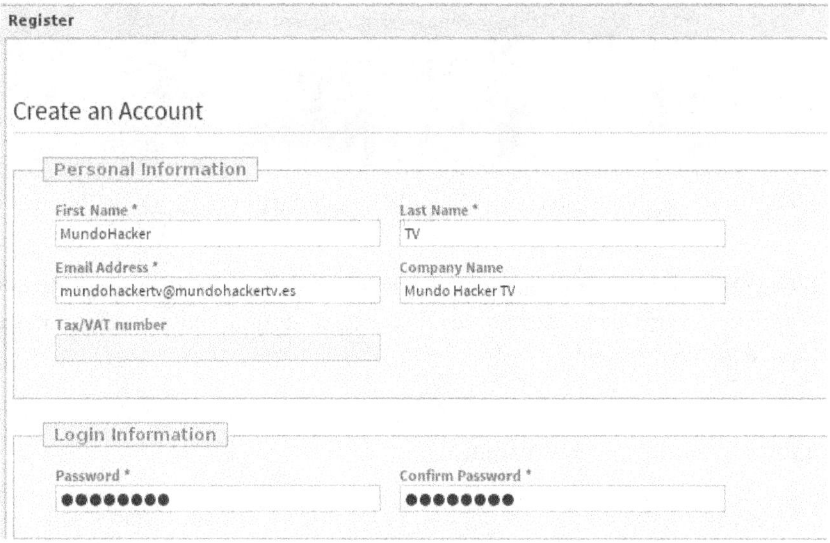

Figura 2.59. Formulario de registro

7. Finalizado el proceso de registro, cierre el navegador y podrá ver el escritorio principal de Untangle. Ahora solo falta configurar los módulos a instalar en su Untangle. En el menú del escritorio, pulse el botón **Launch Client** para abrir un navegador Web que abre a su vez la interfaz de administración Web de Untangle.

Figura 2.60. Menú de opciones de Untangle

8. Para autenticarse en el panel de control de Untangle, utilice el usuario **admin** y la contraseña que configuró en los pasos anteriores de este apartado.

Figura 2.61. Autenticación para el panel Web de Untangle

9. Cuando acceda a la consola Web por primera vez, no dispondrá de ninguna aplicación instalada, pero antes de agregar alguna, debe configurar algunos ajustes de Untangle.

Habilitando la configuración remota

Una vez finalizada la instalación, solo queda realizar algunos ajustes en el equipo con el fin de que pueda administrarse remotamente sin necesidad de acceder directamente a su consola de administración local. Para ello, lo primero que deberá hacer es dirigirse a la pestaña **Configurar** del menú de opciones en el panel de control de Untangle. Esto muestra la ventana de administración del servidor.

CAPÍTULO 2. FIREWALLS Y DETECTORES DE INTRUSOS 125

Figura 2.62. Pestaña Configurar

Asegúrese de estar en la pestaña de **Administración** y diríjase al apartado de **Admin**, habilite la opción **Allow HTTP Administration (predeterminado)** si no está ya seleccionada. Esta opción permite la administración remota si el equipo desde el cual se conecta proviene de la zona interna de la red.

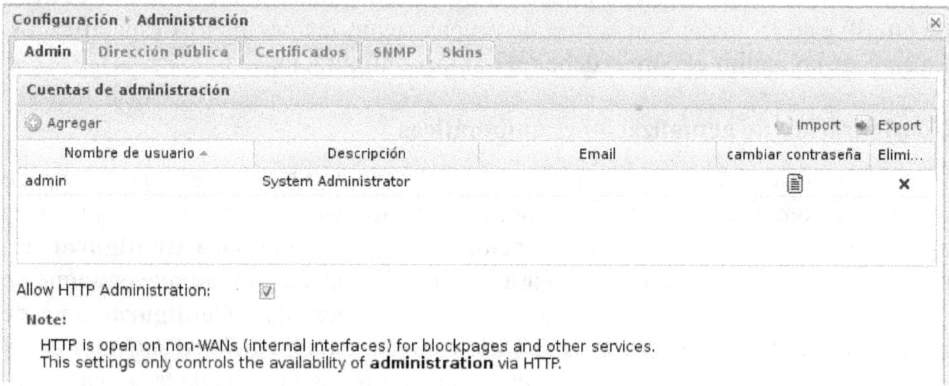

Figura 2.63. Configuración de administración remota al Untangle

Configuración de Email

Para que Untangle pueda enviar informes, archivos en cuarentena, etc, será necesario que le proporcione un servidor SMTP y la dirección de correo de destino. Para ello, seleccione **Email** en el panel izquierdo:

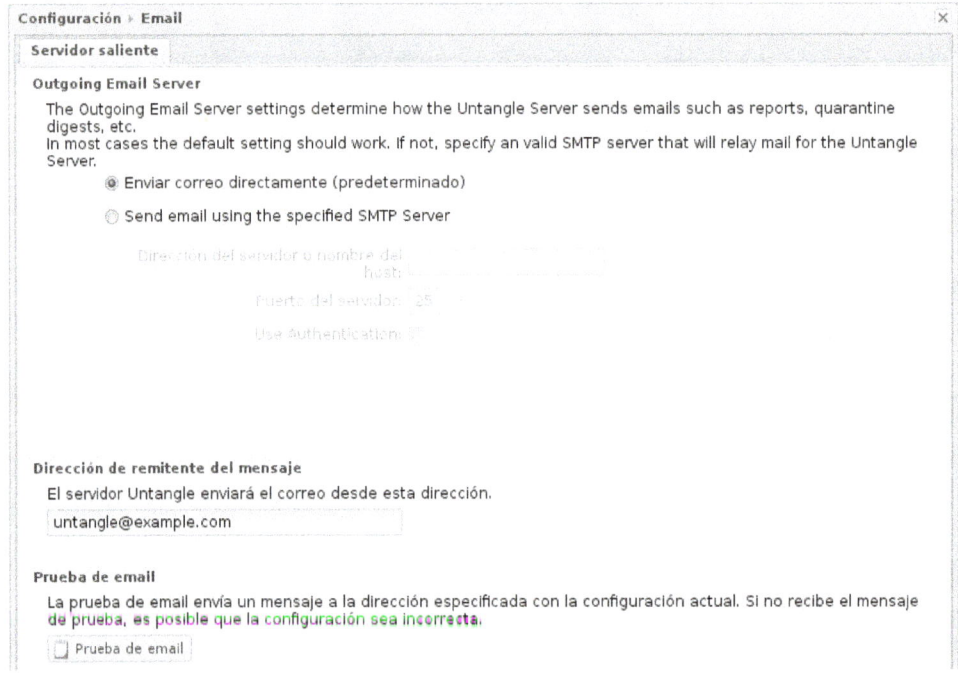

Figura 2.64. Configuración de correo

Puede dejar que Untangle envíe el correo directamente o mediante un servidor SMTP. Introduzca su dirección de correo y pulse sobre el botón **Prueba de email**, esto le enviará un correo de prueba según los parámetros especificados. En caso de no recibir el correo debe revisar su configuración.

Configuración de actualizaciones automáticas

Para facilitar la administración, Untangle también puede gestionar de manera automática las actualizaciones de *software*. Para configurar esta característica, en el panel lateral de opciones, diríjase a la pestaña **Configurar**. En él, elija la opción **Actualizar** para abrir la ventana de administración de actualizaciones. En esta ventana, elija la pestaña **Configuración de actualizaciones** y seleccione en qué horario desea que Untangle se actualice. Para muchos entornos, es recomendable dejar marcado todos los días de la semana para que Untangle revise si hay actualizaciones o no. Seleccione una hora de madrugada en la cual su conexión a Internet no tenga mucho tráfico y pulse el botón **Aplicar**, situado en la parte inferior derecha para guardar los cambios.

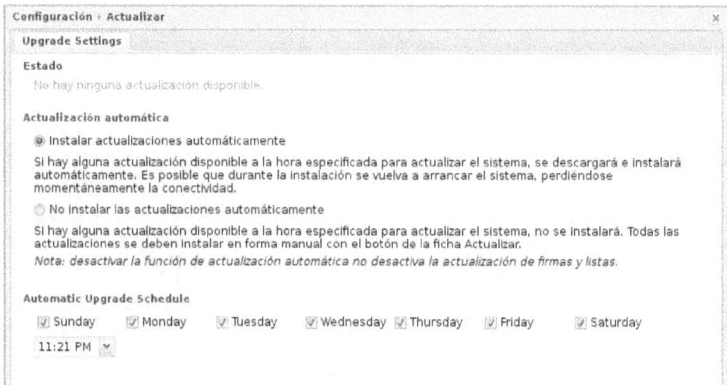

Figura 2.65. Configuración de actualizaciones

2.5 MÓDULOS Y SERVICIOS EN UNTANGLE

Una vez terminada la instalación de Untangle y completada su configuración inicial es el momento de iniciar el proceso de instalación y configuración de cada aplicación o módulo de Untangle. En el panel de control de Untangle, los módulos se representan como un servidor instalado en un *rack*.

Para la instalación de los módulos de Untangle, seleccione **Aplicaciones** en el panel izquierdo:

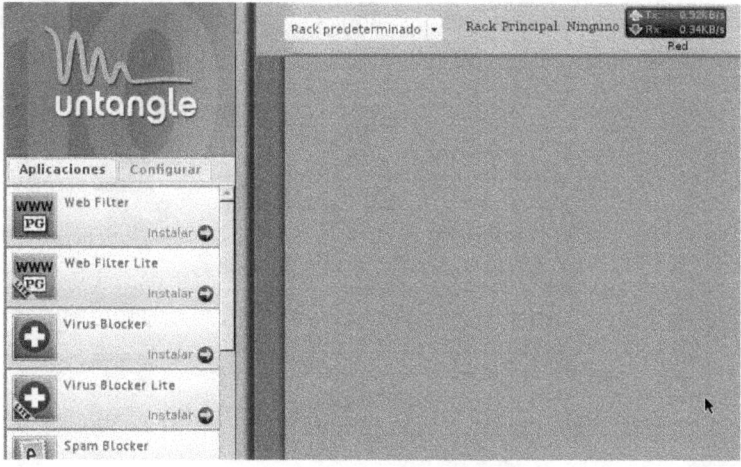

Figura 2.66. Aplicaciones de Untangle

Ahora, seleccione los siguientes módulos de forma individual, o bien el pack Untangle Lite que le instalara todos ellos a la vez.

- *Web Filter Lite*
- *Virus Blocker Lite*
- *Spam Blocker Lite*
- *Phish Blocker*
- *Captive Portal*
- *Firewall*
- *Intrusion Prevention*
- *AD Blocker*
- *OpenVPN*
- *Reports*

Las aplicaciones empezaran a descargarse de Internet, e irán apareciendo en el *rack virtual* a medida que estén listas para utilizarse.

Podrá activar y desactivar cada uno de los módulos pulsando el botón de encendido que se encuentra a la derecha de cada uno de ellos, simulando el uso de un *appliance*, pero en este caso es virtual. Así mismo podrá ver el estado del módulo mediante el *led* virtual, de modo que si se muestra en verde el módulo estará activado. Si se muestra en rojo significa que está activado pero ha ocurrido alguna anomalía. Si se encuentra en amarillo quiere decir que se está guardando la configuración del módulo o está actualizándose, y si se muestra en gris, significará que está desactivado.

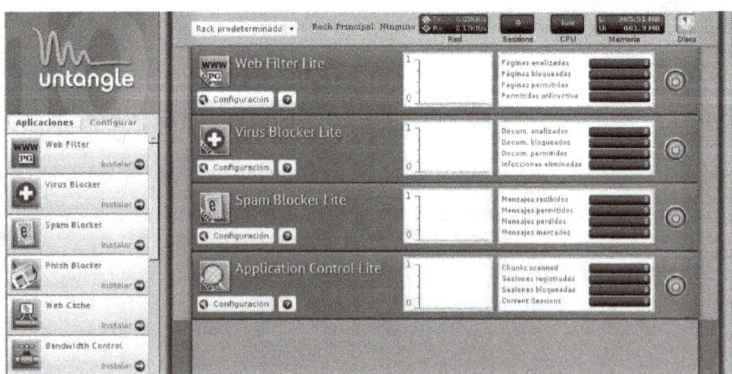

Figura 2.67. Módulos de Untangle

A continuación, se detallan los distintos módulos y servicios que provee Untangle. Cada apartado se centra en un módulo en concreto donde el lector podrá profundizar en las funcionalidades que ofrece, además de configurar el módulo.

2.5.1 Web Filter Lite

Web Filter es el módulo de Untangle encargado de filtrar el tráfico Web que llega a su red, pudiendo bloquear contenidos inapropiados y monitorizar el contenido al que acceden sus usuarios. Para ello, este módulo utiliza varias técnicas de filtrado basándose en diferentes patrones, y de este modo, puede determinar qué contenido es inadecuado. Los diferentes patrones que este módulo utiliza a la hora de determinar qué contenido es inadecuado son los siguientes:

- Categorías de páginas Web según su contenido.
- Lista de sitios bloqueados.
- Lista de sitios permitidos.
- Lista de direcciones IP con acceso permitido.
- Filtrado de ficheros por cabeceras MIME.
- Filtrado de ficheros por tipos de archivo.

Para configurar el módulo Web Filter, diríjase al panel principal de Untangle en la consola de administración Web. Busque el módulo Web Filter y pulse en el botón **Configuración**, ubicado en la parte inferior. Se abre la ventana de administración del módulo, donde podrá iniciar el proceso de configuración y personalización.

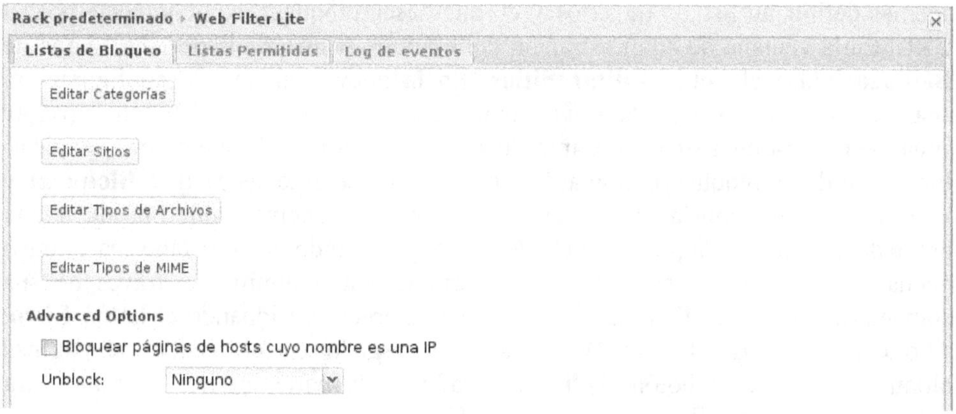

Figura 2.68. Ventana de administración de Web Filter

En la primera pestaña, podrá observar las diferentes listas de bloqueo. Lo primero que debe hacer es definir el tipo de páginas Web que permitirá en su red en función del contenido. Pulse el botón **Editar Categorías**, a continuación se le muestra un listado de categorías de acuerdo con un contenido, como puede ser deportes, juegos, violencia o pornografía. Únicamente deberá marcar la casilla **Bloquear**, ubicada al lado de cada categoría que considere inadecuada. Así mismo si desea que el sistema permita el acceso a páginas de esta categoría pero quiere que guarde un registro de los accesos, marque la casilla **Flag** y desmarque la casilla **Bloquear**. Finalmente, si quisiese bloquear el acceso a una categoría y guardar un registro de los intentos de acceso a páginas de esta categoría deberá marcar ambas casillas. Una vez finalizada la configuración pulse el botón **Guardar**, situado en la parte inferior derecha.

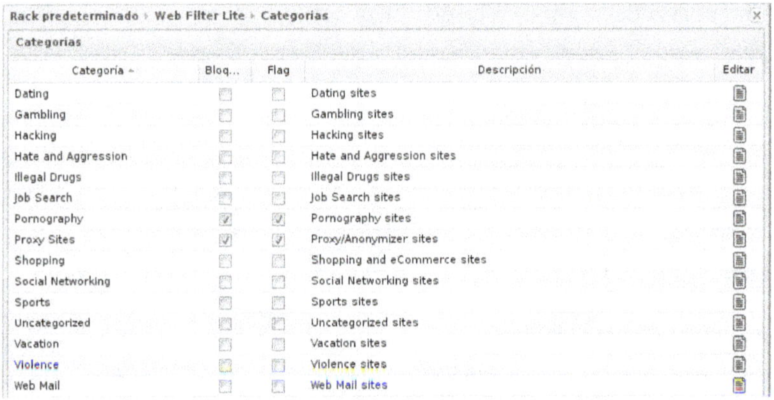

Figura 2.69. Configuración de categorías

Una vez definidas las categorías permitidas y las que se bloquean, podrá además definir un listado de sitios Web que desea bloquear explícitamente por su URL. En la ventana de administración del módulo, dentro de la pestaña **Listas de Bloqueo**, pulse el botón **Editar Sitios**. En la nueva ventana de configuración, aparecerá una lista vacía. Para agregar un sitio Web, pulse en el botón **Agregar** situado en la esquina superior e introduzca la dirección URL que quiere bloquear. Indique si desea bloquearla o guardar un registro mediante las casillas **Bloquear** y **Flag** al igual que con las categorías. Finalmente, es recomendable introducir una breve descripción de la página Web, de modo que cuando dicho listado sea extenso pueda identificar cada sitio de una manera rápida e intuitiva a través de sus comentarios. Una vez finalizado, guarde los cambios presionando el botón **Listo**. Ahora se mostrará el sitio Web que ha agregado en el listado de páginas bloqueadas. Pulse el botón **Aplicar**, situado en la parte inferior derecha, para aplicar los cambios y finalice presionando **Guardar**.

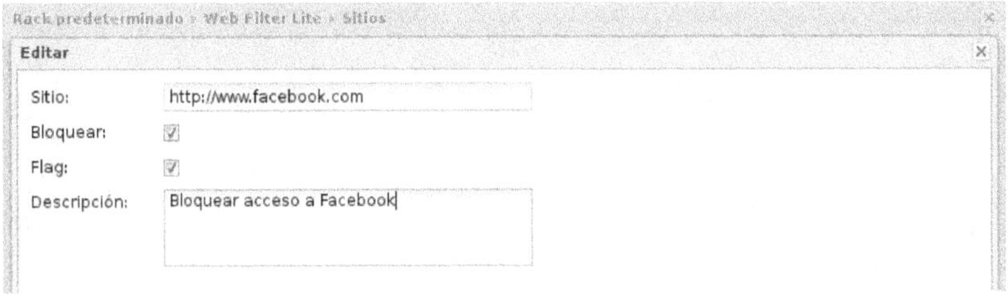

Figura 2.70. Agregar página Web al listado de sitios bloqueados

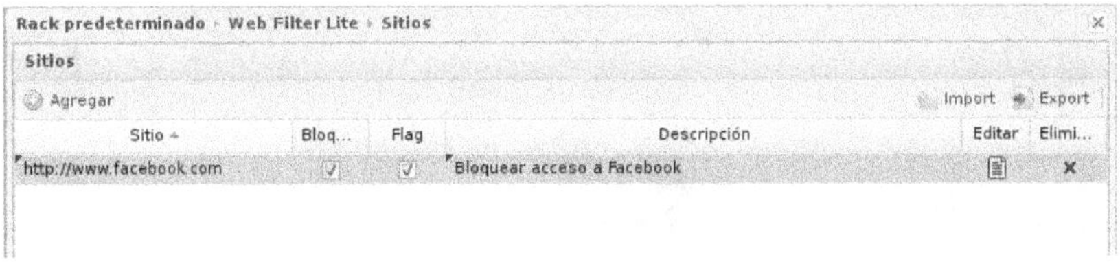

Figura 2.71. Listado de sitios Web bloqueados

Después de definir la lista de sitios bloqueados deberá definir los tipos de ficheros autorizados a descargar desde Internet en su organización. Dicho listado se realiza tanto por un análisis de las cabeceras de ficheros, como por la extensión que llevan estos mismos para interpretar el *MIME Type* del fichero. Para configurar qué ficheros quiere autorizar, pulse el botón **Editar Tipos de Archivos**. Al igual que cuando creó la lista de sitios Web a bloquear en función de su categoría, aparece ahora un listado de extensiones de ficheros donde podrá indicar si desea bloquear la descarga, registrarla o ambas acciones a través de las casillas **Bloquear** y **Flag**. Después de configurar los archivos a bloquear en función de su extensión, presione sobre el botón **Editar Tipos de MIME**, para esta vez elegir el MIME del archivo a bloquear. Esta última opción permite anticipar la descarga de ciertos ficheros que no llevan la extensión y quieran engañar al filtro.

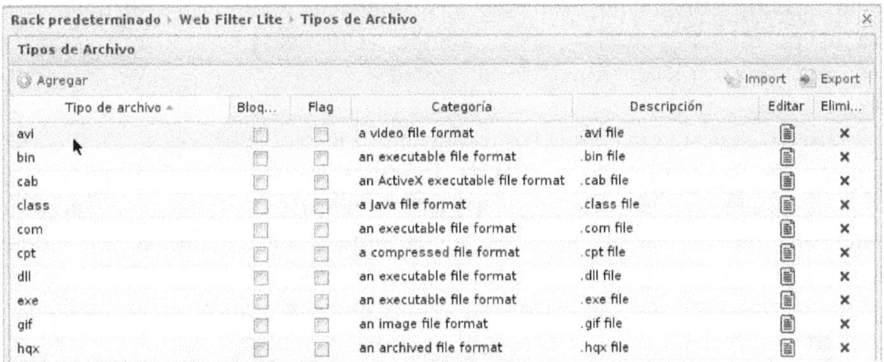

Figura 2.72. Listado de archivos bloqueados

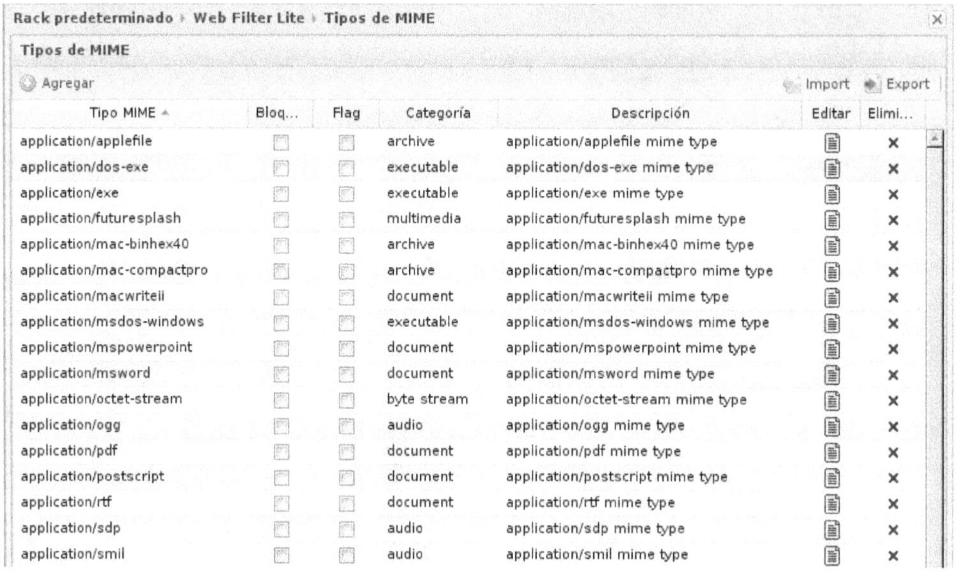

Tipo MIME ▲	Bloq...	Flag	Categoría	Descripción	Editar	Elimi...
application/applefile	☐	☐	archive	application/applefile mime type	📄	✗
application/dos-exe	☐	☐	executable	application/dos-exe mime type	📄	✗
application/exe	☐	☐	executable	application/exe mime type	📄	✗
application/futuresplash	☐	☐	multimedia	application/futuresplash mime type	📄	✗
application/mac-binhex40	☐	☐	archive	application/mac-binhex40 mime type	📄	✗
application/mac-compactpro	☐	☐	archive	application/mac-compactpro mime type	📄	✗
application/macwriteii	☐	☐	document	application/macwriteii mime type	📄	✗
application/msdos-windows	☐	☐	executable	application/msdos-windows mime type	📄	✗
application/mspowerpoint	☐	☐	document	application/mspowerpoint mime type	📄	✗
application/msword	☐	☐	document	application/msword mime type	📄	✗
application/octet-stream	☐	☐	byte stream	application/octet-stream mime type	📄	✗
application/ogg	☐	☐	audio	application/ogg mime type	📄	✗
application/pdf	☐	☐	document	application/pdf mime type	📄	✗
application/postscript	☐	☐	document	application/postscript mime type	📄	✗
application/rtf	☐	☐	document	application/rtf mime type	📄	✗
application/sdp	☐	☐	audio	application/sdp mime type	📄	✗
application/smil	☐	☐	audio	application/smil mime type	📄	✗

Figura 2.73. Listado de archivos mime bloqueados

La última opción disponible en la pestaña **Listas de Bloqueo** es una casilla que, al ser activada, no permitirá que sus usuarios puedan acceder a páginas Web cuyo nombre sea una dirección IP. Esto asume que si la página no tiene un dominio, es una máquina sospechosa y se deberá tratar como tal.

Si está instalando Untangle por primera vez y desea evaluar sus funcionalidades y ver cómo se comportan los filtros, puede permitir que los usuarios accedan a los contenidos bloqueados temporalmente. Al final de la página de configuración, el menú desplegable Unblock le permite elegir de qué manera los usuarios pueden saltarse las restricciones aplicadas por el administrador. Esto le permite instalar Untangle y tener un período de aprendizaje para que los usuarios puedan navegar sin mucho problema y se vayan generando estadísticas de qué sitios o contenidos prohibidos están siendo visitados. Luego puede quitar esta opción para reforzar sus políticas de seguridad.

Si existen páginas que se bloquean por su categoría o si hay casos excepcionales donde el usuario necesita acceder a un sitio prohibido para el resto de la red, puede dirigirse a la pestaña **Listas Permitidas**, donde configurará todo aquello que quiera que se permita. Su configuración es similar a cuando se especificaron sitios no permitidos anteriormente. Pulse el botón **Edit Passed Sites** y luego el botón **Agregar** para que Untangle le muestre el formulario donde deberá introducir la dirección de la página Web que desea permitir. Asegúrese de marcar la casilla **Permitir**, agregue una breve descripción o comentario sobre el sitio y finalice guardando el registro presionando el botón **Listo**.

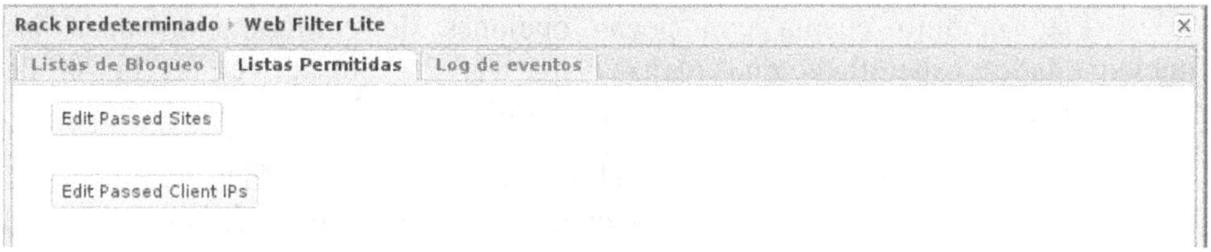

Figura 2.74. Configuración de la pestaña Listas Permitidas del Web Filter

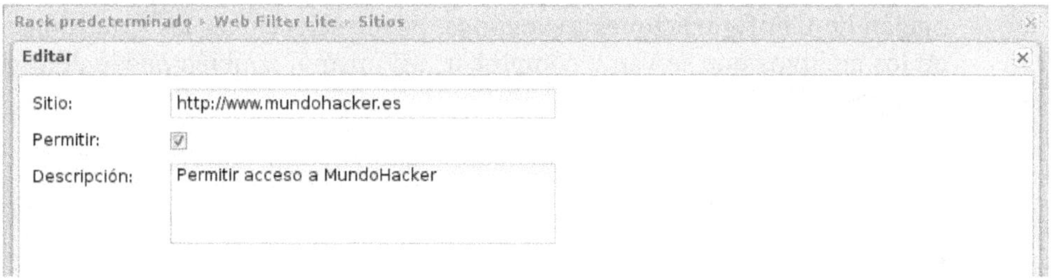

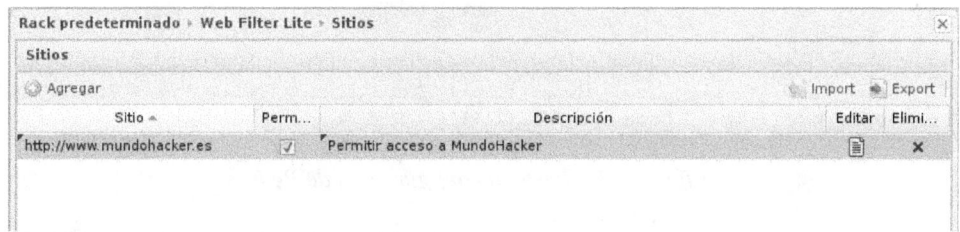

Figura 2.75. Configuración Agregar página Web al listado de sitios permitidos

Figura 2.76. Listado de sitios Web permitidos

Para ver los registros que se generan en función de las configuraciones realizadas anteriormente, diríjase a la pestaña **Log de eventos**, donde podrá ver todos los registros generados en el sistema que estén relacionados con Web Filter. Una vez finalizada la configuración de las diferentes pestañas del módulo no olvide pulsar el botón **Aplicar**, situado en la parte inferior derecha, para que se guarde y aplique su nueva configuración.

2.5.2 Virus Blocker Lite

Virus Blocker es el módulo de Untangle encargado de analizar todo el tráfico que llega a su red en busca de virus. Para configurar el módulo Virus Blocker, deberá dirigirse a la consola Web de Untangle en el listado de la derecha, donde se muestran todos los módulos instalados. Busque el módulo Virus Blocker y pulse en el botón **Configuración**, ubicado en la parte inferior, una vez ahí podrá iniciar el proceso de configuración y personalización de este módulo.

Este módulo cuenta con pocas opciones de configuración dada las funcionalidades específicas que realiza, una vez ha pulsado en el botón de configurar se le mostraran cuatro pestañas de configuración:

- **Red**: desde ella podrá habilitar el análisis del trafico HTTP, de modo que el *antivirus* analizará todas las páginas Web que los usuarios de su red visiten en busca de virus protegiendo a los usuarios y neutralizando las amenazas. Para activar el análisis del protocolo HTTP deberá marcar la casilla ubicada en la parte superior, **Analizar HTTP**. Desplegando la opción de **Configuraciones avanzadas**, puede seleccionar las extensiones de los archivos que se van a comprobar, así mismo, también puede definir los tipos MIME.

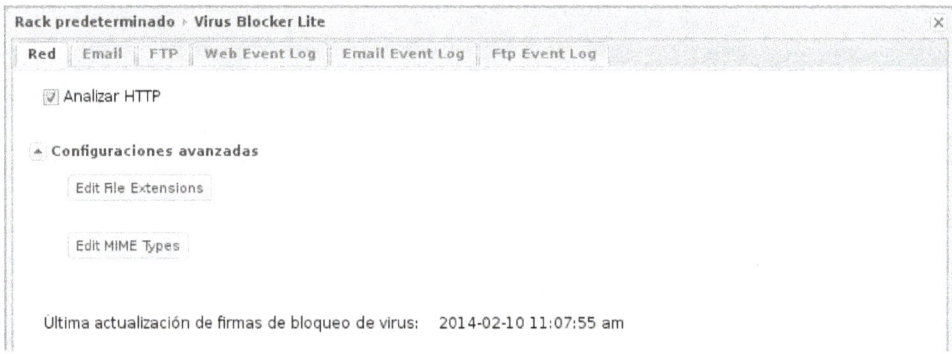

Figura 2.77. Pestaña configuración de Red

- **Email**: en esta pestaña podrá habilitar el análisis del tráfico SMTP de modo que el *antivirus* analizará todos los correos electrónicos enviados y recibidos a través de éste protocolo. Para activar el análisis simplemente deberá activar la casilla que se encuentra a su izquierda y seleccionar qué desea realizar cuando se encuentre una amenaza. Se recomienda que elija la opción **Eliminar infección**, de modo que se evite un riesgo innecesario de infección.

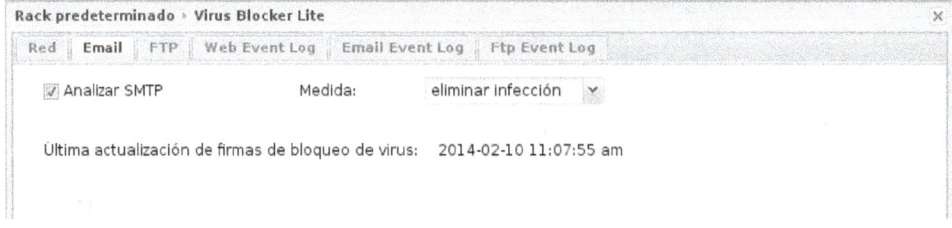

Figura 2.78. Pestaña de configuración de Email

- **FTP**: desde esta pestaña podrá habilitar el análisis del tráfico FTP, de modo que el *antivirus* analizará todos los ficheros cargados desde su red o descargados a su red a través de este protocolo. Para activar el análisis del protocolo FTP, únicamente deberá marcar la casilla **Analizar FTP**.

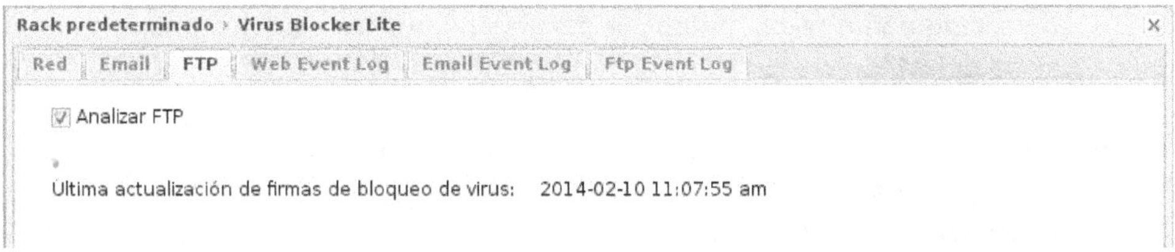

```
Rack predeterminado > Virus Blocker Lite
  Red    Email   FTP    Web Event Log    Email Event Log    Ftp Event Log
  ☑ Analizar FTP

  Ultima actualización de firmas de bloqueo de virus:    2014-02-10 11:07:55 am
```

Figura 2.79. Pestaña de configuración de FTP

- **Web Event Log, Email Event Log y FTP Event Log**: al igual que en el módulo anterior, desde esta pestaña podrá ver todos los eventos generados en el sistema que estén relacionados con Virus Blocker, no debe olvidar que para analizar esta información de manera más sencilla podrá consultar los informes diarios que genera el sistema con toda la información de los módulos activos en el equipo.

Una vez finalizada la configuración de las diferentes pestañas del módulo no olvide pulsar en el botón **Aplicar**, situado en la parte inferior derecha, para que se guarde y aplique su nueva configuración.

2.5.3 Spam Blocker Lite

Spam Blocker es el módulo de Untangle encargado de analizar todo el correo electrónico que se envía y se recibe en su red en busca de correo basura. Para configurar el módulo Spam Blocker deberá dirigirse dentro de la consola Web de Untangle y localice el módulo Spam Blocker en la zona principal de configuración de módulos. Pulse en el botón **Configuración** ubicado en la parte inferior y ahí podrá iniciar el proceso de configuración y personalización de este módulo. Este módulo cuenta con las siguientes pestañas de configuración:

- **Email**: desde esta pestaña podrá habilitar el análisis del trafico SMTP, de este modo podrá analizar todos los correos electrónicos enviados o recibidos mediante éste protocolo en busca de correo *spam*. Para activar el análisis únicamente deberá marcar la casilla ubicada a la izquierda. Las opciones por defecto analizan el correo saliente y ponen en una zona de cuarentena todo correo que se detecte como *spam*.

La opción de **Analizar correo SMTP** es por si tiene un servidor local de correo como **Microsoft Exchange Server**. El tráfico es analizado en ambas direcciones, por lo que protegerá el servidor local de correo entrante basura y de que éste no esté enviando a su vez correo basura por parte de ordenadores infectados que pertenezcan a una *botnet*. El correo que se ha detectado como *spam*, podrá ser gestionado por los usuarios mismos por si se ha detectado correo saliente como malicioso de manera equivocada.

- **Log de eventos y Log de eventos de bloqueo de correo basura**: desde estas pestañas podrá ver todos los eventos generados en el sistema que estén relacionados con Spam Blocker, no debe olvidar que para analizar esta información de manera más sencilla podrá consultar los informes diarios que genera el sistema con toda la información de los módulos activos en el equipo.

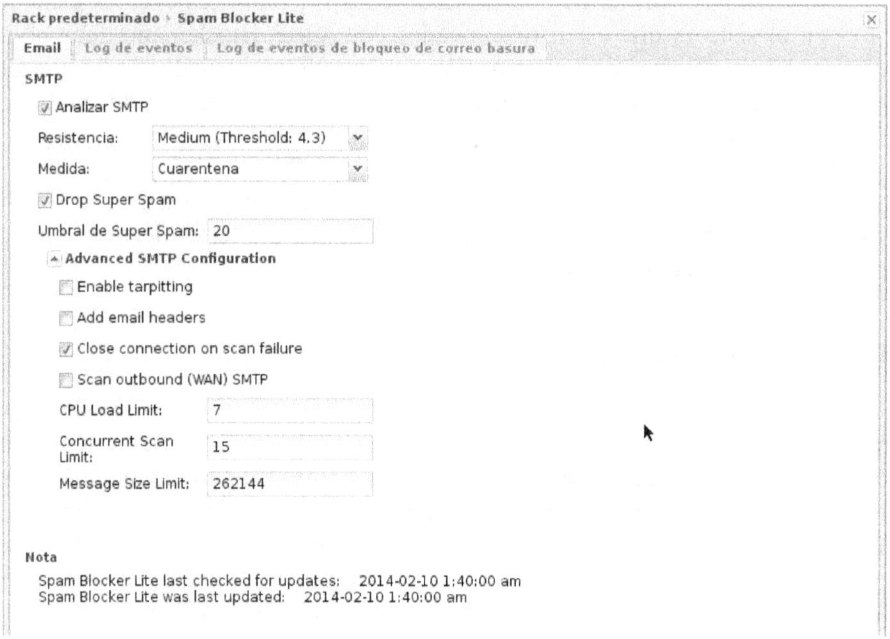

Figura 2.80. Pestaña de configuración de Email

2.5.4 Phish Blocker

Phish Blocker es el módulo de Untangle encargado de analizar todo el tráfico Web y de correo electrónico en busca de páginas de *phising* o robo de identidad. Para configurar el módulo Phish Blocker deberá dirigirse dentro de la consola Web de Untangle, localice el módulo en la zona principal de configuración de módulos y pulsar en el botón **Configuración**, una vez ahí podrá iniciar el proceso de configuración y personalización de este módulo. Este módulo cuenta con las siguientes pestañas de configuración:

- **Email**: en esta pestaña podrá seleccionar si quiere aplicar el filtro de Phish Blocker al protocolo de correo STMP. Para ello, únicamente tendrá que marcar la casilla **Activar**, que se encuentra delante del protocolo. Las opciones por defecto analizan el correo y ponen en una zona de cuarentena todo correo que se detecte como ataque de *phishing*.

    La opción de **Analizar correo SMTP** es por si tiene un servidor local de correo como **Microsoft Exchange Server**. El tráfico es analizado en ambas direcciones, por lo que protegerá el servidor local de ataques *phishing* entrantes y de que éste no esté enviando a su vez correo basura por parte de ordenadores infectados que pertenezcan a una *botnet*.

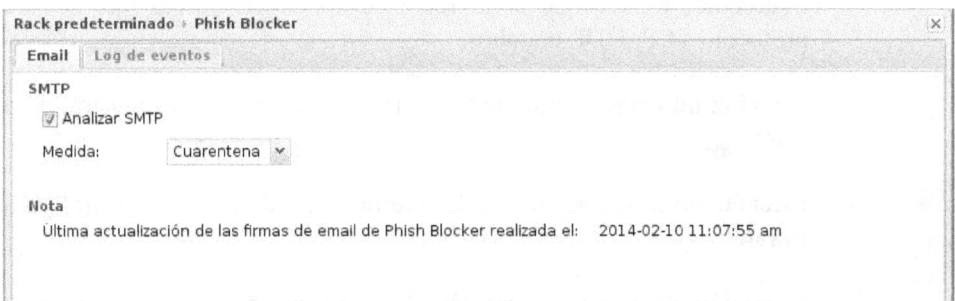

Figura 2.81. Pestaña de configuración de Email

- **Log de eventos**: desde esta pestaña podrá ver todos los eventos generados en el sistema que estén relacionados con Phish Blocker, no debe olvidar que para analizar esta información de manera más sencilla podrá consultar los informes diarios que genera el sistema con toda la información de los módulos activos en el equipo.

2.5.5 Firewall

Firewall es el módulo de Untangle encargado de gestionar qué conexiones entrantes y salientes a determinados puertos están permitidas y cuáles están bloqueadas. Para configurar el módulo, deberá dirigirse dentro de la consola Web de Untangle, localice el módulo en la zona principal de configuración de módulos y pulsar en el botón **Configuración**, una vez ahí podrá iniciar el proceso de configuración y personalización de este módulo. Este módulo cuenta con las siguientes pestañas de configuración:

- **Reglas**: en esta pestaña podrá crear y editar nuevas reglas o políticas de filtrado para su red, para ello deberá pulsar el botón **Agregar**, situado en la parte superior y, a continuación, se le mostrará el formulario para la creación de una nueva regla, que contiene los siguientes campos:

    - **Habilitar regla**: esta casilla permite activar o desactivar la regla.

    - **Descripción**: una descripción del servicio que cubre esta regla.

    - **Action Type**: elija si desea bloquear o permitir este tráfico.

    - **Flag**: indique si desea que se guarde un registro activando esta casilla.

    En cuanto a las condiciones que podrá definir, se encuentran las siguientes:

    - **Protocolo**: especifique si la regla se aplica en tráfico que sea de protocolo TCP, UDP o ambos.

    - **Interfaz de origen**: indique la interfaz en donde se inicia el tráfico a filtrar.

    - **Interfaz de destino**: indique la interfaz a donde se dirige el tráfico a filtrar.

    - **Dirección de origen**: dirección IP de origen de la comunicación a filtrar.

    - **Dirección de destino**: dirección IP de destino de la comunicación a filtrar.

    - **Puerto de origen**: puerto de origen de la comunicación a filtrar.

    - **Puerto de destino**: puerto de destino de la comunicación a filtrar.

    Recuerde que si desea que algún parámetro sea **cualquier dirección** o **cualquier puerto** podrá utilizar el parámetro **any**. Una vez creada la regla, únicamente deberá pulsar en el botón **Listo**, ubicado en la parte inferior derecha.

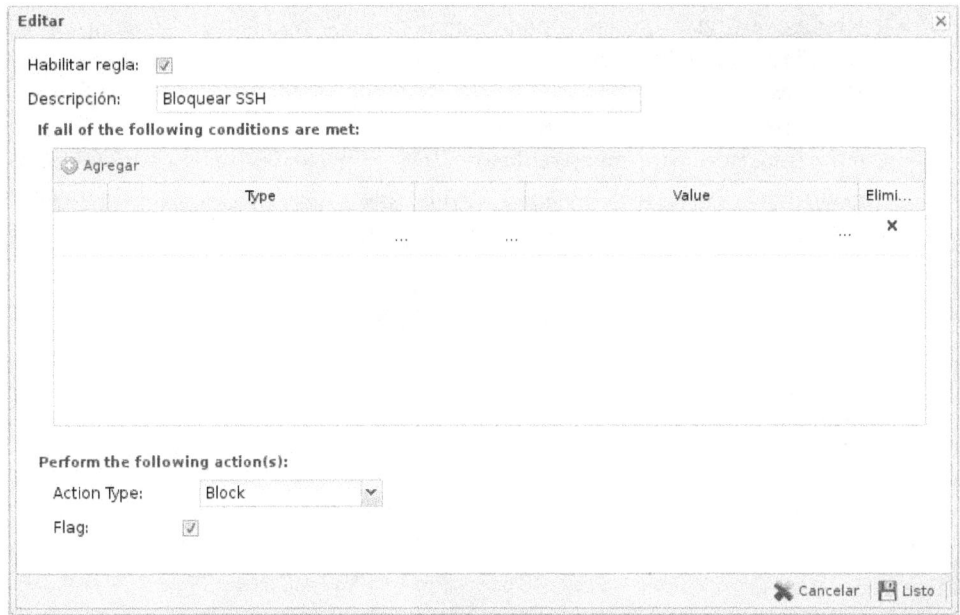

Figura 2.82. Formulario para agregar una nueva regla

- **Log de eventos**: desde esta pestaña podrá ver todos los eventos generados en el sistema que estén relacionados con *Firewall*, no debe olvidar que para analizar esta información de manera más sencilla podrá consultar los informes diarios que genera el sistema con toda la información de los módulos activos en el equipo.

2.5.6 Intrusion Prevention

Intrusion Prevention es el módulo de Untangle encargado de detectar actividad maliciosa en la red corporativa, para ello se comporta como un *IDS* que intercepta todo el tráfico y lo analiza utilizando firmas o patrones de un modo similar a un *antivirus*, éste no tiene impacto en el rendimiento de la red y es trasparente para los usuarios. Para configurar el módulo, deberá dirigirse dentro de la consola Web de Untangle, localice el módulo en la zona principal de configuración de módulos y pulsar en el botón **Configuración**, una vez ahí podrá iniciar el proceso de configuración y personalización de este módulo. Este módulo cuenta con las siguientes pestañas de configuración:

- **Estado**: en esta pestaña no podrá configurar ningún parámetro del módulo, únicamente se le informará del estado del mismo y del número de firmas que tiene disponible.

- **Reglas**: en esta pestaña podrá analizar las reglas del sistema, y su comportamiento respecto al tipo de ataque detectado, marcando las casillas **Bloquear** y **Log**. Si lo desea podrá crear reglas personalizadas en función de un patrón que usted diseñe mediante el botón **Agregar**, ubicado en la parte superior, para crear reglas de *IDS* se necesitan unos conocimientos avanzados, pero debe tener en cuenta que dichas reglas se actualizan a diario de manera automática, por lo que no necesita crear reglas personalizadas.

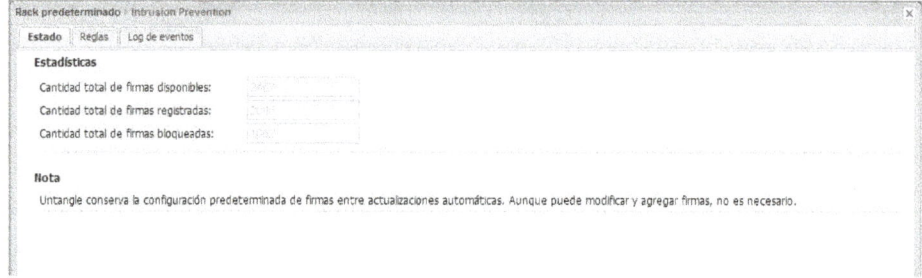

Figura 2.83. Pestaña de configuración de Estado

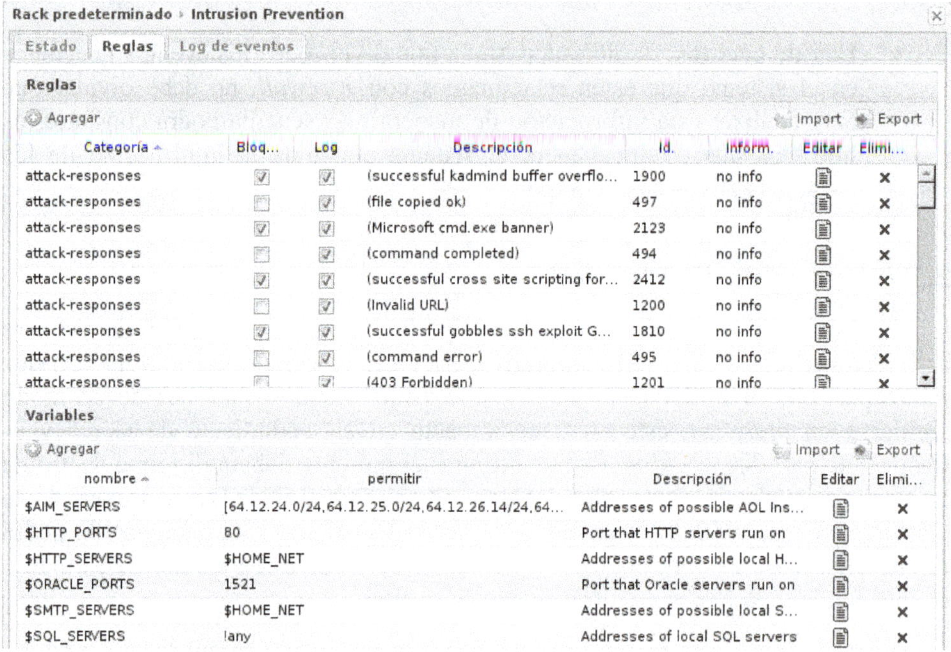

Figura 2.84. Pestaña de configuración de Reglas

- **Log de eventos**: desde esta pestaña podrá ver todos los eventos generados en el sistema que estén relacionados con Intrusion Prevention, no debe olvidar que para analizar esta información de manera más sencilla podrá consultar los informes diarios que genera el sistema con toda la información de los módulos activos en el equipo.

2.5.7 Captive Portal

Captive Portal es el módulo de Untangle encargado de identificar y autenticar a los usuarios que quieran acceder a Internet, de modo que en el momento en que abran el navegador se solicitará un usuario y contraseña, así como la aceptación de la política de uso de la compañía sobre el uso de Internet. Para configurar el módulo, deberá dirigirse dentro de la consola Web de Untangle, localice el módulo en la zona principal de configuración de módulos y pulsar en el botón **Configuración**, una vez ahí podrá iniciar el proceso de configuración y personalización de este módulo. Este módulo cuenta con las siguientes pestañas de configuración:

- **Capture Rules**: en esta pestaña se definirán las reglas de captura de tráfico, por defecto el sistema incluye una regla desactivada que obliga a cualquier usuario a autenticarse en el sistema para poder navegar. Si lo desea puede agregar o modificar estas reglas mediante el botón **Agregar** situado en la parte superior o en el icono **Editar** de la derecha de cada regla.

- **Passed Host**: en esta pestaña podrá definir las exclusiones de modo que no sea necesario validarse a/desde determinados ordenadores para acceder a determinados servidores.

En **Pass Listed Client Addresses** podrá agregar todas las direcciones IP correspondientes a ordenadores que desea que accedan libremente a Internet sin necesidad de validarse, para ello únicamente deberá pulsar el botón **Agregar** situado en la parte superior y añadir la dirección IP del equipo y una descripción.

En **Pass Listed Server Addresses** podrá agregar todas las direcciones IP correspondientes a servidores de su red que necesite que sean accesibles sin validación, como pudiese ser un servidor de DHCP o un servidor DNS.

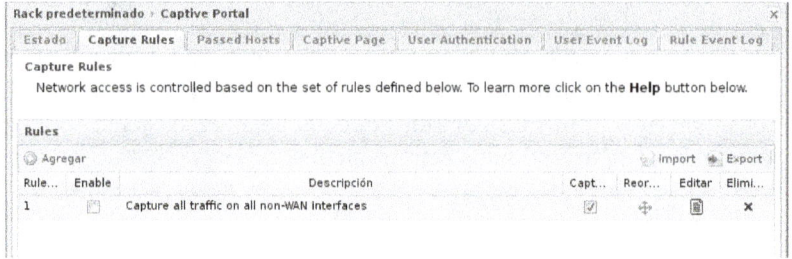

Figura 2.85. Pestaña de configuración de Capure Rules

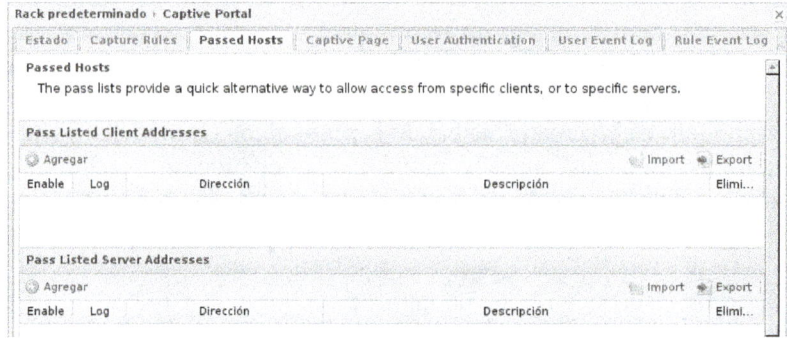

Figura 2.86. Pestaña configuración de Passed Host

- **Captive Page**: en esta pestaña podrá definir la configuración de la página de validación, lo primero que deberá marcar es la casilla **Basic Login**, de modo que se solicite un usuario y una contraseña para iniciar la navegación. El resto de campos podrá personalizarlos y adaptarlos a su gusto.

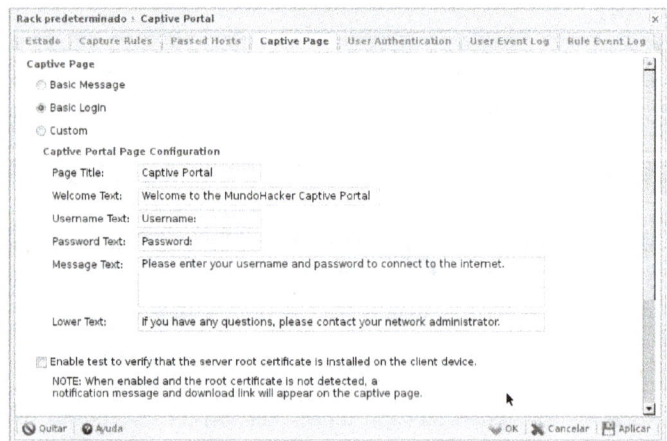

Figura 2.87. Pestaña de configuración de Captive Page

- **User Authentication**: en esta pestaña podrá configurar el directorio que se utilizará para la validación de usuarios, por defecto Untangle solo le permitirá utilizar el **Directorio Local** ya que integrar con directorios corporativos como Active Directory es una opción de pago. Seleccione el botón **Directorio Local**, después pulse el botón **Configure Local Directory** y, una vez ahí, pulse el botón **Agregar** situado en la parte superior izquierda para añadir un usuario. El sistema le solicitará un *login* de inicio de sesión, el nombre y apellidos del usuario, su dirección de correo electrónico y una contraseña.

    Cuando termine de cumplimentar los campos únicamente deberá pulsar en el botón **Listo**, agregue tantos usuarios como sean necesarios en su red y después pulse el botón **Aplicar** para guardar los cambios y regresar a la pestaña de configuración, en la parte inferior tendrá la opción de **Allow Concurrent Logins**, que permitirá que un mismo usuario se valide varias veces en el sistema.

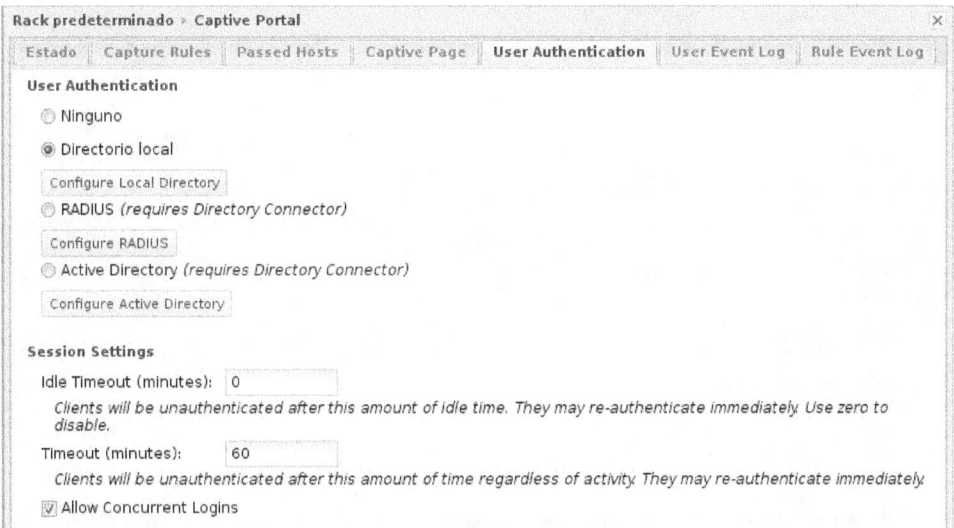

Figura 2.88. Pestaña de configuración de User Authentication

- **User event log y Rule event log**: desde estas pestañas podrá ver todos los eventos generados en el sistema que estén relacionados con Captive Portal, no debe olvidar que para analizar esta información de manera más sencilla podrá consultar los informes diarios que genera el sistema con toda la información de los módulos activos en el equipo.

2.5.8 OpenVPN

OpenVPN es el módulo de Untangle que le permitirá conectarse a su red desde una ubicación remota mediante un sistema de comunicaciones cifradas utilizando validación por certificados. Para configurar el módulo, deberá dirigirse dentro de la consola Web de Untangle, localice el módulo en la zona principal de configuración de módulos y pulsar en el botón **Configuración**, una vez ahí podrá iniciar el proceso de configuración y personalización de este módulo.

En la primera pestaña podrá ver el estado actual de la VPN y los clientes conectados.

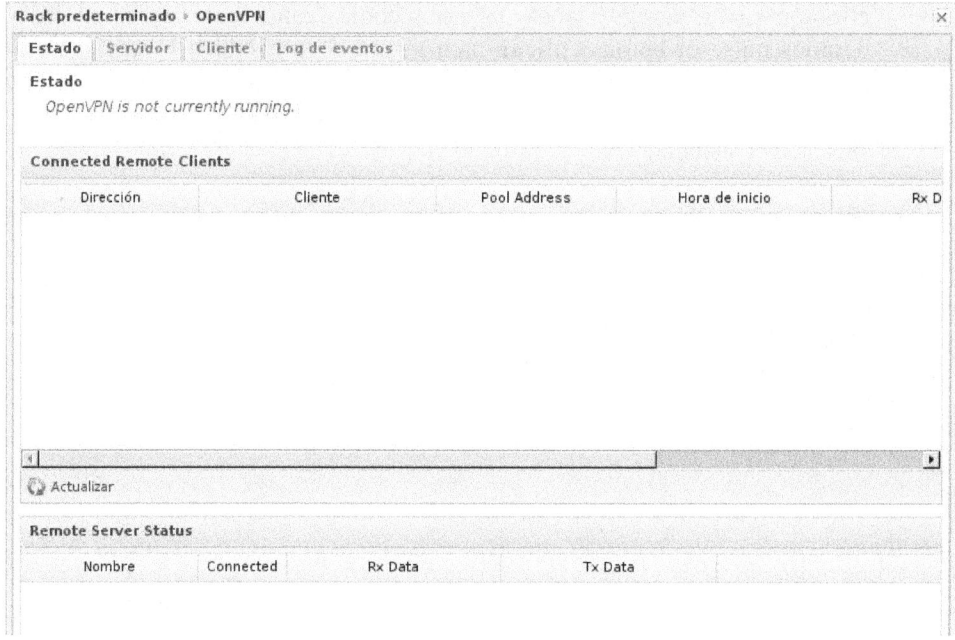

Figura 2.89. Pestaña de Estado de OpenVPN

Al contrario que en versiones anteriores donde disponía de un asistente de configuración, en ésta versión deberá configurar cada componente por separado, sin embargo, el proceso se ha simplificado de forma drástica.

- **Servidor**. En ésta pestaña podrá configurar los parámetros para poder conectarse a su red. **Nombre del sitio** le permite especificar el nombre por el que será conocido su servidor. Address Space le permite configurar la dirección TCP/IP para establecer el túnel cifrado.

Figura 2.90. Pestaña de Configuración de Servidor OpenVPN

Como puede observar, en la parte inferior de la pantalla puede agregar a los clientes que se conectarán a su VPN pulsando sobre Agregar.

Figura 2.91. Agregando un usuario para OpenVPN

Debe establecer un nombre para el cliente, asignarle a un grupo previamente definido y un tipo de cliente, que podrá elegir entre **Individual Client** en caso de ser una única persona, o **Red** en caso de querer conectar toda una red completa de usuarios.

Así mismo, podrá crear grupos de clientes para definir propiedades comunes a diferentes usuarios:

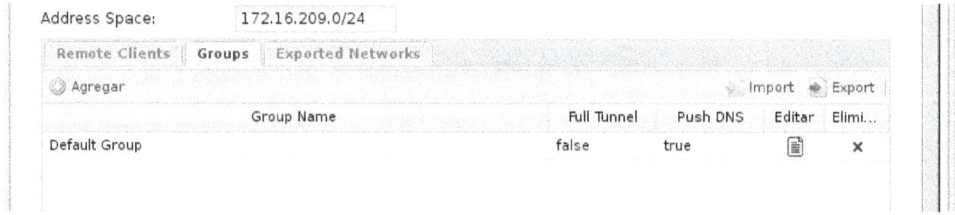

Figura 2.92. Agregando un grupo para OpenVPN

En el caso de que dentro de su red local tenga varias redes TCP/IP, puede publicar todas sus redes con el objetivo de que los usuarios remotos puedan acceder a los distintos servidores que no estén en la misma red TCP/IP que el servidor de VPN.

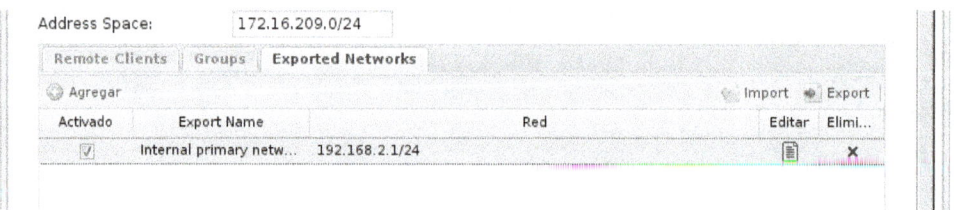

Figura 2.93. Agregando una red para OpenVPN

Una vez que ha creado el usuario para la VPN, tendrá que pulsar sobre el botón de **Download Client** para generar y descargar el cliente para los sistemas operativos **Microsoft Windows** y **Linux**, así mismo, puede descargar únicamente el fichero de configuración del cliente para los usuarios que ya dispongan del cliente de OpenVPN instalado.

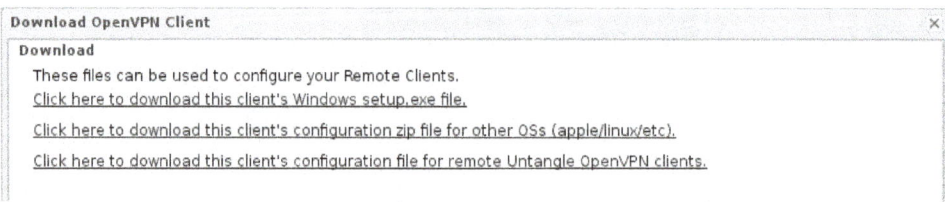

Figura 2.94. Generación y descargar de los clientes OpenVPN

- **Cliente**. En ésta opción, puede configurar su sistema para que actúe como cliente de otro servidor OpenVPN, lo que le permitirá unir su red local con la red remota y le permitirá que todos sus usuarios locales accedan a ella.

  Para ello, debe proporcionar el fichero de configuración que le suministrará el administrador de la otra red, es el mismo formato de archivo de configuración que se ha generado en el apartado anterior.

- **Log de eventos**. Al igual que en el resto de opciones de Untangle, dispone de un sistema de log para poder determinar quién se ha conectado a su VPN y durante cuánto tiempo, así como otros aspectos de lo que ha ocurrido.

2.5.9 Reports

Reports es el módulo de Untangle encargado de analizar los *logs* del sistema y los *logs* correspondientes a cada módulo instalado, generando informes periódicos del estado del sistema. Para configurar el módulo, deberá dirigirse dentro de la consola Web de Untangle, localice el módulo en la zona principal de configuración de módulos y pulsar en el botón **Configuración**, una vez ahí podrá iniciar el proceso de configuración y personalización de este módulo. A continuación, se detallan los pasos de configuración:

- **Estado**: en esta pestaña tendrá disponible el botón **Ver Informes**, que le redireccionará al sistema de gestión *online* de informes. Sin embargo, éstos informes no incluyen el día actual, por lo que si desea ver el informe incluyéndolo debe pulsar previamente sobre el botón **Generate Toda's Reports**.

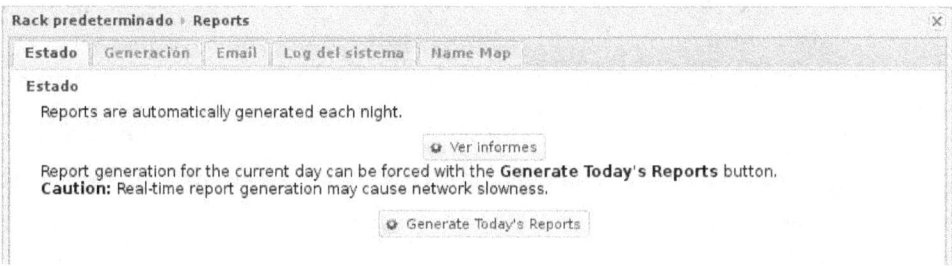

Figura 2.95. Pestaña de configuración de Estado

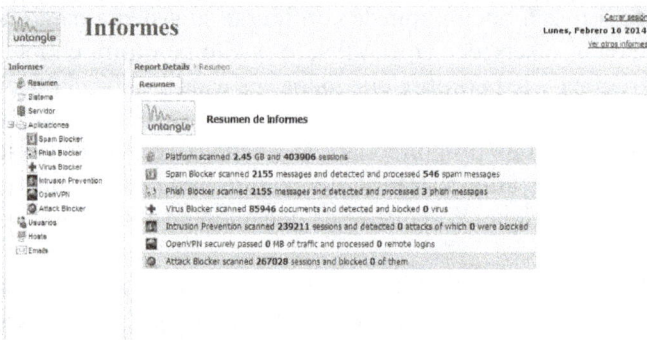

Figura 2.96. Sistema de gestión online de informes

- **Generación**: en esta pestaña podrá configurar la periodicidad de los informes. Untangle le permite generar informes diarios, semanales y mensuales, aunque por defecto se genera un informe diario, un informe semanal los domingos y un informe mensual el primer día del mes. Puede modificar estos parámetros de modo que se ajusten a sus necesidades simplemente marcando las casillas que correspondan. También podrá definir cuántos días desea que el sistema guarde la información del tráfico generado en su red, por defecto el sistema guarda los datos de las comunicaciones durante siete días, pero puede modificar este valor en el campo **Retención de datos** al número de días que considere adecuado. Eso sí, debe tener en cuenta que esto aumentará considerablemente la ocupación del disco duro, por ello es recomendable ajustar bien este parámetro según la capacidad del disco de su equipo.

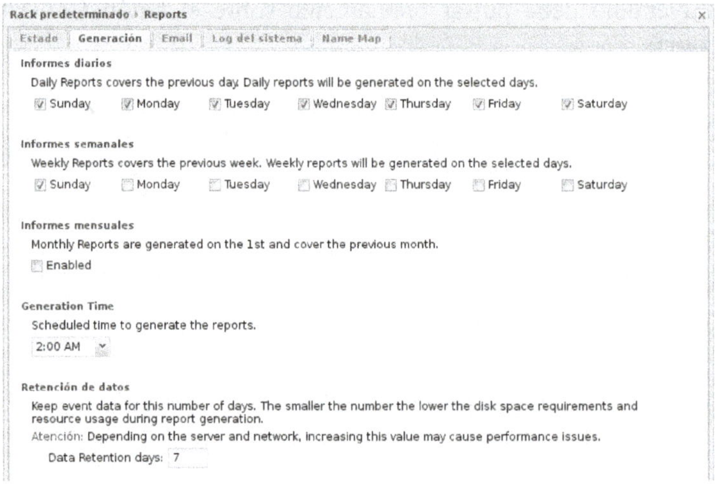

Figura 2.97. Pestaña de Generación de informes

- **Email**: Desde ésta pestaña puede definir qué usuarios tienen acceso al sistema de informes, si puede acceder desde una ubicación remota y programar que se le envíen los informes por email.

Figura 2.98. Creando usuarios para el acceso a los informes

Si quiere que junto al *email* con el informe, le llegue una copia de los *logs*, únicamente deberá marcar la casilla **Email Attachment Setting**, que, por defecto, nunca superará los 10 Mb. Aunque también puede cambiar el límite, aunque no es recomendable dado que puede ver los *logs* desde la propia consola del *firewall*.

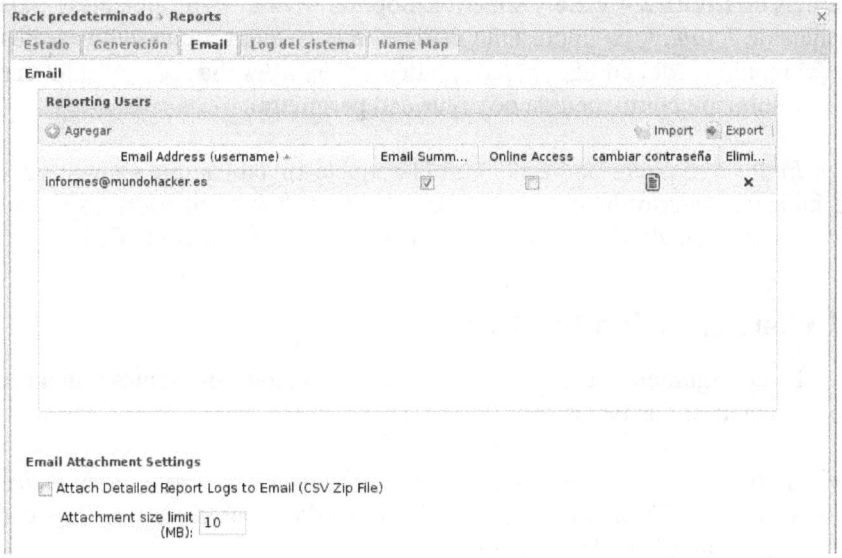

Figura 2.99. Pestaña de configuración de Generación de informes

- Log del sistema: Si dispone de un servidor de logs como syslog en su red o una solución SIEM como NetIQ Sentinel, puede configurar Untangle para que le envíe los logs.

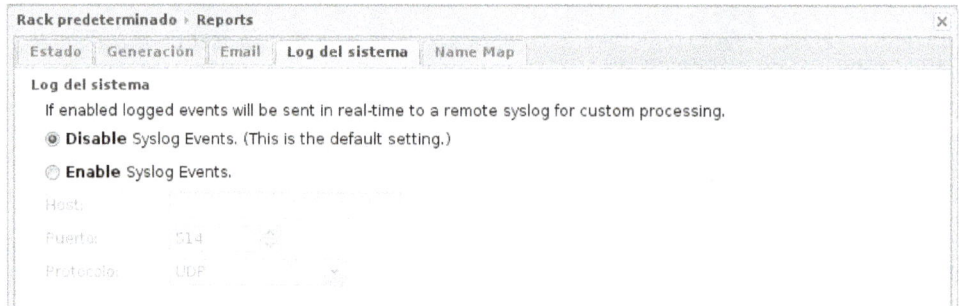

Figura 2.100. Indicando un servidor de log externo

Debe indicar la dirección TCP/IP del servidor de log, así como el puerto y el protocolo a utilizar.

2.6 IPTABLES

Como lo definen en su página Web *http://www.netfilter.org*, "*Iptables* es un programa de consola utilizado para configurar reglas de filtrado de paquetes en los kernels de **Linux** 2.4 y 2.6 y superior. Soporta IPv4 e IPv6 (ip6tables)". Dada la relevancia de *Iptables*, es importante dedicar unas páginas a uno de los aplicativos de la comunidad de código abierto, además *Iptables* ha demostrado ser una excelente solución como medida de seguridad perimetral.

Iptables requiere un kernel con el paquete Ip_tables que se incluye, como se ha indicado anteriormente, en los kernels 2.4 y 2.6 y superiores. Obviamente *Iptables* es un *firewall* libre ya que se encuentra bajo licencia GNU GPL.

2.6.1 Configuración Iptables

La configuración de *Iptables* se basa en tres tablas diferentes y una serie de cadenas asociadas. Las tablas son:

- **Filter**: comprueba el contenido de los paquetes que atraviesan el *firewall*, ejecutando la acción que viene determinada en las directivas. Las cadenas asociadas a la tabla filter son:

    - **Input**: analiza los paquetes recibidos en una interfaz de red.

- **Output**: analiza los paquetes que son enviados por la interfaz de red.

- **Forward**: comprueba los paquetes que atraviesan una de las interfaces de red del *firewall* y los envían a la otra.

- **NAT**: convierte las direcciones utilizando NAT (Network Address Translation), tanto en origen (SNAT) como en destino (DNAT). Las cadenas soportadas por la tabla NAT son:

    - **Prerouting**: la cadena modifica los paquetes recibidos por una interfaz de red traduciendo sus direcciones de destino DNAT.

    - **Postrouting**: la cadena modifica los paquetes antes de enviarse a través de una interfaz de red traduciendo sus direcciones de origen SNAT.

- **Mangle**: modifica los parámetros TTL y ToS de las cabeceras de los paquetes IP.

    - **Prerouting**: la cadena modifica los paquetes recibidos en una interfaz de red cuando llegan.

Las acciones habituales que pueden ejecutarse sobre los paquetes que atraviesan el *firewall* son ACCEPT, DROP o REJECT. Todos los paquetes están sujetos a una tabla y pueden ser verificados por varias reglas dentro de una misma cadena.

2.6.2 Configuración tablas

La sintaxis de los comandos de *Iptables* es la siguiente:

iptables [-t <nombre-tabla>] <comando> <nombre-cadena> <parámetros> <opciones>

Las acciones que pueden ejecutarse sobre los paquetes que atraviesan el *firewall* son ACCEPT y DROP.

- **<nombre-tabla>**: se selecciona la tabla que se va a utilizar, siendo la tabla por defecto *FILTER*.

- **<comando>**: hace referencia a la acción que va a llevar a cabo, como eliminar, añadir o modificar reglas de una cadena, que viene especificada en **<nombre-cadena>**. Solo se permite un comando por cadena. Se escriben en mayúsculas.

- **A**: se añade la regla al final de las reglas de la cadena especificada.
- **D**: elimina la regla de una cadena especificada por un número ordinal.
- **C**: comprueba una regla antes de añadirla a la cadena.
- **F**: elimina la cadena seleccionada eliminando todas las reglas que la componen.
- **E**: renombra una cadena.
- **H**: lista los comandos de *Iptables*.
- **I**: inserta una regla dentro de una cadena.
- **N**: crea una nueva cadena y la nombra.
- **R**: reemplaza una regla en una cadena.
- **L**: lista las reglas de la cadena especificada tras un comando.
- **X**: elimina una cadena.
- **P**: establece la política por defecto sobre una cadena, de forma que si los paquetes la atraviesan sin cumplir ninguna regla, se realiza una acción que puede ser ACCEPT o DROP.

- **<parámetros>**: definen las acciones que la regla produce.
  - **f**: aplica la regla solo a los paquetes fragmentados.
  - **o**: configura el adaptador de red de salida para una regla usándose en la cadena UTPUT, FORWARD y POSTROUTING, en las tablas **nat** y **mangle**.
  - **i**: configura los adaptadores de entrada de red para ser habilitados por una regla en particular. En *Iptables* con la tabla filter solo se podrán utilizar cadenas INPUT y FORWARD cuando se utilice con **filter** y PREROUTING con **nat** y **mangle**.
  - **s**: especifica la dirección origen del paquete.
  - **p**: especificará el protocolo al que se aplica la regla; si esta especificación no se lleva a cabo se aplicará a todos los protocolos.
  - **d**: detalla el nombre del sistema destino, dirección IP o IP de red de un paquete.
  - **j**: especifica la opción de disposición de paquete para esta regla.

Al configurar una regla para un protocolo determinado, también se pueden implementar otro tipo de opciones, como son:

- **Dport**: configura el puerto destino del tráfico. Si se da un puerto o intervalos de puertos, la regla solo se aplica a éstos, si no se especifican, entonces se aplica a todos los puertos de origen.

- **Sport**: configura el puerto de origen del tráfico.

- **Syn**: este indicador debe estar activado y el indicador ACK debe ponerse a cero en un mensaje TCP, cuando se realiza una petición de establecimiento de conexión. Para configurar el indicador **syn**, se debe indicar la siguiente sintaxis: **-p tcp –syn**.

- **Tcp-flags**: selecciona los paquetes TCP con un conjunto de bits o *flags* específicos para una regla. Esta opción establece dos argumentos: el primero de ellos establece los indicadores que se deben comprobar y el segundo los que deben estar habilitados. Los valores que se pueden utilizar son: ACK, RST, FIN, SYN, URG, PSH.

- **<opciones>**: para habilitar características en los paquetes TCP se pueden utilizan una serie de indicadores. Este indicador es –m y tiene una serie de opciones.

  - **Estados de conexión**: se verifica la pertenencia de un paquete a una conexión dada. Los estados de conexión son: ESTABLISHED, RELATED, INVALID y NEW.

  - **Direcciones MAC de origen**: para controlar la dirección MAC de origen del paquete.

  - **Puertos múltiples**: se pueden seleccionar rangos de puertos tanto de origen como de destino.

  - **Puertos marcados**.

  - **Límites de frecuencia**.

  - **ToS**: se pueden comparar los códigos de servicio.

  - **TTL**: se puede verificar un valor dado de TTL.

  - **ID de usuario/grupo/sesión del proceso**.

  - **Propietario del proceso**.

2.6.3 Establecimiento de rutas de acceso a firewall con Iptables

Las rutas que se establecen cuando el tráfico de datos pasa por un *firewall* que tiene implementado *Iptables* atraviesan las siguientes cadenas:

```
mangle PREROUTING-> nat PREROUTING-> filter FORWARD->
nat POSTROUTING
```

Las rutas para el tráfico que se envía desde el *firewall* atraviesan las cadenas:

```
mangle OUTPUT-> filter OUTPUT-> nat POSTROUTING
```

Las rutas para el tráfico que llega al *firewall* atraviesan:

```
mangle PREROUTING-> nat PREROUTIN -> filter INPUT
```

2.6.4 Ejemplos Iptables

El *firewall* que se configurará en el siguiente *script* de ejemplo es uno básico, ya que tendrá tan solo dos interfaces de red: una de ellas se comunica con la red interna y la otra tendrá acceso a Internet.

El *firewall* se implementa configurando las reglas que soporta *Iptables*. Éstas se deben ejecutar desde un *script*. Para que este *script* se ejecute de forma automática cuando el sistema operativo que lo soporta se inicie, por ejemplo, en un sistema **Linux**, se debe configurar la ejecución del *script* al inicio del sistema desde sus ficheros **rc**.

```
#!/bin/sh
###############################################################
# Scripts de Iptables con una tarjeta de red externa que      #
# comunica con Internet y otra interna que comunica con la    #
# red interna que tiene que proteger.                         #
#                                                             #
# Nombre firewall /etc./rc.d/rc.myfirewall                    #
#                                                             #
###############################################################
# Tarjeta de red y dirección IP externa
IP_EXT="100.101.102.103"
TARJ_EXT="eth0"
# Tarjeta de red y dirección IP externa
IP_INT="192.168.0.1"
TARJ_INT="eth1"
# Dirección IP y Broadcast de red
```

```
IP_LAN="192.168.0.0/24"
LAN_BCAST="192.168.0.255"
# Bucle de retorno
IP_LO="127.0.0.1"
ADAP_LO="lo"
# Carga de módulos
/sbin/depmod -a
# Módulos a cargar
/sbin/modprobe ip_tables
/sbin/modprobe iptable_filter
/sbin/modprobe iptable_mangle
/sbin/modprobe iptable_nat
/sbin/modprobe ipt_LOG
/sbin/modprobe ipt_state
# Habilitar reenvío entre tarjetas de red del firewall
echo "1" > /proc/sys/net/ipv4/ip_forward
# Elimina cualquier regla existente
Iptables -F
# Directiva de denegación predeterminada
Iptables -P INPUT DROP
Iptables -P OUTPUT DROP
Iptables -P FORWARD DROP
# Habilitar protección cookie SYN de TCP
echo 1> /proc/sys/net/ipv4/tcp_syncookies
# Cadenas ICMP, TCP y UDP
Iptables -N permitir
Iptables -N paquetes_icmp
Iptables -N paquetes_tcp
Iptables -N paquetes_udp_entrantes
# Cadena paquetes_tcp_erroneos
Iptables -A paquetes_tcp_erroneos -p tcp ! --syn -m state --state NEW -j LOG
Iptables -A paquetes_tcp_erroneos -p tcp ! --syn -m state --state NEW -j DROP
# Cadena permitir
Iptables -A permitir -p TCP --syn -j ACCEPT
Iptables -A permitir -p TCP -m state --state ESTABLISHED,RELATED -j ACCEPT
Iptables -A permitir -p TCP -j DROP
# Reglas conexiones tcp de entrada, para Web, FTP, correo y ssh
Iptables -A paquetes_tcp -p TCP -s 0/0 --port 21 -j permitir
Iptables -A paquetes_tcp -p TCP -s 0/0 --dport 22 -j permitir
Iptables -A paquetes_tcp -p TCP -s 0/0 --dport 25 -j permitir
Iptables -A paquetes_tcp -p TCP -s 0/0 --dport 80 -j permitir
Iptables -A paquetes_tcp -p TCP -s 0/0 --dport 110 -j permitir
```

```
Iptables -A paquetes_tcp -p TCP -s 0/0 --dport 143 -j
permitir
# Reglas conexiones udp de servicios DNS y NFS
Iptables -A paquetes_udp_entrantes -p UDP -s 0/0 --source
port 53 -j ACCEPT
Iptables -A paquetes_udp_entrantes -p UDP -s 0/0 -sourceport
2049 -j ACCEPT
# Reglas ICMP, para aceptar mensajes de control Echo Request
Iptables -A paquetes_icmp -p ICMP -s 0/0 --icmp-type 8 -j
ACCEPT
Iptables -A paquetes_icmp -p ICMP -s 0/0 --icmp-type 11 -j
ACCEPT
# Rechazar paquetes TCP no deseados
Iptables -A INPUT -p tcp -j paquetes_tcp_erroneos
# Reglas entrada paquetes desde cualquier lugar
Iptables -A INPUT -p ALL -d $IP_EXT -m state – state
STABLISHED,RELATED -j ACCEPT
Iptables -A INPUT -p TCP -j paquetes_tcp
Iptables -A INPUT -p UDP -j paquetes_udp_entrantes
Iptables -A INPUT -p ICMP -j paquetes_icmp
# Reglas paquetes ftp, Web, correo enviados de la tarjeta
interna a la externa
Iptables -A FORWARD -p tcp --dport 21 -i $TARJ_INT -j ACCEPT
Iptables -A FORWARD -p tcp --dport 80 -i $TARJ_INT -j ACCEPT
Iptables -A FORWARD -p tcp --dport 110 -i $TARJ_INT -j ACCEPT
Iptables -A FORWARD -m state --state ESTABLISHED,RELATED -j
ACCEPT
# Reglas de salida de paquetes permitidos
Iptables -A OUTPUT -p ALL -s $IP_LO -j ACCEPT
Iptables -A OUTPUT -p ALL -s $IP_LAN -j ACCEPT
Iptables -A OUTPUT -p ALL -s $IP_EXT -j ACCEPT
# Regla registro de paquetes anteriores
Iptables -A OUTPUT -j LOG
# Habilitar NAT y REENVIO
Iptables -t nat -A POSTROUTING -o $ADAP_EXT -j SNAT --to -
source $IP_EXT
```

Figura 2.101. Script de configuración para Iptables.

Como puede observar, configurar un *firewall* en base a *Iptables* es una tarea tediosa y algo compleja. Para facilitar las cosas, hay disponibles diversos programas que le proporcionan un interface de usuario más agradable y luego se encargan de traducir a formato *Iptables*.

2.7 CONCLUSIONES

Como el lector ha podido observar durante el capítulo, el uso de *firewalls* y detectores de amenazas es una excelente y recomendada medida en la protección perimetral de empresas e incluso usuarios. Las alternativas comerciales son amplias y potentes, al igual que el mundo del Open Source aporta su importante visión y conocimiento en este tema. Ciertamente, productos como Untangle demuestran cómo ha avanzado el mundo de código libre en ofrecer soluciones que compitan con aquellas que suministran grandes fabricantes. Pero estas potentes soluciones de seguridad requieren dedicar tiempo a su estudio y un soporte cuidado, sin el cual de nada servirá contar con el más potente dispositivo de seguridad perimetral, sea un cortafuego, *IDS* o dispositivo multifuncional.

Capítulo 3

CIFRADO DE DATOS Y CANALES SEGUROS

El cifrado de datos es el proceso por el cual se puede transformar un mensaje en texto normal o *plaintext* en texto cifrado o codificado, lo que asegura que dicho texto no puede ser leído sin utilizar un proceso contrario denominado "**descifrado**" que da lugar a la conversión del texto cifrado en texto normal.

Cuando un dato se transporta por la red y se cifra, dicha transacción usa una combinación de claves públicas o privadas, de funciones *hash* y certificados digitales. Todos y cada uno de estos componentes serán detallados a continuación.

3.1 INTRODUCCIÓN

Antes de comenzar a hablar sobre cifrado, se definirá qué es el cifrado y varios conceptos básicos de esta tecnología.

Para realizar estos procesos es requerido un algoritmo de cifrado (función matemática), llaves de cifrado (contraseña de cifrado) y la longitud de la llave.

- **Algoritmo de cifrado**: función matemática que se encarga del cifrado/descifrado de datos.
- **Llaves de cifrado**: elemento de información que se usa con el algoritmo de cifrado para realizar el proceso de cifrado/descifrado. Para descifrar un mensaje, se debe utilizar la llave correcta, ya que si esto no es así, el texto que sea descifrado será ilegible.

- **Longitud de clave**: a mayor longitud, más complicado será realizar un ataque de *cracking* contra la clave.

Todo lo dicho anteriormente debería usarse para conseguir:

- Protección de datos que se transmiten a través de redes de comunicaciones, para que éstos no puedan ser interceptados, leídos o manipulados.

- Detectar las alteraciones que se pueden producir en datos.

- Verificar la autenticidad de una transacción, documento o mensaje.

- Protección de la información almacenada en distintos soportes físicos para que solo puedan ser leídos o cambiados por usuarios autorizados.

La criptografía, además de garantizar la seguridad, tiene otros cometidos no menos importantes como son los de garantizar la privacidad, la autenticación, la integridad y el no rechazo de transacciones seguras.

1. **Privacidad**: contempla que el acceso a los datos lo realizan las personas o usuarios autorizados para ello. Al crear una comunicación entre dos puntos, es tremendamente complicado determinar con absoluta seguridad que no está siendo captada por otros. Esto podría ser posible debido a que hay una ausencia de control de la comunicación por las partes que la establecen, con lo cual, la única posibilidad factible para establecer seguridad en la comunicación es el cifrado.

2. **Autenticación**: debido a la posibilidad que existe a la hora de suplantar identidades en transacciones *on-line*, se deben implementar las medidas necesarias para verificar o comprobar las identidades de los usuarios que establecen la comunicación. En un mensaje de correo electrónico se deben autenticar tanto el emisor como el receptor.

3. **Integridad**: no se deben permitir alteraciones en la información que se está transmitiendo, ya que su integridad es fundamental (imagine un mensaje totalmente alterado, donde se informa de un cantidad de dinero que es el doble de la original, números de tarjetas de red, etc.).

4. **No repudio**: se acredita la autoría de un mensaje por parte de un usuario. Con esto no se puede negar la acción de haber comprado *on-line* o haber realizado la declaración de la renta a través de Internet.

La efectividad de los sistemas de cifrado depende de la dificultad de descifrar una clave, de las puertas traseras que un archivo cifrado pueda tener y de si se conoce la forma en la que se descifra una parte de éste. Así, sería posible descifrar la información, sin necesidad de la clave.

3.1.1 Clave simétrica

Los sistemas de cifrado de clave privada se basan en algoritmos de cifrado "simétrico", que usan una clave secreta para cifrar el texto plano, y utilizan la misma clave para descifrarlos. Por esto se denomina clave simétrica, porque se utiliza la misma para el proceso de cifrado y de descifrado.

El proceso de cifrado/descifrado que se lleva a cabo es el siguiente:

1. Emma escribe un mensaje a Javier, que tiene por objetivo que éste no sea leído ni manipulado. Para ello, utiliza una clave privada que es enviada junto al mensaje cifrado.

2. Para que Javier descifre el mensaje debe conocer la clave privada con la que Emma ha cifrado el mensaje.

Figura 3.1. Cifrado simétrico

Obviamente, un análisis básico indica que el factor crítico a la hora de utilizar clave privada o simétrica es la distribución de la clave, ya que ambos interlocutores deben conocerla. Si en vez de una comunicación entre dos interlocutores fuese entre más, el conocimiento de la clave privada o simétrica tendría que ser más extendido, con lo que la privacidad se puede ver afectada. Si, por el contrario, se quisiera utilizar el cifrado entre varios usuarios, se deberían generar varias claves para las comunicaciones dos a dos. Si Emma se comunica con Javier y emplean una clave y no quieren que sus mensajes sean leídos por Elvira, pero ésta a su vez tiene que comunicarse con ambos, resulta que se tendría que generar al menos una clave para Emma-Javier, otra para Elvira-Emma, y por último una para Elvira-Javier. Este proceso provocaría la necesidad de generar demasiadas claves para los usuarios. Imagine todas estas claves en una empresa.

Otro factor crítico es la interceptación de las comunicaciones, si el mensaje cifrado y la clave privada son interceptadas, el mensaje podrá ser descifrado fácilmente y se perderá la confidencialidad entre los interlocutores.

El único beneficio importante que se puede sustraer de la clave simétrica es la rapidez de la velocidad de cifrado/descifrado. Además es buena para el cifrado de grandes volúmenes de datos, como los correos electrónicos o el intercambio de datos en las comunicaciones digitales.

3.1.1.1 SISTEMA CRIPTOGRÁFICO DE CLAVE SIMÉTRICA

El más común de todos los sistemas criptográficos en clave simétrica es el Estándar de Cifrado de Datos (**DES**, por sus siglas en inglés). Éste se basa en un algoritmo público que ejecuta el texto plano en bloques o grupos de bits. Este tipo de algoritmo se denomina "**cifrado en bloque**", donde se utilizan grupos de 64 bits y una clave de 56 bits para cifrar/descifrar y 8 bits adicionales para verificar la paridad. Por todo esto, cualquier número de 56 bits se puede utilizar como clave, entonces habría 2 elevado a la 56, es decir, 72.057.594.037.927.936 claves posibles. Esto representa un número elevado de claves. Sin embargo, DES no es un sistema criptográfico fuerte y se puede romper por fuerza bruta, es decir, probando todas las combinaciones posibles hasta encontrar la clave. Se imaginan varios ordenadores con características potentes trabajando en conjunto para romper por fuerza bruta este tipo de sistema criptográfico. El proceso de obtención de la clave sería mucho más rápido.

A partir de aquí se diseñó el sistema criptográfico "**Norma de Cifrado Avanzada**" (**AES**, por sus siglas en inglés), donde se utiliza un algoritmo público con claves de 128, 192 o 256 bits.

3.1.2 Clave asimétrica

En este sistema criptográfico de clave pública o asimétrica se generan dos claves que están relacionadas inversamente entre sí, ya que funcionan como un par: una clave se utiliza para cifrar los datos y la otra se utiliza para descifrarlos. Cuando se generan ambas claves, cualquiera de las claves se podría utilizar para cifrar o descifrar, pero una vez que una clave se ha usado para realizar una de estas operaciones, la otra indefectiblemente se utilizará para la operación contraria.

Con esto se puede resolver el problema de la distribución de las claves y la utilización de la misma clave para realizar las operaciones de cifrado/descifrado.

En el proceso de cifrado/descifrado, una de las claves se denomina "**clave privada**", y solo debería ser conocida por el propietario, mientras que la otra clave es la "**clave pública**" que puede ser conocida por muchas personas con las que se desea comunicar (normalmente estas claves están almacenadas en recursos compartidos, o directorios LDAP).

El proceso se lleva a cabo de la siguiente manera:

1. Javier y Emma, cada uno tiene dos claves, una privada que solo conoce el propietario de la misma y una pública que conocen ambos. Emma escribe un mensaje a Javier y quiere que solo éste sea capaz de leerlo. Por ello, cifra el mensaje con la clave pública de Javier, que puede ser accesible por todos los usuarios.

2. Al enviarle el mensaje cifrado, sin la clave, solo puede descifrarla Javier con su clave privada.

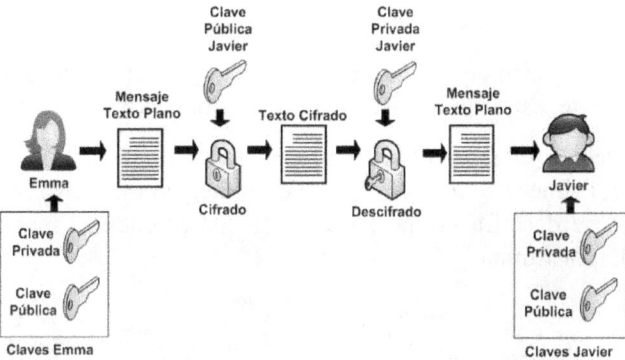

Figura 3.2. Cifrado asimétrico

Este tipo de criptografía, además, resuelve el problema del intercambio de las claves simétricas. El único inconveniente sería la lentitud de la operación. Se explicará en los siguientes apartados como se da solución a este inconveniente.

3.1.2.1 SISTEMAS CRIPTOGRÁFICOS DE CLAVE ASIMÉTRICA

Uno de estos sistemas criptográficos de clave pública o asimétrica es **RSA**, que es utilizado tanto para cifrado como para procesos de autenticación. Es el algoritmo de clave pública más utilizado, ya que suele ser implementado con longitudes de cadenas de 1.024 bits o mayores, con lo que el cifrado será fuerte aunque más lento.

El algoritmo de **Diffie-Helman** sirve para intercambiar claves de modo seguro entre dos partes que no han tenido contacto previo, utilizando un canal inseguro y de manera anónima (no autenticada), y no está basado en cifrado/descifrado.

Otro de los algoritmos utilizados en clave pública es **DSA**, es un estándar del Gobierno Federal de los Estados Unidos de América o FIPS para firmas digitales, pero éste no puede ser usado para confidencialidad, ya que no es capaz de realizar cifrado de datos, aunque sí firmarlos.

3.1.2.2 CIFRADO DE CLAVE PÚBLICA

Debido a las características diferenciales de la criptografía de clave simétrica y asimétrica, se desarrolla un procedimiento donde se toman las características más fuertes de ambas, ya que de una clave asimétrica es más lenta en el proceso de cifrado/descifrado, pero el intercambio de claves es más seguro. Para cifrar un mensaje, lo óptimo es utilizar un algoritmo de clave pública junto con una clave asimétrica de la siguiente manera:

1. Emma envía un mensaje a Javier en *texto plano*, al cual se aplica una clave simétrica. Dicha clave se denomina "**clave de sesión**".

2. Al mensaje cifrado se le aplica la clave pública de Javier cifrándola nuevamente, esta clave también se denomina "**clave asimétrica**".

3. Javier recibe el mensaje cifrado con la clave de sesión y con su clave pública. Primero se descifra la clave pública con la clave privada de Javier y luego se descifra la clave de sesión, obteniendo el mensaje descifrado enviado por Emma.

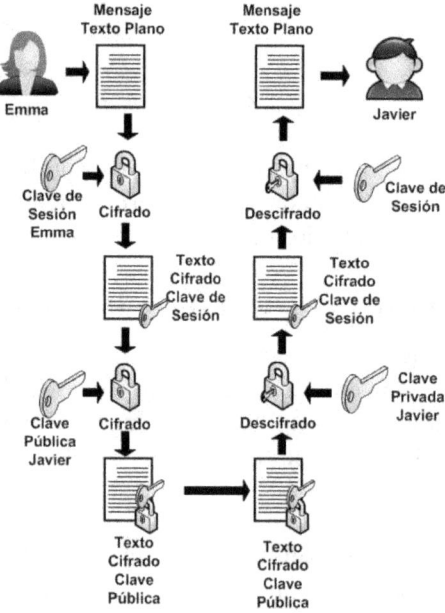

Figura 3.3. Cifrado clave pública

3.1.3 Firmas digitales

Cuando es necesario verificar la identidad de un destinatario o entidad que remite un mensaje o datos, se puede crear, usando claves públicas, una identificación digital denominada **"firma digital"**. Además de la anterior funcionalidad, la firma digital se utiliza para comprobar también la integridad del mensaje.

1. Se utiliza un algoritmo *hash* que se aplica a todo el mensaje del *texto plano*.

2. Con el algoritmo *hash* se obtiene un resumen del mensaje que se compone de una cadena fija, normalmente, de 128 bits.

3. Se cifra con la llave privada de Emma, lo que genera una firma digital que permitirá verificar la identidad del remitente.

4. Una vez llega al destinatario el mensaje o datos, éste utiliza la clave pública del remitente, en este caso de Emma, para descifrarla y así poder probar que el mensaje o datos ha podido ser enviado únicamente por Emma (el remitente). Este proceso es el denominado como el **"no repudio"**.

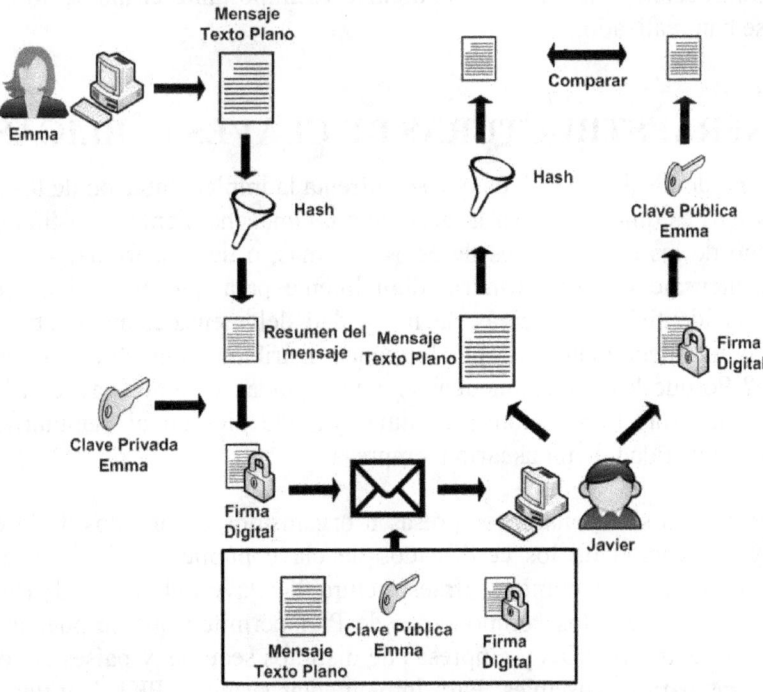

Figura 3.4. Firma digital

Al proceder al descifrado, el destinatario recalcula el *hash* usando obviamente el mismo algoritmo y compara los resultados con los enviados, así asegura la integridad del mensaje o dato. Si el mensaje o dato ha sido modificado en el camino, los resultados del *hash* no serán los mismos, ya que para calcular el resumen se han basado en dos mensajes o datos distintos, con lo que el algoritmo de *hash* calculará dos resúmenes distintos.

Teniendo en cuenta todo esto, las funcionalidades fundamentales de la firma digital son:

1. **Integridad de datos**: cualquier cambio en un dato sería detectado ya que el cálculo del *hash* sería distinto.

2. **Autenticación**: se puede comprobar quién es el destinatario ya que solo con su clave pública es posible descifrar el *hash*.

3. **No repudio**: el autor del mensaje no puede alegar que no ha sido él quien lo ha remitido al destinatario.

4. **Protección de reenvío**: además de realizar lo anteriormente citado, si se integra al mensaje una marca de tiempo o *timestamp*, se podrá comprobar que el mensaje no ha sido interceptado y posteriormente modificado. En transacciones de carácter económico es importante el momento en el que se han realizado.

3.2 INFRAESTRUCTURAS DE CLAVES PÚBLICAS

Uno de los desafíos a los que se enfrenta la implementación de los sistemas criptográficos es quién controla la generación, almacenamiento y gestión de todos y cada uno de los componentes de estos sistemas, o de otra forma, si un usuario envía un mensaje y desea firmarlo digitalmente para que el destinatario pueda verificar su identidad, y además, la integridad del mensaje, algún otro usuario, empresa o ente debe generar, o por lo menos distribuir, la clave de forma segura. ¿Por qué? Porque las claves pueden ser interceptadas y cambiadas, con lo que la seguridad de estas transacciones es nula, ya que alguien al cambiarlas puede suplantar la identidad de un usuario o empresa.

Para esto se diseñaron empresas u organismos encargados de la emisión, gestión y revocación de los certificados de clave pública en los que se puede confiar. Todo esto se denomina Infraestructura de Clave Pública (PKI; *Public Key Infrastructure*). Todos los componentes de PKI permiten que se puedan generar interacciones entre usuarios y empresas de distintos sectores y países al confiar en estas terceras partes confiables. Para implementar sistemas PKI, hay una serie de elementos comunes que deben ser tomados en cuenta como:

3.2.1 Certificados digitales

Se pueden definir como documentos digitales firmados por una entidad tercera confiable que contiene una clave privada totalmente transparente para el usuario, y que contienen información sobre éste, compuestos además por una clave pública, donde aparece información del propietario de dicha clave. Con lo anterior, lo que se pretende es asociar la clave pública con la identidad de una persona física o jurídica y, por lo tanto, poder probar la autenticidad del remitente de un documento firmado electrónicamente.

3.2.2 Autoridad Certificadora (CA)

Es una autoridad o tercera parte confiable que emite y gestiona certificados digitales para cifrar mensajes o datos y así poder verificar la autenticidad del emisor de dichos mensajes. Todo lo anteriormente citado parte de la base de la confianza que tienen los usuarios y empresas en este tipo de autoridades, porque de alguna manera dan fe sobre quién es quién.

A través de ellas se generan los pares de claves públicas/privadas que son utilizadas para asegurar los mensajes. Para que una Autoridad Certificadora (CA; *Certificate Authority*) emita un certificado a un usuario o empresa debe tener evidencias de que éstos son quienes dicen ser, por lo cual las CA tiene la obligación de verificar las credenciales de éstos antes de emitir el certificado digital. Después de la verificación de la identidad del usuario, la autoridad certificadora emite un certificado digital firmado con su propia clave privada, y ésta la distribuye al usuario. El usuario luego, a su vez, validará el certificado con la clave pública de la autoridad certificadora.

Hay que tener en cuenta que hasta el momento se hace referencia siempre a las autoridades certificadoras como organizaciones terceras confiables, que existen para fiscalizar el intercambio de mensajes confiables entre distintas empresas o usuarios que no tengan una relación dependiente entre unos y otros. Hay otro tipo de autoridades certificadoras por debajo de este primer tipo, pertenecientes a empresas e individuos que tienen por objeto implementar un sistema PKI en una empresa y emitir certificados entre sus trabajadores o clientes. Mientras que el segundo tipo de CA puede existir sin ser validado por una organización certificadora, para que se puedan emitir facturas o certificados digitales a personas o entidades fuera de dicha empresa, no se podrá confiar en el emisor debido a que el certificado que utiliza para firmar dichos documentos no está validado por una CA fiscalizadora. ¿Quién puede asegurar que la página *online* que le emite una factura o documento legal es en verdad quien dice ser?

Independientemente de su jerarquía, las autoridades certificadoras serán responsables de gestionar todos los certificados emitidos por ellos mismos por la duración de su vida útil hasta su fecha de expiración, algo que todos los certificados tienen por diseño. Los navegadores Web permiten ver las CA que ellos conocen. Por ejemplo, en Internet Explorer, seleccione **Herramientas > Opciones de Internet > Contenido > Certificados > Entidades de certificación raíz de confianza**. Aquí puede seleccionar cualquiera de los certificados emitidos por las CA confiables.

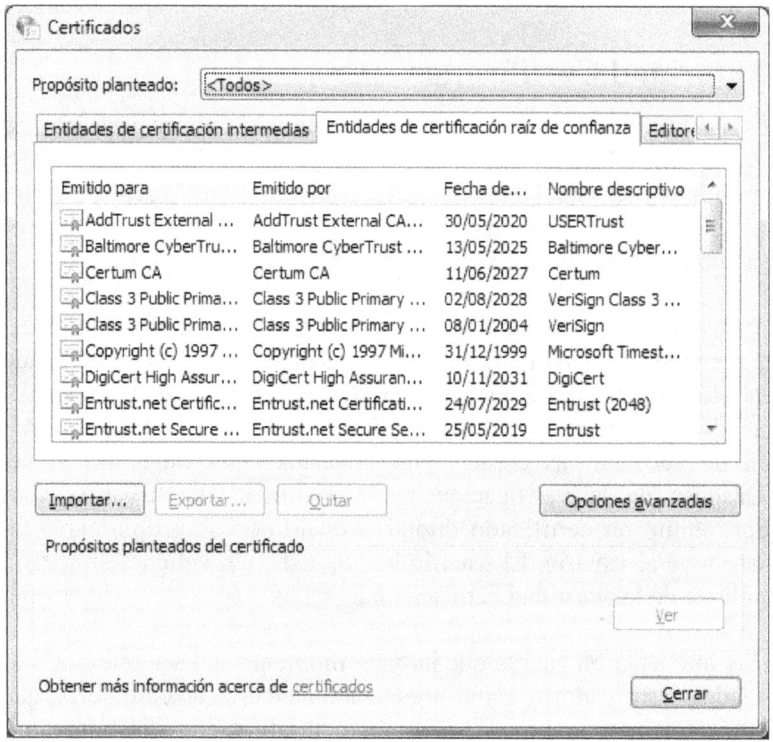

Figura 3.5. Certificados digitales instalados en navegador Web

3.2.3 Autoridades de registro (RA)

La Autoridad de Registro o *Registry of Authority* (RA) es una autoridad que verifica la identidad de todos y cada uno de los usuarios o compañías que han solicitado certificados, para de alguna manera dar fe de que la identidad es la correcta y así transmitir a las autoridades certificadoras que pueden emitir el certificado al usuario o compañía que lo han solicitado. De otra forma cuando se tienen que revocar certificados también las autoridades registradoras pueden informar acerca de estas revocaciones.

Estas autoridades de registro normalmente son utilizadas por las autoridades certificadoras para delegar alguna de sus funciones, sobre todo en el ámbito administrativo, nunca en el de emisión y gestión propia de los certificados. Estas entidades no tienen que ser segregadas de las autoridades certificadoras, porque cuando la base de clientes no es muy grande, las autoridades certificadoras también pueden realizar estas funciones administrativas. En cambio, cuando una autoridad certificadora posee una base de clientes muy grande y dispersa por todo el mundo, lo normal es que tengan varias RA, ya sea por país, región, etc.

Dentro de las funciones particulares de una Autoridad de Registro (**RA**) cabe destacar:

- Autentificación personal del sujeto.

- Verificar los derechos que tiene el sujeto en cuanto a ciertos atributos del certificado.

- Validez de información aportada por el sujeto.

- Verificar la posesión de la clave privada que está siendo registrada y su coincidencia con la clave pública.

- Asignación de nombres con fines de identificación.

- Términos de revocación del certificado digital.

- Generación de secretos compartidos para usar en la inicialización y elección del certificado.

3.2.4 Lista de Certificados Revocados (CRL)

La Lista de Certificados Revocados (CRL, por sus siglas en inglés) es una lista de certificados que han sido revocados, ya no son válidos, y en los que un usuario no debe confiar. La función de esta lista es la de verificar la validez del certificado que un usuario o empresa está utilizando y que ha sido emitido por una autoridad certificadora. En estas listas aparecen los certificados que no son válidos y que, por lo tanto, no se deben tener en cuenta a la hora de identificar, por ejemplo, un servidor Web. Aquí es importante el tiempo en el que se actualizan estas listas y estén disponibles, ya que son necesarios a la hora de realizar intercambios comerciales *on-line*, para verificar que los certificados no sean fraudulentos.

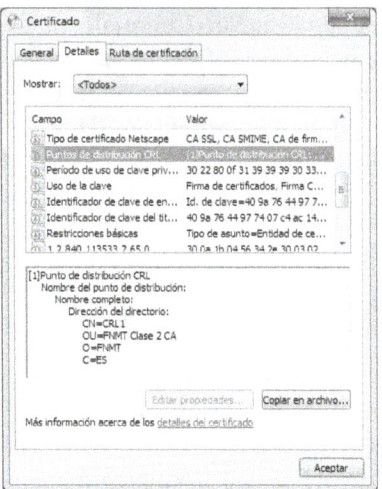

Figura 3.6. Certificados digitales ruta CRL

3.2.5 Declaración de Prácticas de Certificación (CPS)

La Declaración de Prácticas de Certificación (CPS, por sus siglas en inglés) establece las normas y condiciones generales de los servicios de certificación. Las autoridades certificadoras operan normalmente bajo reglas internamente generadas. Una autoridad certificadora debe publicar su **CPS** para que los usuarios de sus certificados puedan comprender el método que emplea para certificarlos y así, de alguna manera, éstos pueden determinar la confianza que les da esta autoridad certificadora.

Figura 3.7. Certificados digitales declaración CPS

3.2.6 Examinando los certificados digitales

Dentro de los *frameworks* que se utilizan en PKI, los dos estándares son X.509 y PGP. De éstos el modelo que más se utiliza y en el que más se está desarrollando es X.509. Este estándar en su desarrollo ha implementado tres versiones denominadas **V1**, **V2** o **V3**. Cada una de ellas añadió nuevos campos y funcionalidades a las anteriores. Éstos necesitan, debido a su estructura jerarquizada, que todas las cadenas de certificación comiencen en una autoridad raíz, por ello el proceso de validación del certificado llega hasta la raíz.

Para analizar un certificado, qué mejor manera que verificar los que vienen incluidos en los navegadores. Para esto se ha seleccionado Internet Explorer de **Microsoft**. Abra el navegador y a continuación, seleccione **Herramientas > Opciones de Internet > Contenido > Certificados > Entidades de certificación raíz de confianza**. O bien diríjase a alguna página Web donde se puedan mostrar los certificados. Bastará con seleccionar uno de ellos y abrirlo.

Se mostrará un certificado que está dividido en tres pestañas. En cada una de las pestañas el certificado muestra información diferenciada como:

- **General**: Muestra información sobre los objetivos del certificado como son en este caso el de proteger los mensajes electrónicos y la identidad de sistemas remotos (como pueden ser el caso de los servidores Web, puesto que quién asegura que un usuario se está conectando al verdadero servidor Web de su banco).

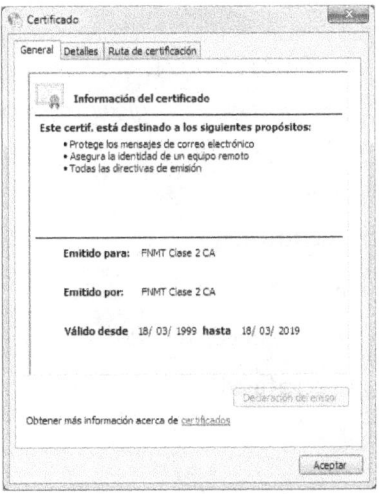

Figura 3.8. Información general certificado digital

Otra información es qué autoridad certificadora lo ha emitido y para quién, además de la validez temporal del certificado.

- **Detalles**: en esta pestaña, la información que se muestra es más sobre las propias características y parámetros del propio certificado como:

Figura 3.9. Información específica certificado digital

1. Versión del certificado.
2. Número de serie del certificado.
3. Algoritmo utilizado.
4. La entidad que ha firmado el certificado, utilizando el nombre distinguido.
5. Validez temporal del certificado.
6. Clave pública.

- **Ruta de certificación**: donde se indica la ruta desde la autoridad certificadora hasta el usuario final del certificado.

Figura 3.10. Información ruta autoridad certificadora

3.3 USOS DEL CIFRADO

El cifrado se puede aplicar a todas las capas del modelo OSI, exceptuando la capa física. De todas las capas que componen el modelo OSI la de aplicación es en la que más se implementa esta técnica, además de ser la que más la necesita, puesto que es la más atacada. El cifrado se suele utilizar en distintos entornos como:

3.3.1 Extensiones seguras de correo Internet de propósito múltiple S/MIME

Es un protocolo estándar de correo electrónico que tiene como objetivo autenticar la identidad del remitente de un correo, además de la integridad del mismo y su privacidad. Hay versiones de ciertos clientes de correo electrónico que solo soportan claves públicas de una longitud de 512 bits, por lo que normalmente se añade PGP para que puedan soportar longitudes de claves más largas y así ser más seguras. Para cifrar un correo electrónico se deberá realizar los siguientes pasos:

1. Javier genera una clave secreta para un uso que se denomina clave de sesión.

2. Javier utiliza esta clave de sesión para cifrar un correo electrónico, donde también puede ser añadido un *timestamp*.

3. Emma no tiene esa clave secreta que ha generado Javier, entonces éste cifra la clave de sesión con la clave pública de Emma.

4. Javier firma digitalmente el *hash* del mensaje y le añade un *timestamp*.

5. Javier envía el mensaje.

6. Emma recibe el mensaje y descifra con su clave privada la clave de sesión cifrada. Una vez descifrada, la clave de sesión descifra el mensaje de Javier.

Además de lo indicado anteriormente, Emma debe utilizar programas que puedan verificar el certificado digital de Javier y si éste ha sido revocado.

3.3.2 Secure Socket Layer (SSL) y Transport Layer Security (TLS)

SSL es un protocolo que está orientado a sesión de amplia utilización en Internet, ya que realiza labores de comunicación entre un navegador de un cliente y el servidor Web. Este protocolo es utilizado, por ejemplo, cuando se realiza un pago a través de Internet, ya que provee autenticación, confidencialidad e integridad al mensaje, además de un intercambio de claves entre navegador y servidor Web seguro. Cuando utiliza SSL se puede ver en el navegador, en la parte izquierda de la barra de direcciones, un icono que se corresponde con un candado.

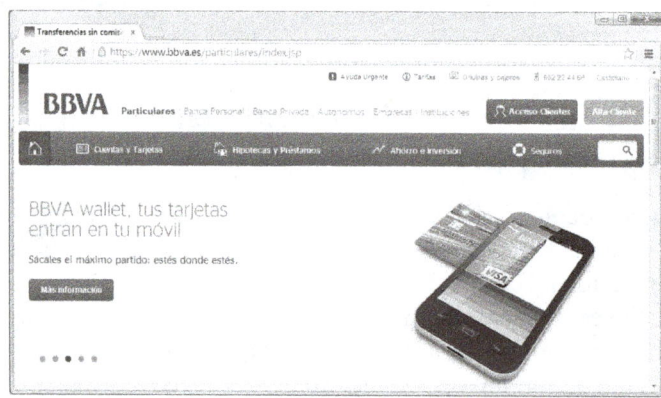

Figura 3.11. Icono certificado página Web

En la creación de una sesión SSL intervienen las siguientes etapas:

1. Hay una petición por parte del navegador cliente a un servidor Web, por ejemplo, de comercio electrónico, solicitando la autenticación del servidor. Se negocian los parámetros criptográficos, ya que los dos sistemas que se están comunicando desconocen las características o capacidades que cada uno tiene. Con esto, tanto la parte del cliente como la del servidor hacen una selección de los parámetros criptográficos comunes. Entre los parámetros que se negocian en este paso se encuentran:

   - **Versión de SSL/TSL**: a veces se puede encontrar que una de las partes solo soporte SSL y no TLS, o diferentes versiones de cada uno de estos protocolos.

   - **Claves**: se ponen de acuerdo si éstas son, por ejemplo, RSA o Diffie-Hellman.

   - **Algoritmo de cifrado**: TripleDES, DES.

   - **Algoritmo Hash**: SHA, SHA-1, MD5.

   - **Método de compresión**: Zip, PKZip, gzip.

   - **Número Aleatorio**.

2. El servidor Web de comercio electrónico envía su clave pública al cliente.

3. El cliente verifica la clave pública del servidor Web con la entidad certificadora que lo ha emitido y que acredita que es el servidor de comercio electrónico quien dice ser. Los navegadores validan si el certificado emitido está firmado por una CA fiscalizadora de confianza.

4. El navegador del cliente utiliza una función *hash*, acordada con el servidor Web en el primer paso, para garantizar la integridad de los datos que se transmiten entre ellos. Esta función se realiza tanto en el cliente como en el servidor.

5. El navegador del cliente cifra los datos con una clave simétrica, única para esa sesión, que a su vez es cifrada con la clave pública del servidor Web. El navegador cliente genera un valor de 48 bytes denominado *pre-master secret* que se cifra con la clave pública del servidor Web y se envía a éste en una comunicación.

6. El servidor Web descifra la clave simétrica con su clave privada, descifra los datos con la clave simétrica y comprueba que la función *hash* es la misma que la del origen.

Hay que tener en cuenta que para realizar todo esto, deben ser compatibles todos los parámetros criptográficos que se utilicen. SSLv3 y TLSv1, por ejemplo, son parecidas, pero no lo son tanto SSLv3 con SSLv2. Por este motivo hay que habilitar o actualizar los soportes a estos protocolos para que puedan comunicarse las partes.

3.3.3 Protocolo Seguro de Transferencia de Hipertexto HTTPS

Es utilizado para transmitir mensajes individuales o páginas Web, ya que se establece una conexión del tipo SSL entre el navegador del cliente y el servidor Web. La diferencia fundamental con respecto a SSL es que con este protocolo se transmiten los mensajes individuales y no todos los mensajes de una sesión, con lo que HTTPS no es un protocolo orientado a sesión.

Para el acceso a este protocolo la URL debe comenzar siempre por *https://*, comunicándose por el puerto 443.

3.3.4 IPSec

Internet Protocol Security ofrece la posibilidad de autentificación, confidencialidad, integridad y control de acceso en comunicaciones entre dos puntos. Hoy en dia una de las acciones más elementales es la de intercambio de mensajes o datos entre, por ejemplo: una oficina central y sus delegaciones o entre la oficina central y sus trabajadores móviles. Para asegurar estas comunicaciones se implementan soluciones como la creación de VPN (*Virtual Private Network*) basadas en IPSec. Como se ha visto hasta ahora, se ha empleado la criptografía entre ellos (S/MIME, SSL/TSL) en la capa de aplicación, pero esto no siempre es de esta forma ni se implementa en dicha capa.

IPSec es un protocolo que actúa debajo de la capa de aplicación, en concreto en la capa de red, siendo transparente para los usuarios que lo utilizan, ya que se puede habilitar IPSec en sistemas que automáticamente protegen los correos electrónicos, la transferencia de datos, la navegación en Internet y las comunicaciones entre sistemas remotos. Esto es así porque IPSec puede negociar automáticamente, con otros sistemas que lo tengan habilitado, la protección de la comunicación entre ellos, con ayuda de la criptografía.

IPSec es un conjunto de protocolos que funciona de extremo a extremo, con lo que solo el origen y el destino deben soportar el protocolo. Con esto se pretende que IPSec sea transparente a los dispositivos que la comunicación entre dos extremos pueda atravesar, como puede ser el caso de los enrutadores, *firewalls*, etcétera.

Al ser un protocolo que funciona en la capa de red, da la flexibilidad de proteger la capa de aplicaciones si se están utilizando aplicaciones o programas que carecen de soporte de cifrado y así no tener que retocar el código de éstas. Por lo tanto, si la aplicación con la que se trabaja no soporta ningún mecanismo de seguridad, IPSec puede ser la solución a esta carencia (no solo a las aplicaciones que carecen de seguridad, las que soportan algún mecanismo de seguridad son susceptibles de implementar IPSec).

IPSec se compone de un conjunto de protocolos y de modos de transporte. Los protocolos que componen IPSec son:

- *Encapsulating Security Protection* (ESP): es el protocolo cuya funcionalidad es la de asegurar los datos, ya que es el encargado de cifrarlos, además de controlar la integridad y autentificación de éstos. ESP no cifra el encabezado de los paquetes, ya que si hiciera esto, no podría atravesar enrutadores ni *firewalls*. Es más robusto que su compañero *Authentication Header* (AH).

- *Authentication Header* (AH): asegura la integridad de los datos, no la confidencialidad de éstos, por lo que los datos se transmiten sin cifrar. Asegura además la no-lectura de los datos encapsulados en un paquete IP y el encabezado, con lo que bloquea ciertos ataques que varían el encabezado IP (recordar que ESP no cifra encabezados IP). A diferencia del protocolo ESP, AH cifra la cabecera IP, pero no todos los campos, ya que si esto fuera así no podrían pasar los paquetes a través de los enrutadores y *firewalls*.

Una vez descubiertos los protocolos que componen IPSec, se muestran los modos de transporte:

- **Modo túnel**: este modo puede ser utilizado por cualquier sistema que no soporte el protocolo IPSec, permitiendo establecer comunicación segura entre sistemas o redes mediante pasarelas que sí tienen habilitado IPSec. De este modo, por ejemplo, la comunicación entre un sistema en un sitio "A" hasta la pasarela que se encuentra en este sitio irá sin cifrar. Esta pasarela establecerá un túnel con la pasarela remota por donde los datos se irán cifrados hasta esta última, donde se descifrarán y pasarán al sistema destino a su vez sin cifrar. Dicho de otro modo, los datos solo estarán seguros en el túnel que crean las dos pasarelas, siendo la transmisión de los datos entre los sistemas origen/destino y sus respectivas pasarelas inseguros.

- **Modo transporte**: solo puede ser utilizado entre dos sistemas punto a punto. Aquí tanto el origen de los datos como el destino tienen habilitados IPSec, con lo que dichos sistemas son los que cifran/descifran los datos. No puede usarse entre un sistema y una pasarela que reenvía datos hacia sus sistemas de la red interna. Este modo utiliza menor ancho de banda que el modo túnel. Otra de sus aplicaciones puede ser la de bloquear tráfico con destino a puertos abiertos por aplicaciones en un sistema que se desea proteger.

Si se tienen en cuenta tanto los protocolos como los modos de transporte, se pueden dar las siguientes variaciones:

- **ESP+Modo Transporte**: en ésta tanto el sistema origen como el destino deben tener habilitado IPSec y serán los extremos de la transmisión de datos. Dichos sistemas realizarán el cifrado/descifrado y la autenticación/verificación. En esta selección, se cifrarán y autentificarán datos de aplicaciones como correo electrónico debido al protocolo ESP, pero como no se cifran las cabeceras IP, éstas no serán protegidas y pueden ser monitorizadas, con lo que un *hacker* podría conocer direcciones internas de la red.

- **ESP+Modo Túnel**: IPSec es habilitada en las pasarelas, enrutadores y *firewalls*, que hay entre los sistemas que se comunican. Estas pasarelas realizan el cifrado/descifrado y autenticación/verificación. Aquí, al crear el túnel entre pasarelas, un *hacker* solo podría conocer las direcciones de las pasarelas, que obviamente son públicas.

- **AH+Modo Transporte**: es parecida a la posibilidad de ESP en modo transporte pero sin el cifrado. Los sistemas, tanto el origen como el destino, deben tener habilitado IPSec y serán los extremos de la transmisión de datos, y solo realizarán la autenticación/verificación de los datos. AH, al cifrar la cabecera IP, protege las direcciones de los sistemas origen y destino.

- **AH+Modo Túnel**: es similar a la opción de **ESP** en modo túnel, pero no cifra las direcciones origen y destino, ya que el túnel se forma en las pasarelas, con lo que un *hacker* podría monitorizar la dirección origen y destino del mensaje o dato.

Unas vez definidos protocolos y modos de transporte y seleccionado cuál de ellos es el más eficaz para un entorno dado, se procede a realizar la comunicación entre sistemas. Para realizar la comunicación entre un sistema origen y otro destino mediante IPSec, éstos se deben poner de acuerdo en varios parámetros.

La comunicación comienza cuando ambos sistemas crean entre sí Asociaciones de Seguridad **(SA)**, que les permite ponerse de acuerdo sobre la manera de realizar la protección y la transmisión de los datos. Hay varias técnicas de gestión de claves automáticas, pero es IKE *(Internet Key Exchange)* el protocolo por defecto que utiliza IPSec para el intercambio de claves.

Este protocolo es más complejo que SSL/TSL, ya que genera dos claves secretas y cada una la asocia a un conjunto de parámetros. IKE soporta dos tipos de Asociaciones de Seguridad **(SA)**:

1. SA principal que protege la negociación IKE.
2. SA de seguridad IPSec que protegen el tráfico IP.

Este protocolo está compuesto por dos protocolos adicionales que son:

1. **ISAKMP** *(Internet Security Asociation and Key Mangement)*, cuya función principal es la de dotar al IKE de la capacidad de autenticar e intercambiar las claves.
2. **OAKLEY** para indicar cómo se realiza el intercambio de claves.

IKE establece dos fases de negociación: fase 1, donde el intercambio se realiza en *texto plano* sin cifrar datos, y fase 2, donde el intercambio de datos se realiza cifrado. A continuación, se describen brevemente cada una de las fases:

- **Fase 1**: el objetivo es crear un canal seguro y autenticado entre los dos sistemas. Dichos sistemas se comunican al principio sin cifrar, porque obviamente aún no se han puesto de acuerdo en qué tipo de parámetros criptográficos y claves van a usar. Por esto, la comunicación se realiza en texto plano, y se negocian parámetros para el intercambio de claves secretas. IKE utiliza las direcciones IP de los sistemas que se comunican para establecer las **SA** y generar una clave principal, que a su vez sirve para generar claves de las sesiones que protegen los mensajes o datos. Algunos de los parámetros que se negocian en esta fase son:

    – Algoritmo de cifrado utilizado. 3DES o DES.
    – Algoritmo de hash. SHA, SHA-1, MD5.
    – Método de autentificación.

A continuación se intercambian y comparten las claves secretas mediante el algoritmo de Diffie-Hellman. La fase se puede completar utilizando tres (modo agresivo) o seis mensajes (modo principal). Si se utilizara el primer modo sería más rápido, pero con el segundo se pueden añadir funcionalidades adicionales, como la protección a algunos ataques de denegación de servicio. Al finalizar esta fase se ha implementado un canal seguro entre ambos sistemas. Con la primera clave secreta se han generado otras tres que son: la clave de cifrado, la clave de autenticación y un valor secreto adicional. Todas las claves generadas en esta fase servirán para cifrar y autenticar todos los mensajes de la fase 2.

- **Fase 2**: aquí el objetivo es ponerse de acuerdo en los parámetros IPSec que se deben emplear y negociar las **SA** de seguridad de IPSec. En este punto se negocian parámetros como:

    - Protocolo que se utiliza ESP/AH.
    - Algoritmo de hash SHA-1 o MD5 para el protocolo seleccionado.
    - Algoritmo de cifrado para ESP, 3DES o DES.

Teniendo en cuenta lo anteriormente indicado, para establecer una comunicación segura con IPSec hace falta implementar dos etapas:

- **Etapa 1**: donde se autentica al usuario y se intercambian las claves utilizando IKE.
- **Etapa 2**: intercambio de mensajes cifrados entre ambos sistemas.

3.3.5 VPN-SSL

Un **SSL VPN** (*Secure Sockets Layer Virtual Private Network*) es una modalidad de VPN que se puede utilizar con un navegador Web estándar. La gran diferencia entre el tradicional Protocolo de Seguridad de Internet (**IPsec**), con **VPN SSL** es que no se requiere la instalación de *software* cliente especializado en el ordenador del usuario. Este nuevo tipo de **VPN** desarrollado en los últimos años es utilizado para dar acceso a los usuarios remotos a las aplicaciones Web, aplicaciones cliente-servidor y la red de conexiones internas.

Una red virtual privada proporciona un mecanismo de comunicación segura de datos para la información transmitida entre dos extremos. Una **VPN SSL** se compone de uno o más dispositivos **VPN** para que el usuario se conecte utilizando su navegador Web. El tráfico entre el navegador Web y el dispositivo de **VPN SSL** es cifrado con el protocolo SSL o con su sucesor, el protocolo *Transport Layer Security* (**TLS**).

Una **VPN SSL** ofrece versatilidad, facilidad de uso y control granular ante una gran cantidad de usuarios, y acceso a los recursos de múltiples lugares remotos. Existen dos tipos principales de redes **VPN SSL**:

1. **Portal VPN SSL**: este tipo de **VPN SSL** permite una conexión a un portal Web mediante SSL para que el usuario remoto pueda acceder, de forma segura, al resto de servicios internos de la organización sin la necesidad de crear nuevos túneles. A este tipo de **VPN SSL** se le denomina "portal", debido a que el acceso seguro a los recursos en red será mediante aplicaciones Web. El usuario tiene acceso remoto por el **Portal VPN SSL** utilizando cualquier navegador Web moderno. Una vez autenticado se muestra una página Web que lista los diversos servicios a los que puede acceder el usuario. Este tipo de protocolo es muy útil para aquellas intranets de empresas donde sus usuarios se conectan desde puntos de acceso públicos o desde ordenadores no administrados por la organización.

2. **Túnel VPN SSL**: este tipo de **VPN SSL** permite a un usuario utilizar su navegador Web para acceder de forma segura a una red de servicios internos que no están basados en tecnologías Web necesariamente, a través de un túnel con cifrado SSL. El **túnel VPN SSL** requiere que el navegador Web sea compatible con Java, Javascript o ActiveX. Mediante el uso de éstos, se podrá proveer un canal genérico que es capaz de transportar datos de manera segura, y el usuario podrá acceder a servicios de red que no dependen de un sitio Web. Un ejemplo sería poder compartir una carpeta en su sistema operativo con la red interna. Algo que no sería posible mediante *Portal VPN SSL*.

3.3.6 SSH

Otro uso del cifrado es cuando se utiliza la aplicación SSH. Dicha aplicación es cliente/servidor y permite conectarse mediante una *shell* a otro sistema remoto para realizar un *logon* y así poder acceder al sistema y ejecutar comandos o programas. Esta *shell* es en línea de comandos y utiliza claves para autenticar el usuario que se conecta al sistema y cifra los datos y comandos que se transmiten a través de una red. Trabaja en la capa de aplicación y normalmente se utiliza en lugar de servicios inseguros como Telnet y FTP.

3.4 CIFRADO DE DATOS EN DISCO Y EMAILS

Uno de los usos del cifrado es evitar la pérdida de información sensible en caso de robo, perdida del ordenador o la sustracción de datos por agentes de *malware* y virus informáticos.

3.4.1 Cifrado de datos con TrueCrypt

TrueCrypt es un *software* que permite cifrar toda la información del disco, de una ubicación específica en una carpeta contenedora o de una partición completa en disco.

Los datos almacenados en un volumen cifrado no se podrán leer o descifrar sin utilizar la contraseña correcta. El cifrado o descifrado con TrueCrypt se realiza automáticamente si el usuario mueve un documento de un volumen cifrado a una ubicación no cifrada y viceversa. Todo el sistema de archivos está cifrado (como nombres de archivos y carpetas, el contenido de cada archivo, espacio libre, metadatos, etc.)

Los archivos se pueden copiar de y a un volumen montado en TrueCrypt al igual que a cualquier disco o carpeta mediante operaciones sencillas de arrastrar y soltar. Los archivos son automáticamente descifrados en memoria mientras se están leyendo o copiando de un volumen cifrado TrueCrypt. Tenga en cuenta que esto no significa que todo el archivo que va a ser cifrado/descifrado se debe almacenar en la memoria RAM antes de que se puedan cifrar/descifrar.

Suponga que hay un archivo de vídeo almacenado en un volumen TrueCrypt, es decir, el archivo de vídeo está totalmente cifrado. El usuario proporciona la contraseña correcta, se abre el volumen de TrueCrypt. Cuando el usuario hace doble clic en el icono del archivo de vídeo, el sistema operativo inicia la aplicación asociada con el tipo de archivo, típicamente un reproductor de vídeo como Windows Media Player en un sistema **Microsoft Windows**. El reproductor, a continuación, comienza la carga de una pequeña parte del archivo de vídeo a partir del volumen TrueCrypt, cifrado en la memoria RAM para poder iniciar. Mientras la porción se está cargando, TrueCrypt automáticamente descifra la misma en la memoria RAM. La porción descifrada del vídeo almacenada en la RAM se ejecuta en el reproductor de vídeo. Si bien esta parte se está ejecutando, el reproductor de video comienza a cargar la siguiente porción del archivo de vídeo a partir del volumen TrueCrypt cifrado en la memoria RAM, y se repite el proceso. Este proceso se llama "*cifrado o descifrado en marcha*" y funciona para todo tipo de archivos.

Tenga en cuenta que TrueCrypt nunca almacena los datos descifrados en un disco, solo los almacena temporalmente en la memoria RAM. Aun cuando el volumen está montado, los datos almacenados en el volumen siguen cifrados. Al reiniciar **Microsoft Windows** o apagar el ordenador, el volumen se desmontará y los ficheros almacenados en él no podrán ser accedidos. Incluso cuando la fuente de alimentación se interrumpe bruscamente, los archivos almacenados en el volumen son de difícil acceso. Para que sean accesibles otra vez, deberá montar el volumen y proporcionar la contraseña correcta.

¿Cómo crear un contenedor usando TrueCrypt?

En este apartado se describirá cómo crear, montar y usar el *software* TrueCrypt:

1. Desde la ruta *http://www.truecrypt.org/downloads* descargue el instalador de TrueCrypt. Terminada la descarga ejecute TrueCrypt haciendo doble clic en el archivo TrueCrypt.exe. La instalación es muy sencilla, como cualquier *software* para **Microsoft Windows** solo se deberá presionar el botón siguiente hasta finalizar.

   Al iniciar TrueCrypt, se muestra la ventana principal, haga clic en el botón el botón **Create Volume**.

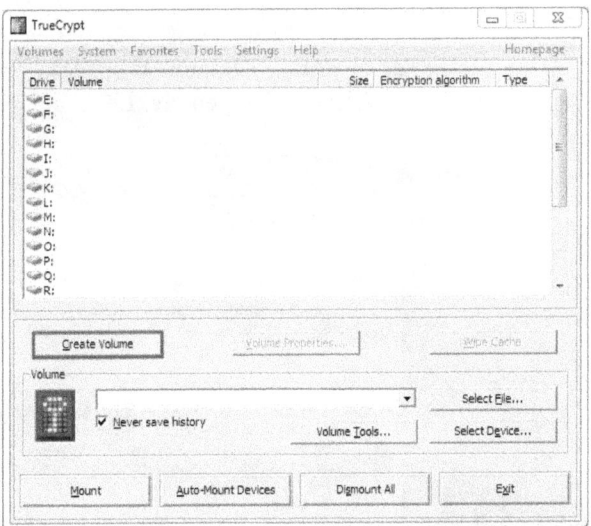

Figura 3.12. Crear Volumen TrueCrypt

3. Aparecerá la ventana **TrueCrypt Volume Creation Wizard**. En este paso escoja dónde almacenar el volumen de **TrueCrypt**. Un volumen de **TrueCrypt** puede grabarse como un archivo, el cual es llamado "**contenedor**". Escoja **Create an encryted file container** para crear el archivo contenedor. Esta opción esta seleccionada por defecto, haga clic en **Next**.

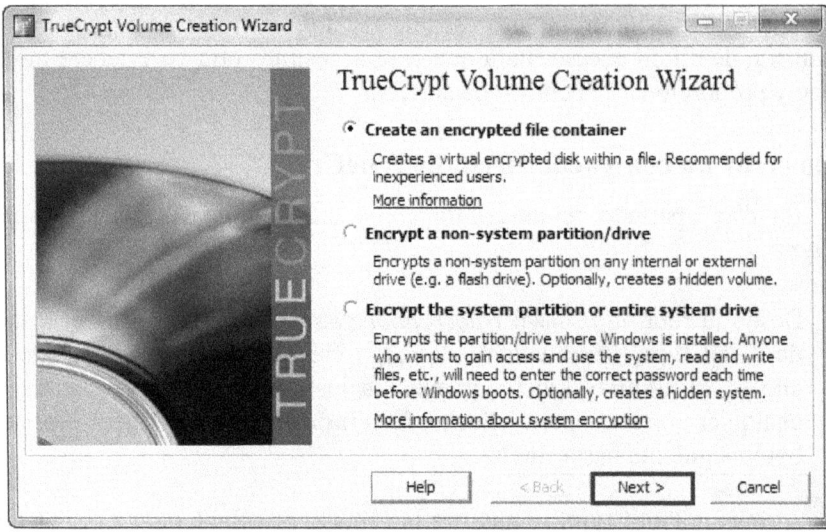

Figura 3.13. Crear un archivo contenedor cifrado

4. Seleccione crear un volumen **TrueCrypt** estándar u oculto. En este ejemplo, se va a escoger la primera opción y se va a crear un volumen estándar, seleccionado por defecto. Clic en **Next**.

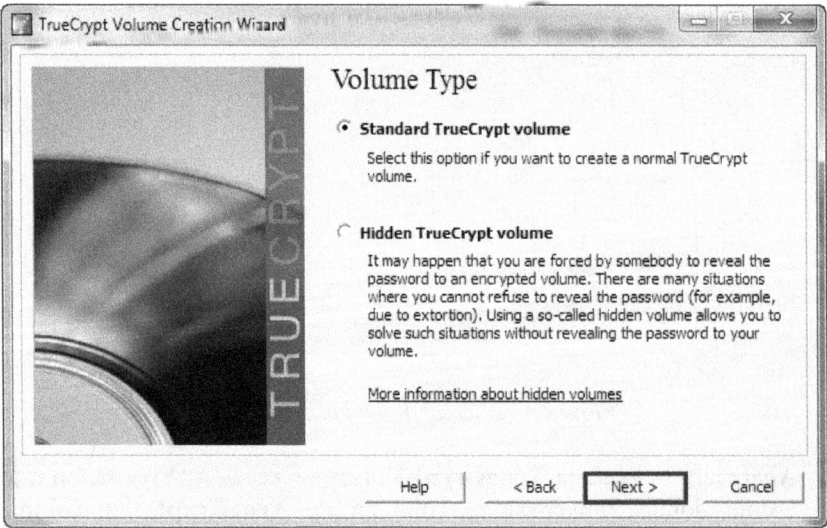

Figura 3.14. Volumen Estándar TrueCrypt

5. En este paso tendrá que especificar la ubicación del volumen. Note que el contenedor de **TrueCrypt** es idéntico a un archivo normal. Puede ser modificado, borrado como cualquier archivo de **Microsoft Windows**. Haga clic en **Select File**.

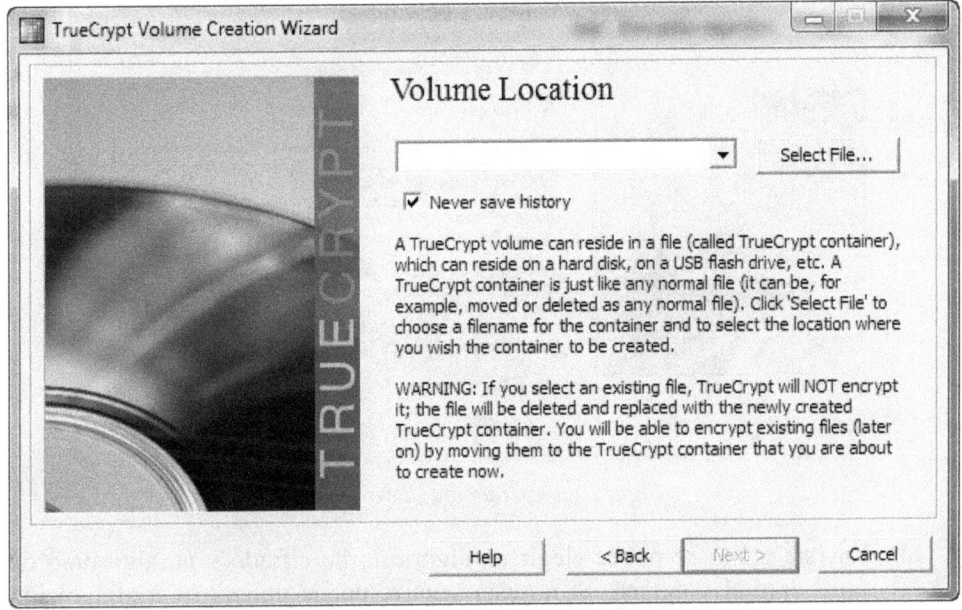

Figura 3.15. Seleccionar ruta de archivo contenedor

6. Cree el volumen TrueCrypt en la carpeta *C:\Users\Usuario\Documents* y el nombre del archivo *contenedor* será *My Volume*.

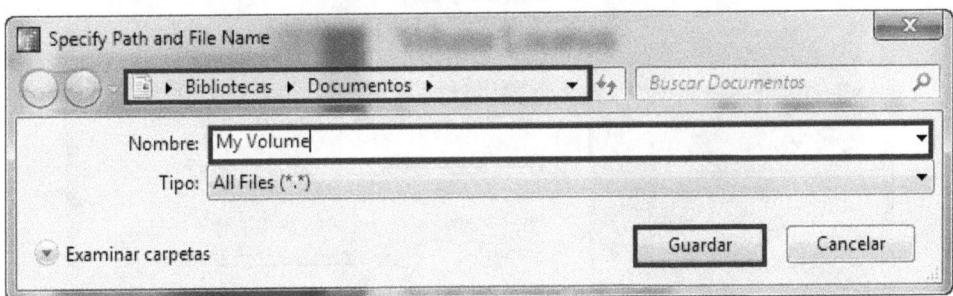

Figura 3.16. Escribir nombre de archivo contenedor

7. En la ventana Asistente para la creación de volumen, haga clic en el botón **Next**.

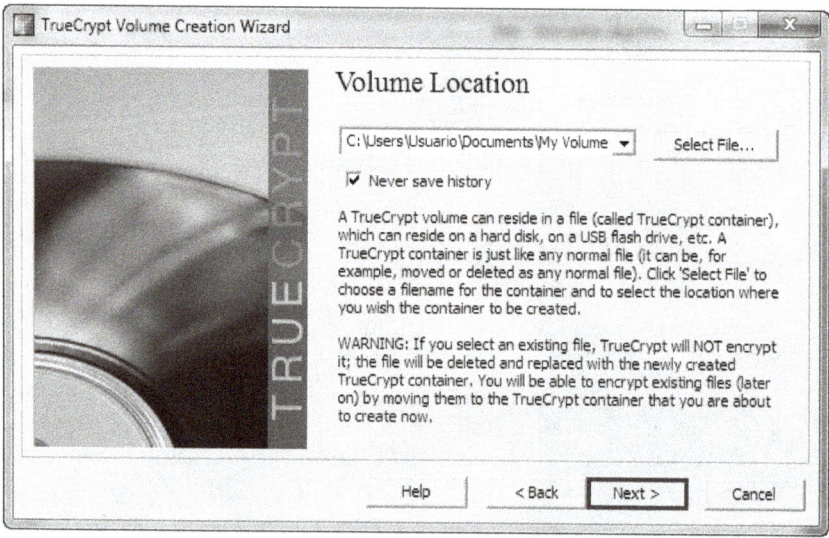

Figura 3.17. Creación de volumen

8. En este punto se puede elegir un algoritmo de cifrado y un algoritmo de *hash* para el volumen. Si no está seguro, puede utilizar la configuración predeterminada y haga clic en **Next**.

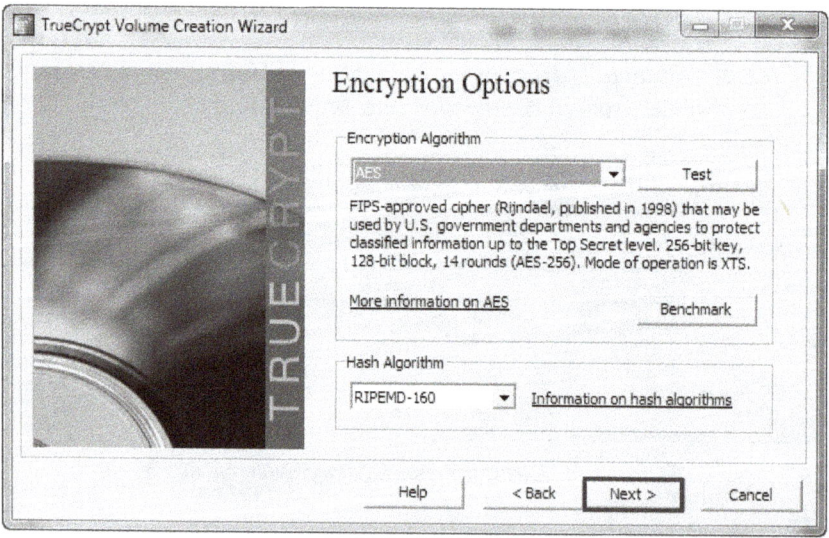

Figura 3.18. Elegir un tipo de cifrado

9. Aquí especifique el tamaño del contenedor, que será 1 megabyte. Puede especificar un tamaño diferente. Después de escribir el tamaño deseado en el campo de entrada (marcada con un rectángulo rojo), haga clic en **Next**.

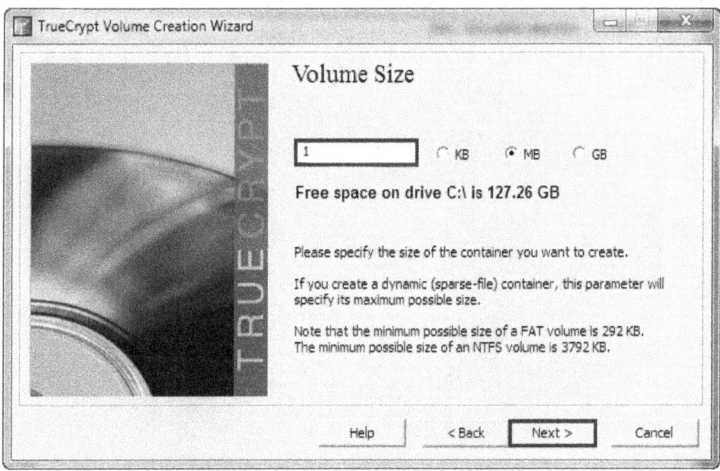

Figura 3.19. Tamaño de Volumen

10. Este es uno de los pasos más importantes. Se tiene que elegir una contraseña de buen tamaño y segura. Después de elegir una buena contraseña, se debe escribir en el primer campo de entrada. A continuación, vuelva a escribirla en el campo de entrada por debajo de la primera y haga clic en **Next**. El botón **Next** se desactivará hasta que las contraseñas en los campos de entrada coincidan.

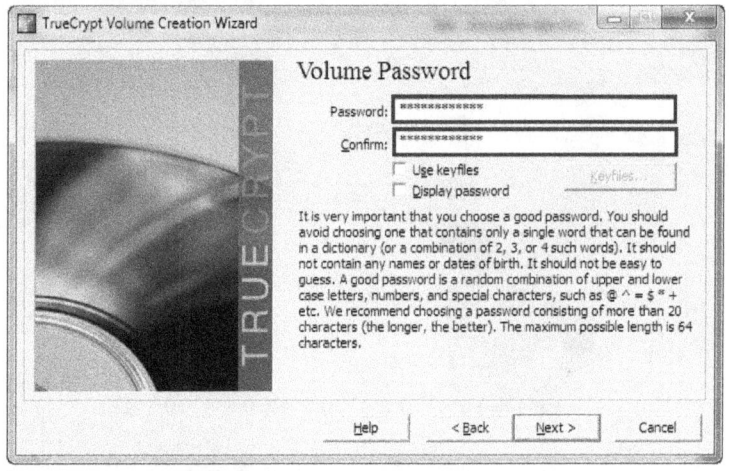

Figura 3.20. Ingresar Password para el archivo contenedor

11. Mueva el ratón al azar dentro de la ventana del asistente para crear un volumen, por lo menos durante 30 segundos. Cuanto más se mueva el ratón, mejor. Esto aumenta significativamente la fuerza de cifrado de las claves de cifrado, aumentando así, lógicamente, la seguridad. Haga clic en el botón **Format**.

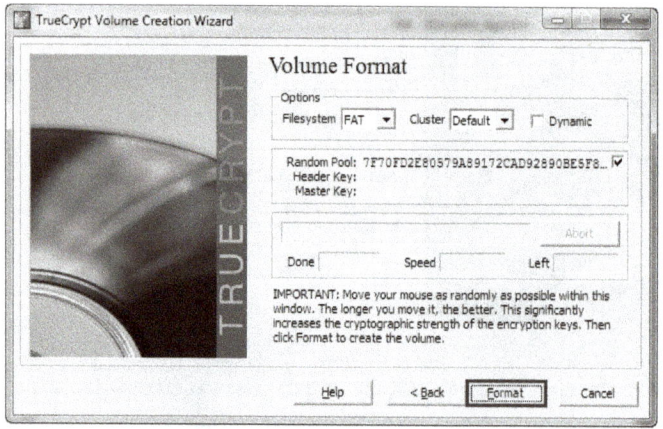

Figura 3.21 Empezar a crear volumen

12. Ha creado con éxito un volumen TrueCrypt (contenedor de archivos). Haga clic en **Salir**. La ventana del asistente deberá desaparecer.

En el resto de pasos, se montará el volumen que acaba de crear. Vuelva a la ventana principal de TrueCrypt (que aún debe estar abierto, pero si no es así, repita el punto 2 para lanzar TrueCrypt y luego continúe desde el punto 13).

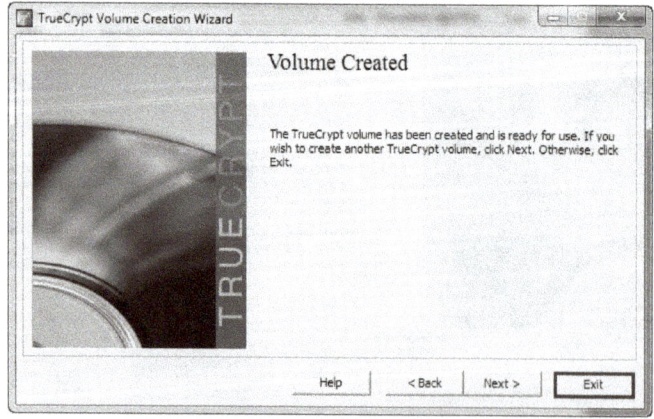

Figura 3.22. Finalizando Wizard

13. Seleccione una letra de unidad de la lista. Ésta será la letra de unidad a la que se asociará el contenedor de **TrueCrypt** montado.

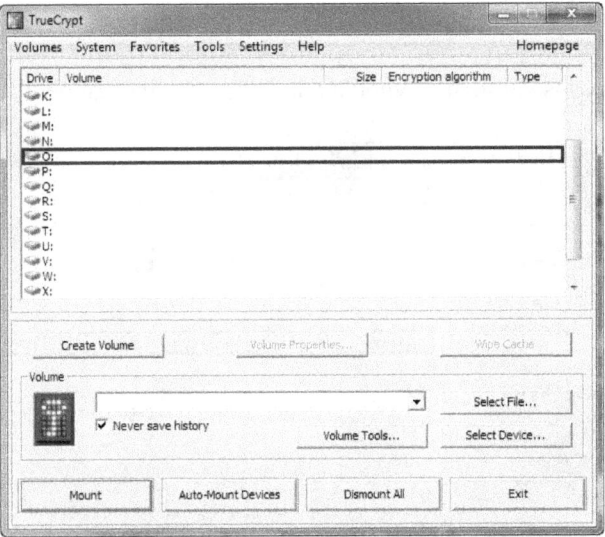

Figura 3.23. Seleccionar unidad de montado

14. Haga clic en **Select File**. La ventana de elección de archivos estándar debería aparecer.

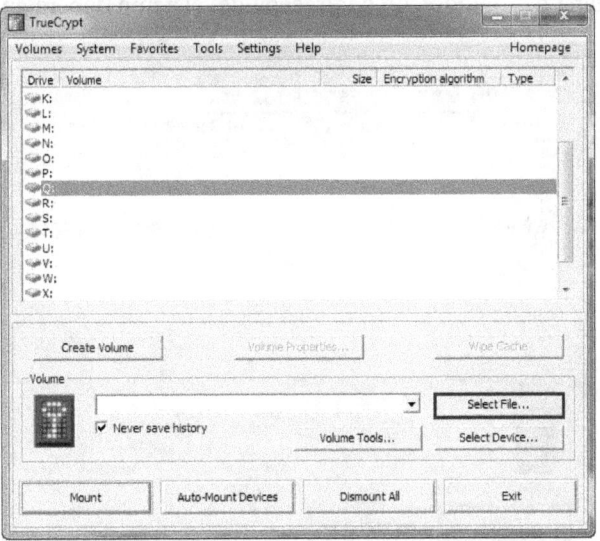

Figura 3.24. Búsqueda de archivo en contenedor

15. En la selección de archivos, busque el archivo contenedor (que se ha creado en los pasos 6-11) y selecciónelo. Haga clic en **Open** (en la ventana de selección de archivos). La ventana de selección de archivos debe desaparecer.

En los pasos siguientes, vuelva a la ventana principal de **TrueCrypt**.

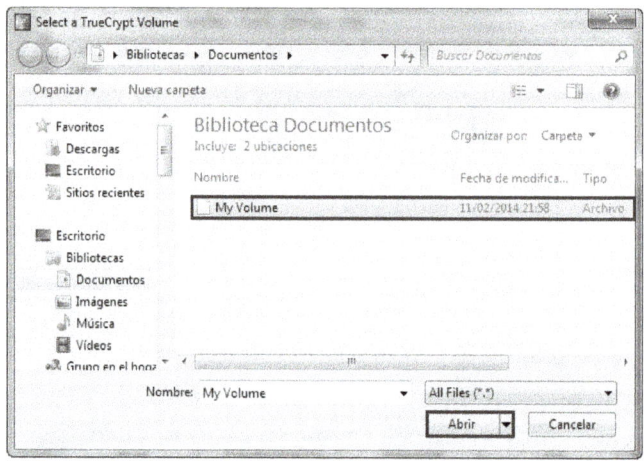

Figura 3.25. Seleccionar archivo contenedor

16. En la ventana principal de **TrueCrypt**, haga clic en el botón **Mount**. La ventana de diálogo con contraseña del sistema deberá aparecer.

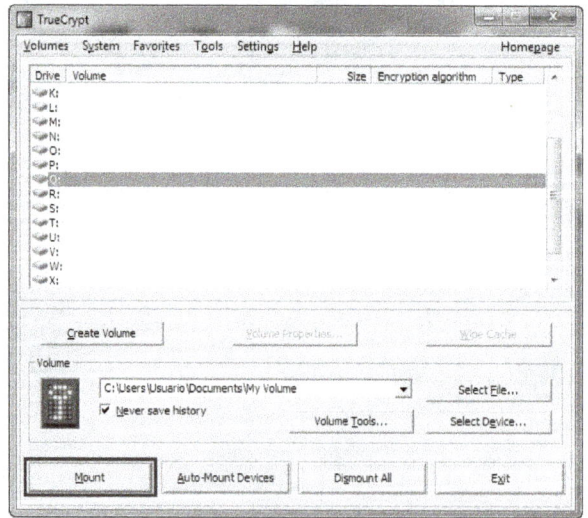

Figura 3.26. Montar archivo contenedor

17. Escriba la contraseña (que usted especificó en el paso 10) en el campo de entrada de la contraseña (marcado con un rectángulo rojo).

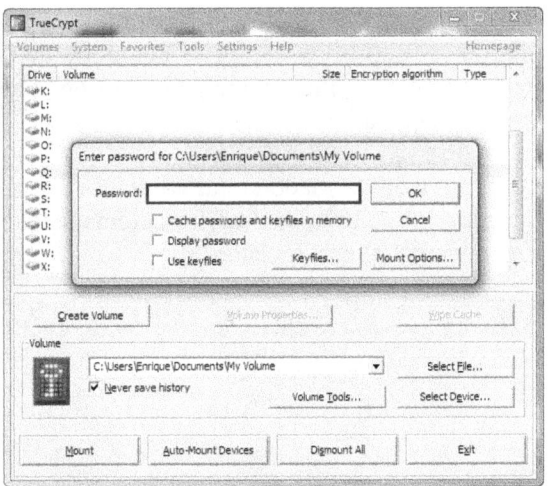

Figura 3.27. Ingresar el password para descifrar

18. Haga clic en **OK** en la ventana de ingreso de contraseña. **TrueCrypt** ahora intentará montar el volumen. Si la contraseña es incorrecta (por ejemplo, si la ha escrito incorrectamente) TrueCrypt lo notificará y tendrá que repetir el paso anterior. Si la contraseña es correcta, el volumen será montado con éxito.

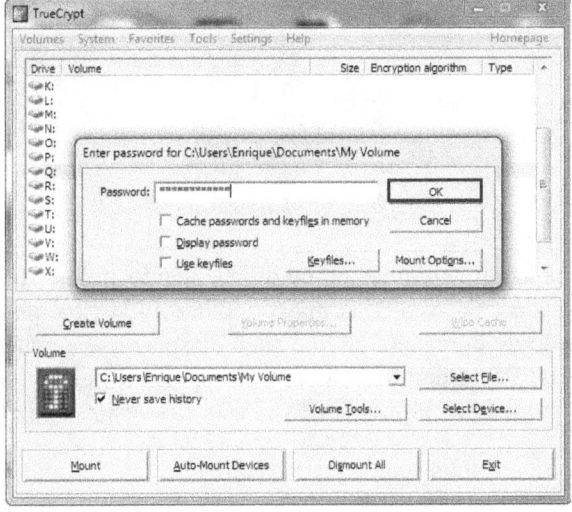

Figura 3.28. Ingresar el password para descifrar

Finalmente, acaba de montar correctamente el recipiente como un **disco virtual Q**.

El disco virtual está totalmente cifrado (incluidos los nombres de archivo, cuadros de atribución, el espacio libre, etc.) y se comporta de igual modo que un disco real. Puede guardar (o copiar, mover, etc.) archivos en el disco virtual, que se cifrarán sobre la marcha a medida que se escriben.

Si se abre un archivo almacenado en un volumen **TrueCrypt**, por ejemplo en el reproductor de vídeo, el archivo se descifra automáticamente en la memoria RAM sobre la marcha mientras se está leyendo.

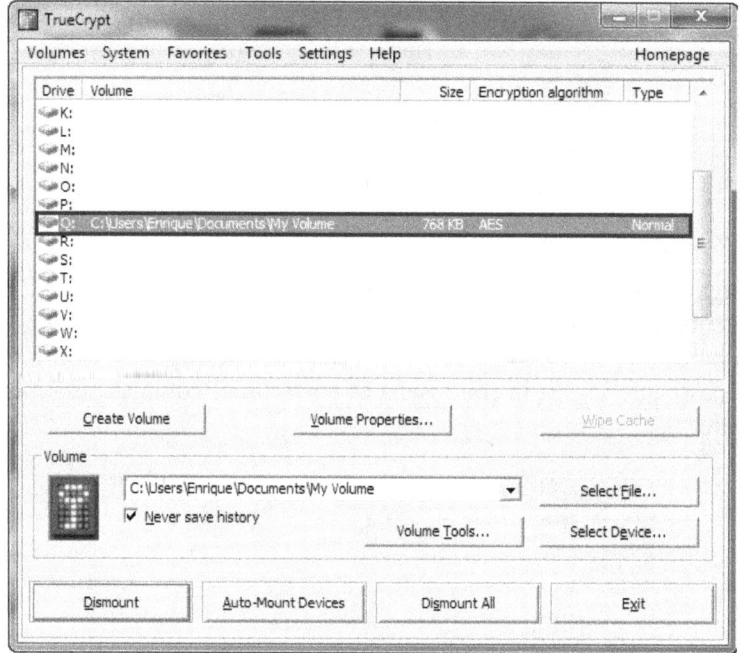

Figura 3.29. Montar Volumen

Podrá acceder al volumen montado, haciendo doble clic en el elemento marcado con un rectángulo rojo en la imagen anterior. También se puede buscar en el volumen montado de la manera en que suele desplazarse a cualquier otro tipo de archivos o carpetas. Por ejemplo, mediante la apertura del "Equipo", haga doble clic en la letra de unidad correspondiente (en este caso es la letra Q).

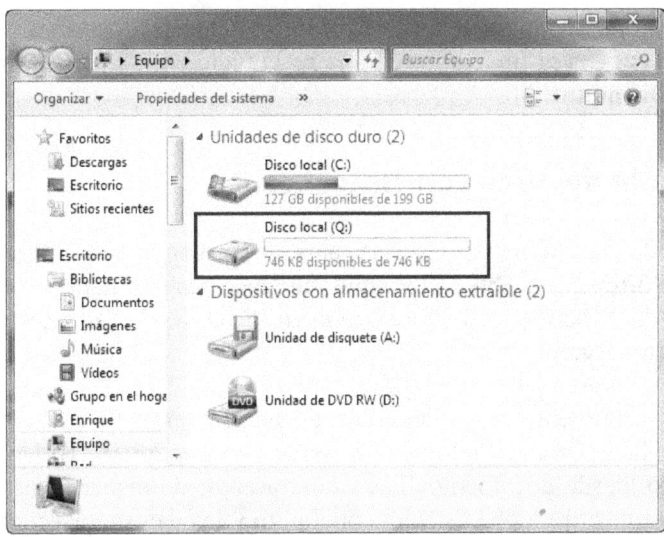

Figura 3.30. Visualiza Disco Q montado

Si desea cerrar el volumen y hacer que los archivos almacenados en él sean inaccesibles, reinicie el sistema operativo o desmonte el volumen.

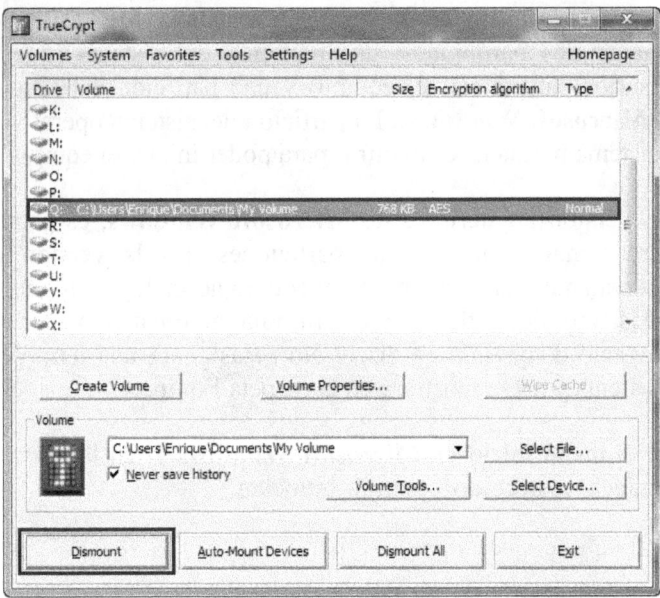

Figura 3.31. Desmontar el volumen

Seleccione el volumen de la lista de volúmenes montados en la ventana principal de **TrueCrypt** (marcados con un rectángulo en la figura anterior) y luego haga clic en **Dismount**.

3.4.2 Cifrado de disco con Bitlocker

Una de las herramientas que permite proteger los datos en sistemas **Microsoft Windows** es BitLocker, que fue incorporado dentro de la suite de herramientas de Windows Vista y mejorado en Windows 7. También existente para Windows 2008 Server.

Esta herramienta está disponible de manera específica y completamente funcional en la edición Windows 7 Ultimate y Enterprise. BitLocker permite mantener todo, desde documentos hasta contraseñas, de manera más segura en el ordenador, ya que cifra todo el sistema operativo y los datos almacenados. Una vez que se activa BitLocker, se cifran automáticamente todos los archivos almacenados en la unidad.

Configurar el disco duro para el cifrado de unidad BitLocker

Para cifrar la unidad en la que está instalado **Microsoft Windows**, el equipo debe tener dos particiones: una partición del sistema (que contiene los archivos necesarios para iniciar el equipo) y una partición del sistema operativo (que contiene **Microsoft Windows**). La partición del sistema operativo se cifra y la partición del sistema permanece sin cifrar para poder iniciar el equipo.

En las versiones anteriores de **Microsoft Windows**, es posible que haya tenido que crear manualmente estas particiones. En la versión actual, estas particiones se crean automáticamente. Si el equipo no incluye ninguna partición del sistema, el asistente de BitLocker creará una automáticamente, que ocupará 200 MB de espacio disponible en disco. No se asignará una letra de unidad a la partición del sistema y no se mostrará en la carpeta Equipo.

1. Desde el menú inicio en **Microsoft Windows 7**, en la barra de búsqueda instantánea, es necesario escribir bitlocker.

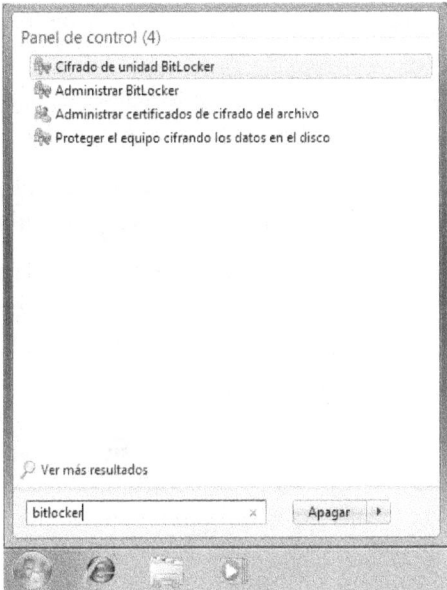

Figura 3.32. Búsqueda Cifrado de unidad BitLocker

2. En el listado de búsquedas rápidas deberá hacer clic a **Cifrado de unidad BitLocker**.

3. En la ventana de **Cifrado de unidad BitLocker** hacer clic en **Activar BitLocker** para activar el cifrado.

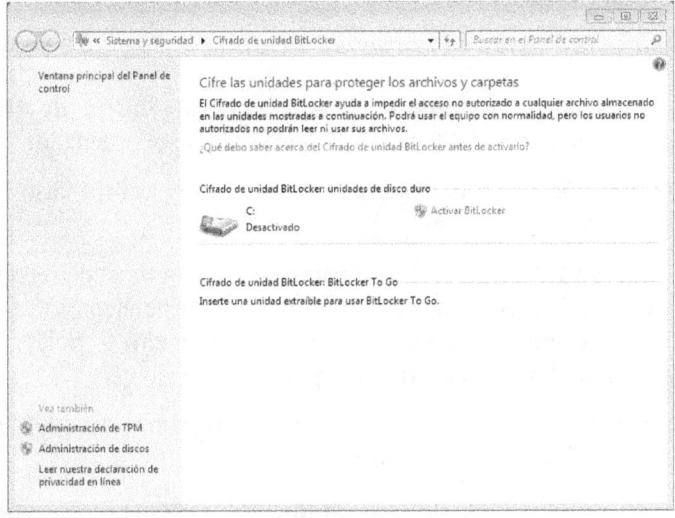

Figura 3.33. Activar BitLocker Drive Encryption

4. El asistente mostrará los preparativos necesarios para habilitar BitLocker, se pulsa **siguiente**.

5. Más concretamente se muestran los cambios que se realizarán en el volumen a cifrar, de nuevo se pulsa **siguiente**.

6. Una vez se ha terminado de preparar la unidad para el cifrado, será necesario reiniciar haciendo click sobre **Reiniciar ahora**.

7. Al reiniciar, se mostrará la confirmación de que la unidad está preparada para el cifrado, **siguiente**.

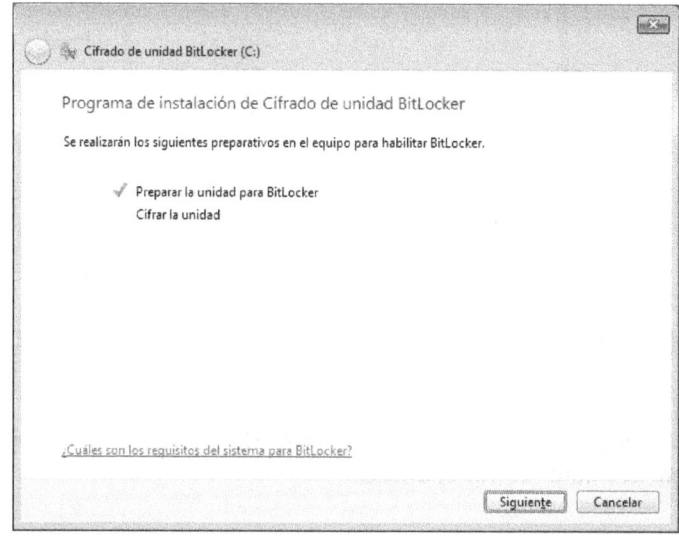

Figura 3.34. Preparativos de instalación BitLocker Drive Encryption

8. En la ventana de **Establecer preferencias de inicio de BitLocker** se solicitará ingresar un **PIN** cada vez que se inicie el ordenador.

9. A continuación, debe ingresar el número **PIN** y confirmarlo ingresándolo nuevamente.

10. En la nueva ventana se pregunta cómo guardar la llave de recuperación: En una unidad flash, en un archivo o impresa. En este ejemplo se seleccionará **Guardar la clave de recuperación en un archivo**. Seleccionando una ubicación **en el disco no cifrado** y pulsando siguiente.

11. Seleccionar la opción **Ejecutar la comprobación del sistema de BitLocker** y hacer clic en **Continuar**.

12. El sistema le solicitará reiniciar. Al iniciar el sistema operativo se solicitará el número **PIN** para poder ingresar.

En conclusión, en el uso de herramientas de cifrado, tanto TrueCrypt como BitLocker son una excelente alternativa para el cifrado de datos, su fácil uso y buen desempeño hacen atractiva su elección a la hora de proteger los datos ante robo o pérdida de un ordenador. De manera especial, hay que mencionar que el método utilizado por TrueCrypt de descifrado en memoria RAM por partes, hace más seguros y robustos los datos cifrados.

3.5 CIFRADO DE CORREOS ELECTRÓNICOS

A la hora de enviar correos electrónicos, es posible que estos se intercepten, se suplanten identidades o que los proveedores de este servicio vean el contenido de los mismos. Si esto ocurriera, la información transmitida quedaría expuesta. Para evitarlo, un ejemplo de uso muy común de las tecnologías de cifrado, es el de la firma y cifrado de correos electrónicos, con el fin de mantener la integridad y confidencialidad de los mismos:

- **Firma digital**: Asegura la identidad del emisor, la integridad y el no repudio del mensaje.

- **Cifrado**: Asegura la confidencialidad del correo electrónico, ocultando su contenido. Cabe la posibilidad de descifrar el mensaje mediante la clave privada del par de claves.

En este apartado se utilizará el cifrado mediante clave asimétrica y el entorno **Microsoft Windows 7 Ultimate**.

Instalación de componentes

A continuación se detalla paso a paso cómo firmar y cifrar correos electrónicos, mediante las siguientes herramientas que debe descargar e instalar:

- **Thunderbird**: Aplicación de gestión de correo electrónico. Se instala siguiendo el asistente como cualquier otra aplicación de Windows. Está disponible en *http://www.mozilla.org/es-ES/thunderbird/*.

- **GnuPG (GNU Privacy Guard)**: Proyecto GNU que implementa el estándar OpenPGP. Se puede encontrar en *http://gpg4win.org/download.html*.

- **Enigmail**: Complemento para Thunderbird que permite el envío y recepción de mensajes firmados y/o cifrados. Para descargar e instalar este componente es necesario seguir los siguientes pasos desde el programa Thunderbird:

1. Hacer clic en **Herramientas > Complementos**. En el caso de que no aparezca el menú superior, haga clic en la tecla **ALT** para visualizarlo.

2. **Buscar Enigmail** en el buscador situado en la parte superior derecha.

3. Hacer **clic en Instalar** sobre el complemento Enigmail.

4. **Reiniciar Thunderbird**.

Creación de par de claves

Con el gestor de correo Thungerbird abierto, es necesario seguir los siguientes pasos:

1. Clic en la opción del menú **OpenPGP > Asistente de configuración**.

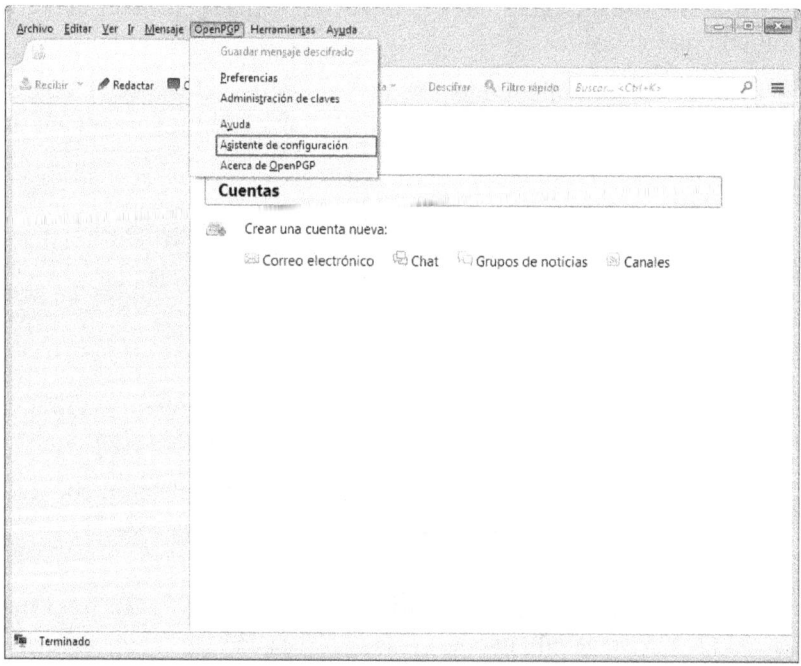

Figura 3.35. Selección Asistente de configuración OpenPGP Thunderbird

2. Seleccionar **Sí, deseo que me ayude el asistente**. Clic en **Siguiente**.

3. Seleccionar **Sí, deseo firmar todo mi correo**. Clic en **Siguiente**.

4. Seleccionar **No, crearé reglas por destinatario para aquellos que me envíen su clave pública**. Clic en **siguiente**.

5. En este paso, el asistente ofrece modificar preferencias del gestor de correo, con el fin de asegurar el funcionamiento de los procesos de firmar y cifrar los correos electrónicos. Seleccionar **Sí**. Clic en **Siguiente**.

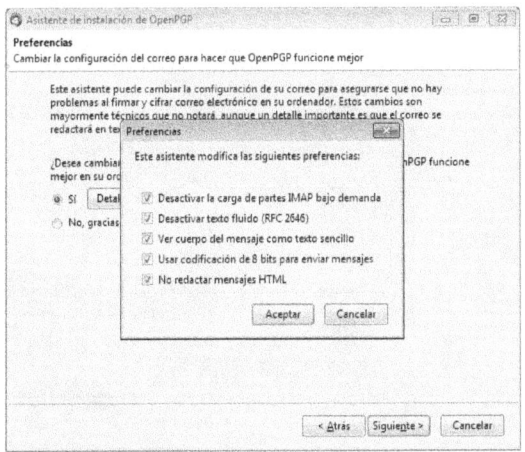

Figura 3.36. Preferencias a modificar por OpenPGP

6. Seleccionar **Deseo crear un nuevo par de claves para firmar y cifrar mi correo electrónico**. Clic en **Siguiente**.

7. Es necesario **crear una contraseña** para proteger la clave privada. Recuerde que la clave privada **no debe compartirla**.

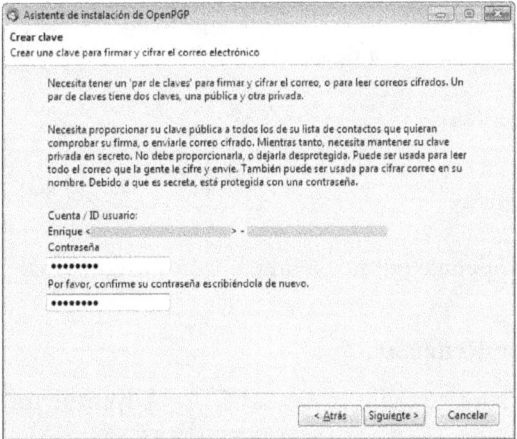

Figura 3.37. Contraseña de protección de clave

8. Es necesario confirmar el resumen del asistente haciendo clic en **Siguiente**.

9. El asistente comienza a crear la clave privada. Al finalizar, se ofrece la opción de crear un **Certificado de revocación**. Clic en **Generar certificado** y seleccionar una ubicación donde almacenarlo.

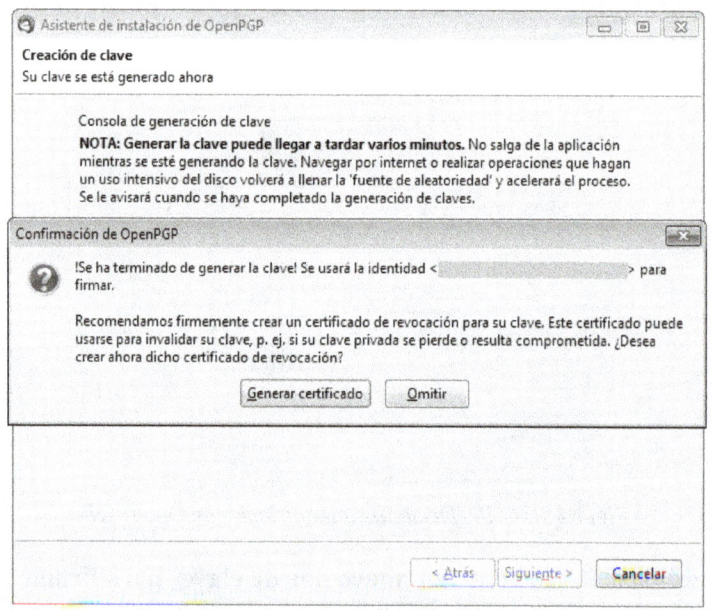

Figura 3.38. Generación de certificado de revocación

Puede ocurrir que una clave privada se comprometa, si esto sucede, es necesario notificar a los contactos de confianza, que poseen la clave pública correspondiente a la clave privada, enviando el certificado de revocación que se acaba de crear.

10. Clic en **Finalizar**.

Envío de clave pública

Para enviar la clave pública a un contacto de confianza, se deben seguir los siguientes pasos:

1. Hacer clic en **Redactar**.

2. En el menú superior, clic en **OpenPGP > Adjuntar mi clave pública**.

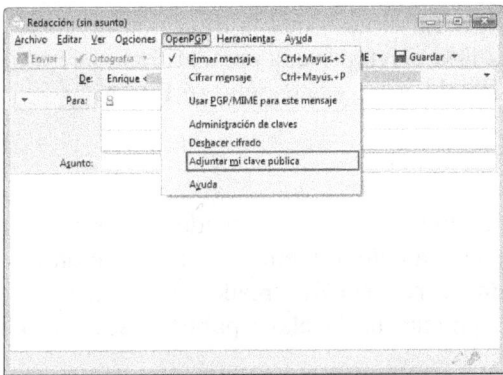

Figura 3.39. Envío de clave pública

3. Completar el mensaje y hacer clic en **Enviar**.

Una vez se haya enviado la clave pública, el destinatario debe añadirla a su almacén de claves. Esta acción depende del gestor de correo que utilice, normalmente con hacer doble clic sobre la clave y confirmar la acción, ésta se incorpora al almacén de claves del usuario.

Envío de un correo electrónico firmado y cifrado

Al llegar a este apartado, está todo preparado para enviar un correo electrónico firmado y cifrado, a los destinatarios de confianza que han recibido e incorporado a su almacén de claves, la clave pública enviada:

1. En el menú de la ventana de redacción de un mensaje nuevo, clic en **OpenPGP**.

2. En el menú desplegado se deben marcar las opciones **Firmar mensaje** y **Cifrar mensaje**.

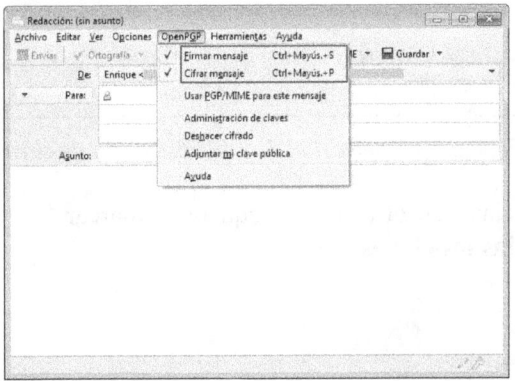

Figura 3.40. Selección de envío mensaje firmado y cifrado

3. Clic en **Enviar**. En el caso que la dirección de correo del destinatario no esté asociada a la clave privada creada, será necesario seleccionarla en la lista que ofrece el gestor, y hacer clic en **Enviar**.

Revocación de un certificado

Al estar operando con mensajes firmados y cifrados, cabe la posibilidad de que la clave privada se vea comprometida. Este es el momento en el cual se debe recurrir al **certificado de revocación** creado anteriormente, enviando el mismo a los contactos que dispongan de la clave pública asociada a la clave privada en cuestión.

En el caso de que no se haya creado el certificado de revocación a la hora de crear el par de claves, se puede crear e importar siguiendo los siguientes pasos:

1. Clic en el menú superior, **OpenPGP**.

2. Clic en **Administración de claves**.

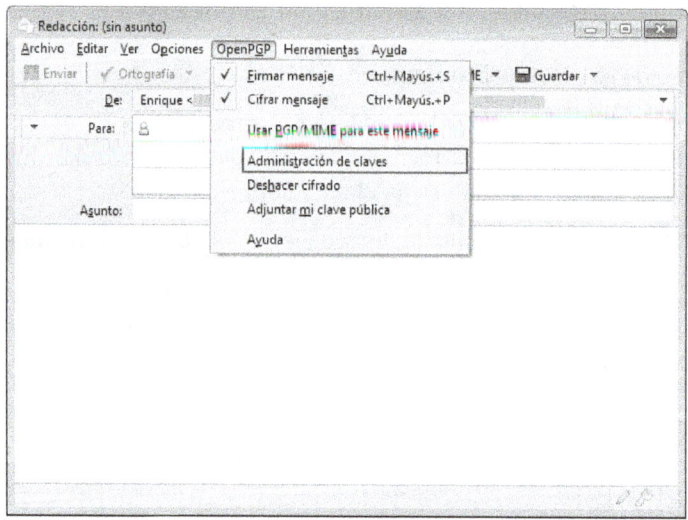

Figura 3.41. Selección de Administración de claves

3. **Buscar** la clave en el cuadro búsqueda o marcar la opción **Mostrar por defecto todas las claves**.

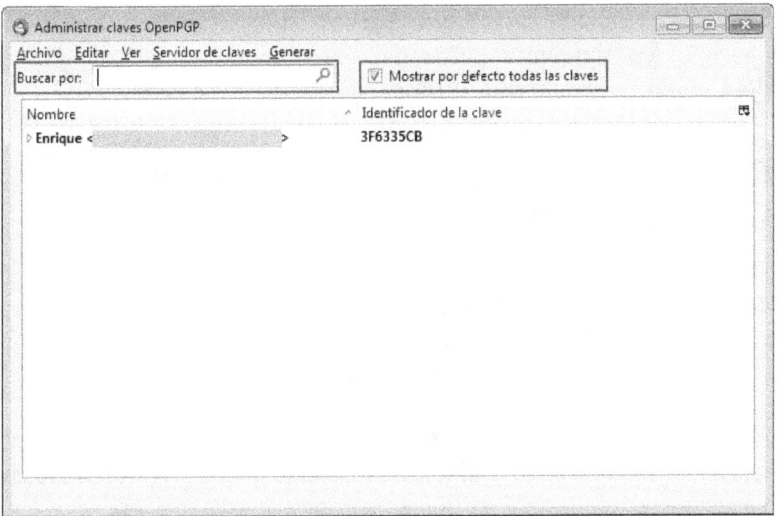

Figura 3.42. Administración de claves

4. Clic con el botón derecho en la clave en cuestión y seleccionar **Revocar clave**.

5. Confirmar la acción. Clic en **Revocar clave**.

6. **Introducir contraseña** de desbloqueo. Clic en **OK**.

7. Se muestra un mensaje de confirmación. Clic en **Aceptar**.

8. La clave privada comprometida está revocada y se ha generado un certificado de revocación. Ya se puede enviar dicho certificado.

3.6 IMPLEMENTACIÓN DE UNA AUTORIDAD CERTIFICADORA RAÍZ

En este apartado se va a desarrollar la implementación de una infraestructura PKI en un sistema **Microsoft Windows 2008 R2**. En primer lugar se debe diseñar la jerarquía PKI, ya que no es lo mismo tener una estructura donde se comienza por la implementación de la autoridad certificadora raíz de un solo nivel, para una compañía pequeña, o por lo contrario, que existan más niveles de subordinación por debajo de la autoridad certificadora raíz.

En este caso se va a implementar una infraestructura PKI de un solo nivel, ya que servirá, única y exclusivamente, para emitir certificados para servidores, ordenadores, usuarios, servicios y cualquier otro dispositivo de su propia red. En este caso solo se implementará la autoridad certificadora raíz.

Una vez instalado **Windows Server 2008 R2 Standard Edition**, se llevarán a cabo los siguientes pasos para la implementación de una autoridad certificadora raíz para la empresa MiEmpresa.loc.

3.6.1 Creación de un fichero de configuración CAPolicity.conf

Se debería realizar como paso previo a la configuración de una autoridad certificadora raíz **CA** de un fichero con información para su configuración durante el proceso de instalación. En este fichero, se pueden definir configuraciones específicas para una **CA** y su estructura jerárquica.

Por defecto, este fichero no existe cuando se ha instalado **Microsoft Windows 2008** y se debe crear y almacenar en la carpeta **%WINDIR%**, ya que en el proceso de instalación de Certificate Services, el sistema operativo leerá este fichero.

Un ejemplo de este fichero sería:

[Version]

Signature="$Windows NT$"

[certsrv_server]

Renewalkeylenght=2048

RenewalValidityPerioUnits=5

RenewalValidityPerioUnits=years

CRLPeriod=days

CRLPeriodUnits=1

CRLDeltaPeriodUnits=12

CRLDeltaPeriod=hours

[CRLDistributionPoint]

Empty=True

[AuthorityInformationAccess]

Empty=True

3.6.2 Instalación de Servicios de Certificados de Directorio Activo

Se instalará un **Microsoft Windows Server 2008 Certificates Services** como Enterprise Root CA. A su vez, se instalará el rol Certificate Services Web Enrollment. La instalación de este último rol es obligatoria solamente si se desea implementar Certificate Services Web Enrollment, con el fin de gestionar y realizar peticiones de certificados a través del Servicio Web (IIS).

1. Desde el menú **Inicio**, seleccione **Herramientas administrativas** y a continuación **Administrador del servidor**.

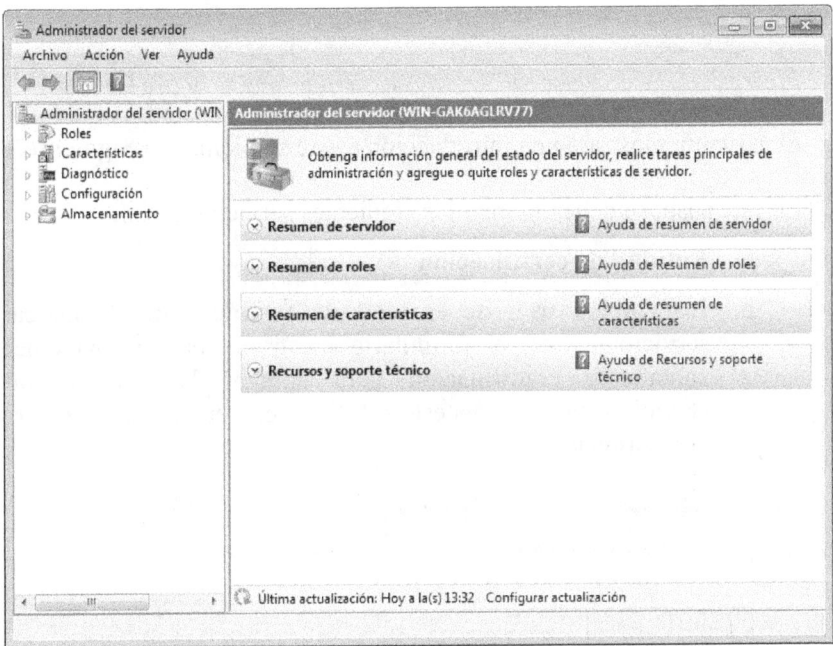

Figura 3.43. Administrador del servidor

2. En la ventana de **Administrador del servidor** hacer clic en **Acción > Agregar roles**.

3. En el **Asistente de agregar roles**, deberá leer las comprobaciones previas y pulsar siguiente.

4. En el siguiente paso, se selecciona el rol **Servicios de certificados de Active Directory**.

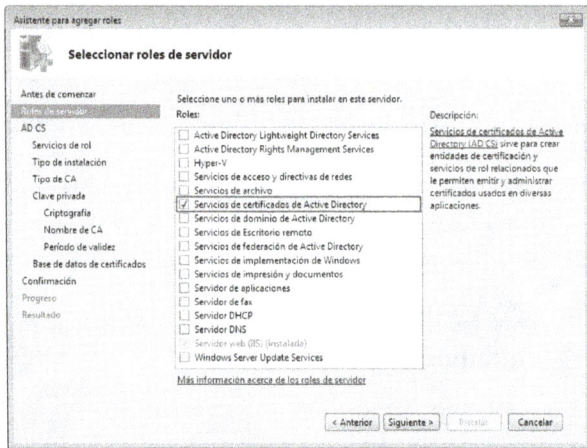

Figura 3.44. Seleccionar rol Servicios de certificados de Active Directory

5. El asistente mostrará una introducción a este servicio, clic **Siguiente**.

6. En este paso, se deben marcar los siguientes servicios de rol:

   a. **Entidad de certificación**.

   b. **Inscripción web de entidad de certificación**: Al marcar este servicio de rol, el formulario mostrará una ventana emergente solicitando confirmación para agregar las características y servicios que conlleva este rol. Haga clic en **Agregar servicios de rol requeridos**.

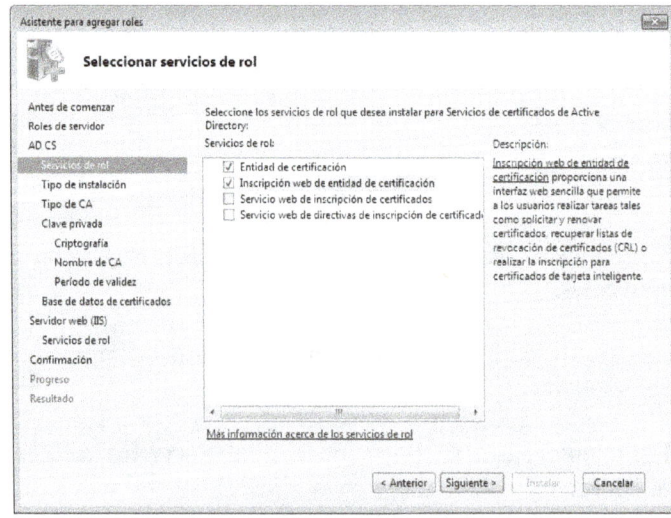

Figura 3.45. Seleccionar servicios de rol

7. Clic en **Siguiente**.

8. A continuación hay que seleccionar si la instalación es tipo *Empresa* o *Independiente*. En este ejemplo, al no pertenecer a un dominio de Directorio Activo, debe seleccionar **Independiente** y hacer clic en **siguiente**.

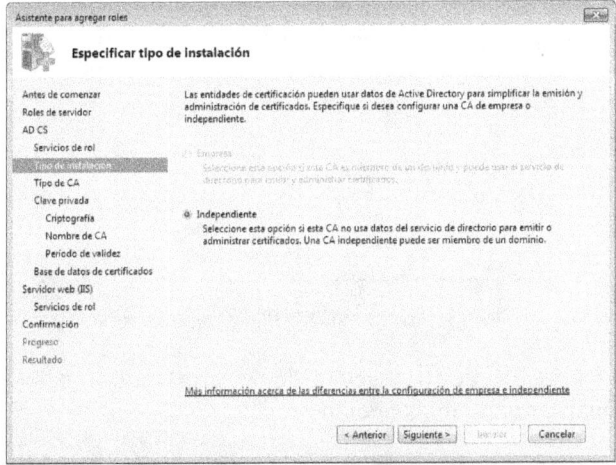

Figura 3.46. Especificar tipo de instalación

9. En cuanto al tipo de instalación, como se ha comentado al inicio de este ejemplo, será una entidad de certificación (CA) de un solo nivel. Se debe seleccionar la opción **CA Raíz** y pulsar **Siguiente**.

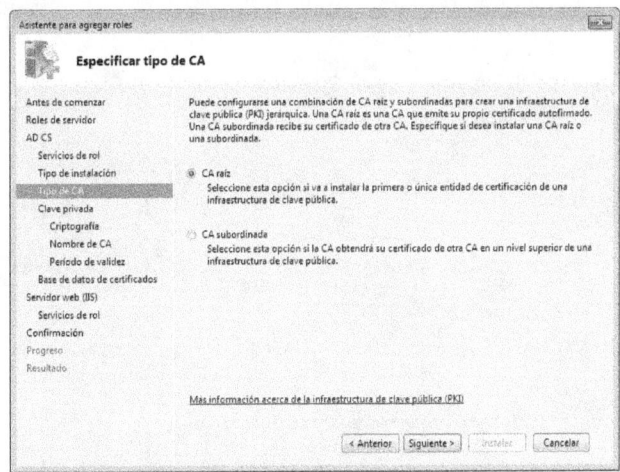

Figura 3.47. Especificar tipo de CA

10. A la hora de configurar una clave privada, debe seleccionar **Crear una nueva clave privada** y hacer clic en **Siguiente**.

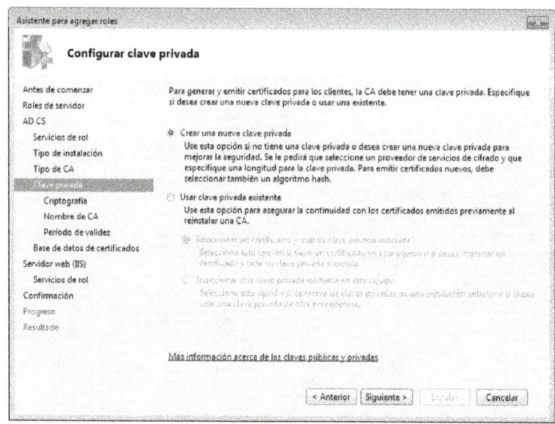

Figura 3.48. Configurar clave privada

11. En la página de configuración de la criptografía para la CA, deberá seleccionar las siguientes opciones:

    a. Proveedor de servicios de cifrado (CSP): **Microsoft Strong Cryptographic Service Provider**.

    b. Permitir a este proveedor interactuar con el escritorio: **Deshabilitado**.

    c. Algoritmo hash: **SHA-1**.

    d. Longitud de la clave: **2048**.

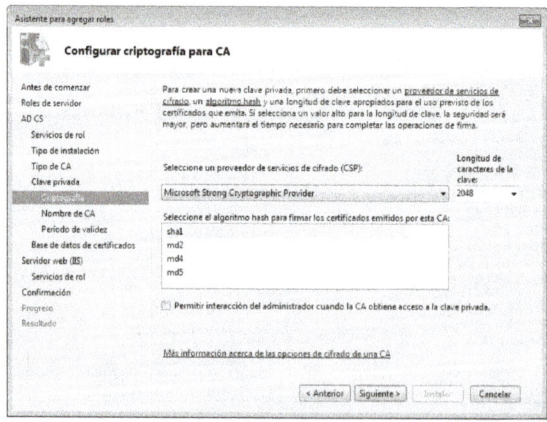

Figura 3.49. Configurar criptografía para CA

12. Clic en **Siguiente**.

13. A continuación, en la página **Configurar nombre de** CA, debe introducir la siguiente información:

    a. Nombre común para esta entidad de certificación:
       MiEmpresa.loc.

    b. Sufijo de nombre completo:
       DC=dominio,DC=MiEmpresa,DC=loc.

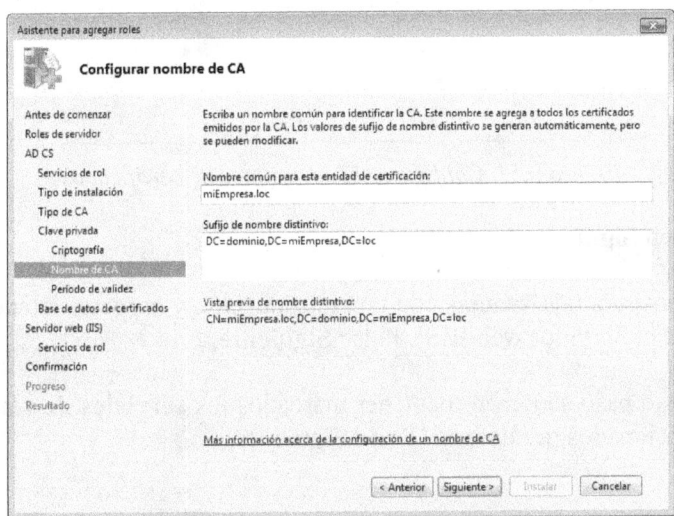

Figura 3.50. Configurar nombre de CA

14. Clic en **Siguiente**.

15. Establezca el período de validez del certificado en **5 años** y pulse **Siguiente**.

16. En la página **Configurar base de datos de certificados**, acepte la configuración por defecto y pulse siguiente, teniendo en cuenta que en un entorno de producción, tanto la base de datos de los certificados como la de los registros, deberían estar en discos diferentes protegidos por alguna de las opciones de tolerancia contra fallos de discos. Como es lógico, por motivos de rendimiento y seguridad, el sistema operativo debería estar en otro disco diferente a los de la base de datos y registros de los certificados.

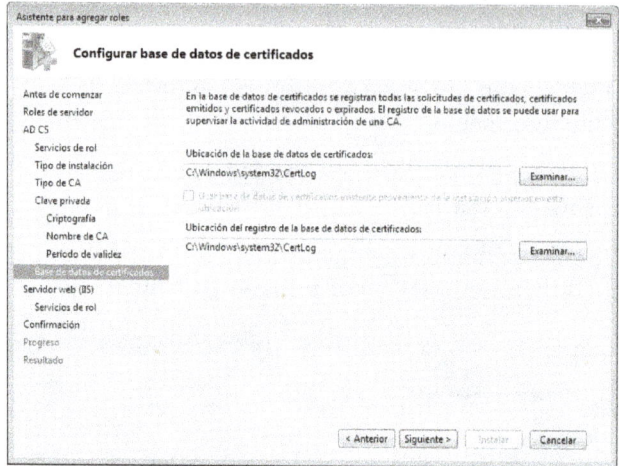

Figura 3.51. Configurar base de datos de certificados

17. Clic en **Siguiente**.

18. Se mostrará una ventana con una introducción y aspectos a tener en cuenta sobre el Servidor web (IIS). Pulse **Siguiente**.

19. En este paso se deben mantener marcados los **servicios de rol** que vienen seleccionados por defecto. Pulse **Siguiente**.

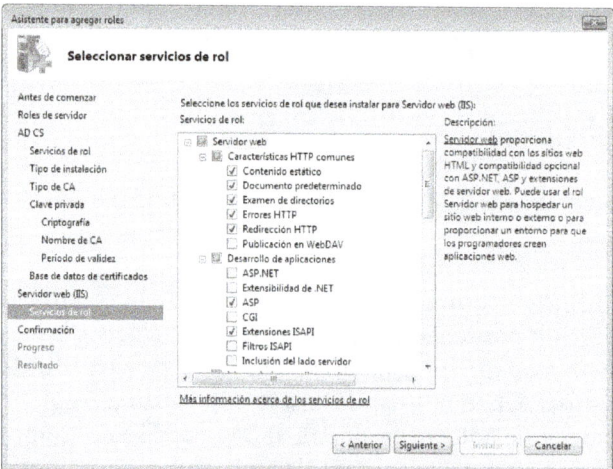

Figura 3.52. Resultado de la instalación

20. Ahora debe confirmar lo que se acaba de seleccionar en el asistente haciendo clic en **Instalar**.

21. Es necesario esperar a que se instale el rol.

22. El asistente finaliza mostrando mensajes sobre la instalación, la instalación ha finalizado.

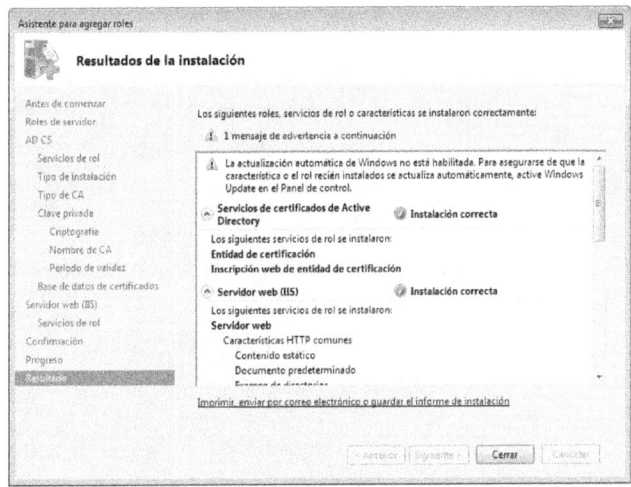

Figura 3.53. Resultado de la instalación

Para verificar el certificado para Autoridad Certificadora raíz **CA**, hay que dirigirse al navegador del servidor de **Certificate Services**, de la misma forma que se ha comentado en el apartado 3.2.2.

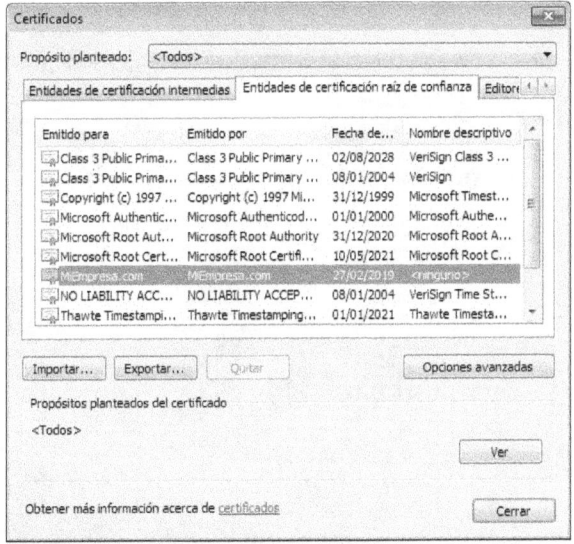

Figura 3.54. Verificar certificado MiEmpresa

Figura 3.55. Información general del certificado MiEmpresa

Figura 3.56. Información Emisor certificado MiEmpresa

Figura 3.57. Clave pública del certificado MiEmpresa

Figura 3.58. Ruta del certificado MiEmpresa

Una vez instalados los servicios IIS y Certificate Server, sería de gran ayuda, desde el punto de vista de la seguridad, habilitar la auditoría de **Microsoft Windows Server 2008 R2**.

3.6.3 Obtención de Certificados

Si el administrador, por ejemplo, desea obtener un certificado como usuario, para poder cifrar sus archivos, proteger sus correos y verificar su identidad mediante firma electrónica, los pasos que hay que seguir son:

1. Conectarse mediante un navegador Web al servidor donde está ejecutándose el servicio de certificación en este caso, ya que en otros se podría tener una arquitectura multicapa donde el servidor Web se encuentra en un servidor y el servicio de Certificate Server en otro. Para esto es necesario conectarse a la dirección *http://nombre_servidor/certsrv*, siendo en este ejemplo el nombre de servidor localhost. Es recomendable que el navegador sea Internet Explorer, y que la ejecución de los controles y complementos ActiveX en el mismo estén habilitados.

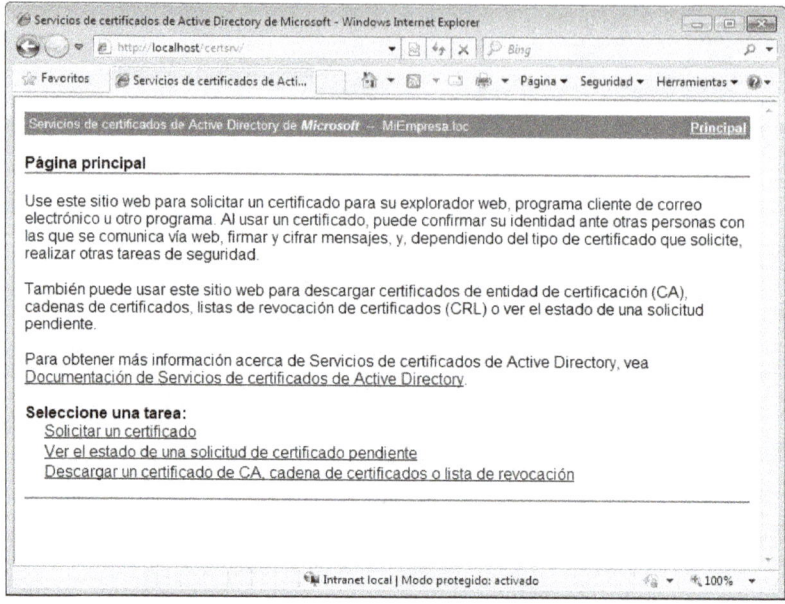

Figura 3.59. Sitio web para la solicitud de certificados

2. Dentro de la página Web seleccionar **Solicitar un certificado**.

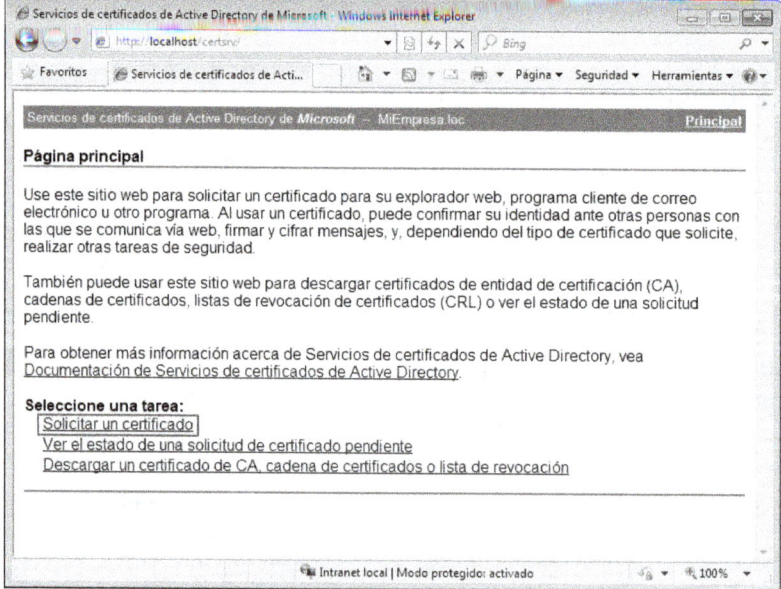

Figura 3.60. Seleccionando Solicitar un certificado

3. Seleccionar **solicitud avanzada de certificado**.

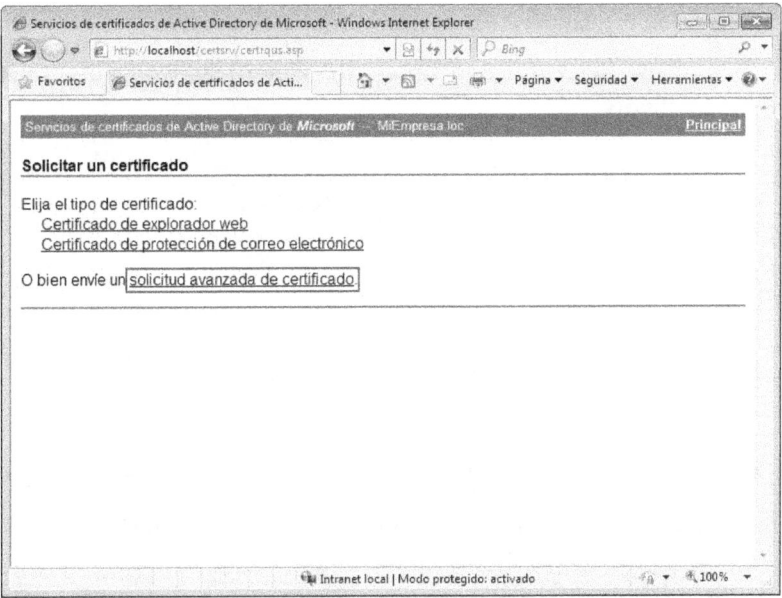

Figura 3.61. Seleccionar Solicitud avanzada de certificado

4. Seleccionar **Crear y enviar una solicitud a esta CA**.

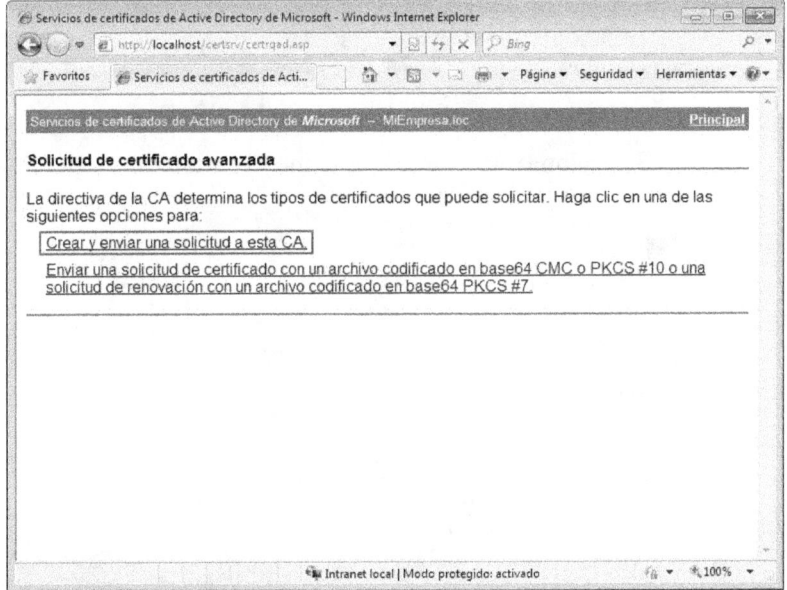

Figura 3.62. Seleccionar Crear y enviar una solicitud a esta CA

5. Completar el formulario:

   a. Identificando información: **Datos del usuario**.

   b. Tipo de certificado necesario: **Certificado de autenticación de cliente**.

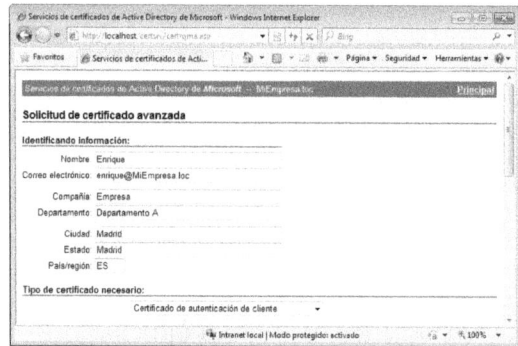

Figura 3.63. Completar el formulario de solicitud de certificado (I)

   c. Opciones de clave:

   - **Crear conjunto de claves nuevo**.
   - CSP: **Microsoft Enhanced Crytographic Provider v1.0**.
   - Uso de claves: **Ambos**.
   - Tamaño de clave: **2048**.
   - **Nombre automático de contenedor de claves**.
   - **Seleccionar** Marcar claves como exportables.

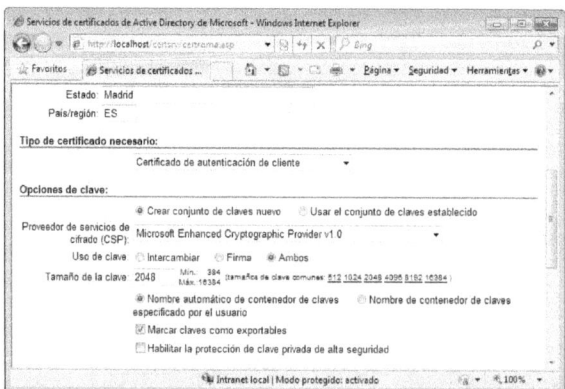

Figura 3.64. Completar el formulario de solicitud de certificado (II)

d. Opciones adicionales:

- Formato de solicitud: **CMC**.
- Algoritmo de *hash*: **sha1**.
- Nombre descriptivo: **Certificado Usuario**.

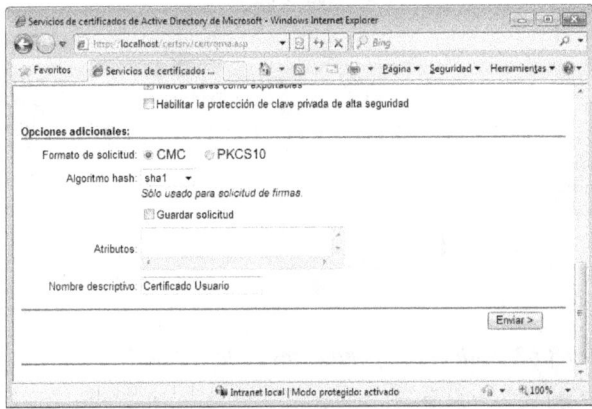

Figura 3.65. Completar el formulario de solicitud de certificado (III)

6. Hacer clic en **Enviar**.

7. Comienza la generación de la petición.

8. Se genera una **solicitud de certificado**, que debe ser aprobada por el administrador del dominio.

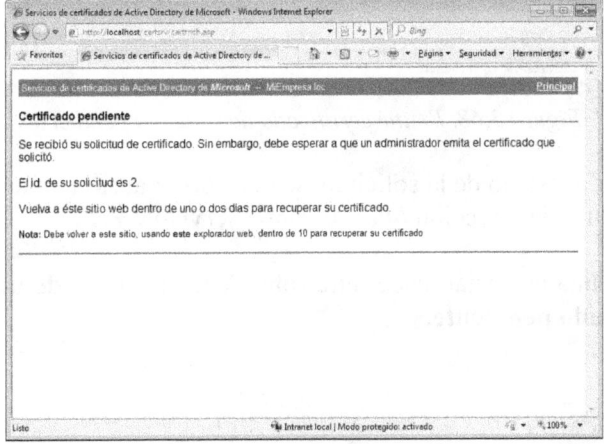

Figura 3.66. Certificado solicitado pendiente de emisión

9. Para aprobar la solicitud de certificado que acaba de emitir, es necesario dirigirse a la **Entidad de certificación**, haciendo clic sobre: **Inicio > Herramientas administrativas > Entidad de certificación**.

10. Se debe **expandir MiEmpresa.loc** y seleccionar **Solicitudes pendientes**.

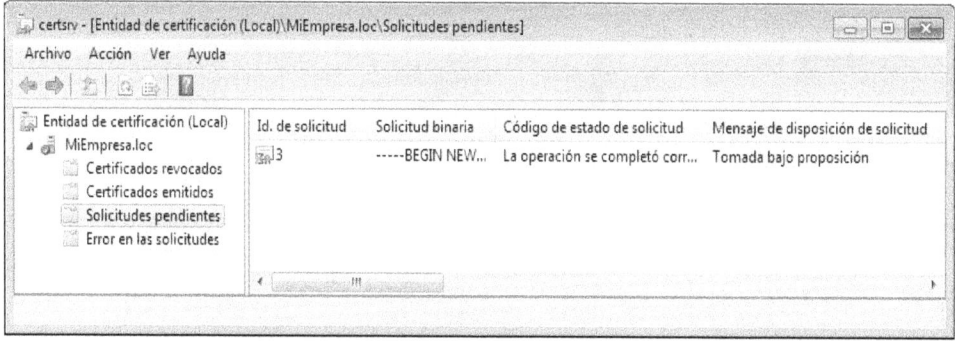

Figura 3.67. Solicitudes pendientes en la entidad de certificación

11. **Seleccionar el certificado** con el botón derecho, elegir la opción del menú contextual **Todas las tareas** y finalmente, hacer clic en **Emitir**.

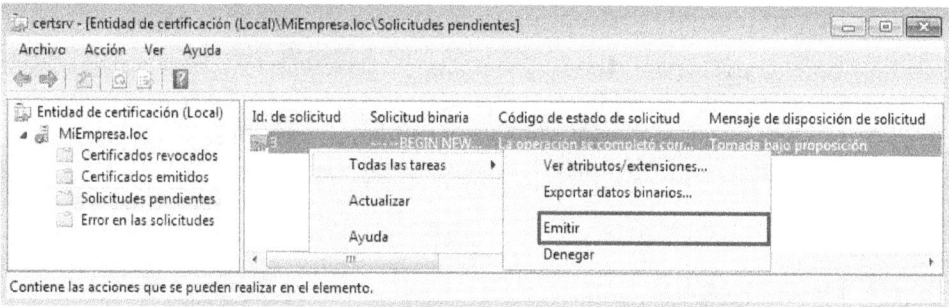

Figura 3.68. Emitir certificado de solicitud pendiente

12. Para ver el estado de la solicitud, se debe hacer abrir de nuevo el navegador e introducir la dirección *http://nombre_servidor/certsrv*.

13. En la pantalla inicial, hacer clic sobre **Ver el estado de una solicitud de certificado pendiente**.

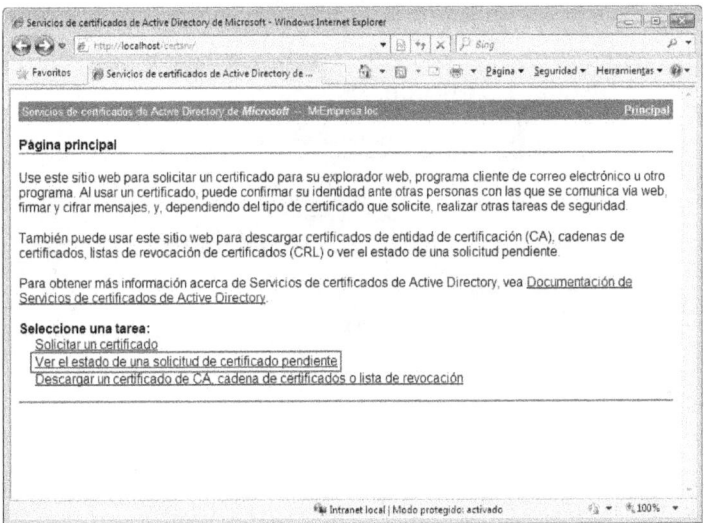

Figura 3.69. Seleccionar Ver el estado de una solicitud de certificado pendiente

14. De la lista de solicitudes, **seleccionar el certificado** que se desea instalar.

15. En el caso de que el certificado no haya sido emitido por un administrador, aparecerá la siguiente pantalla, la cual indica que la solicitud de certificado continúa pendiente:

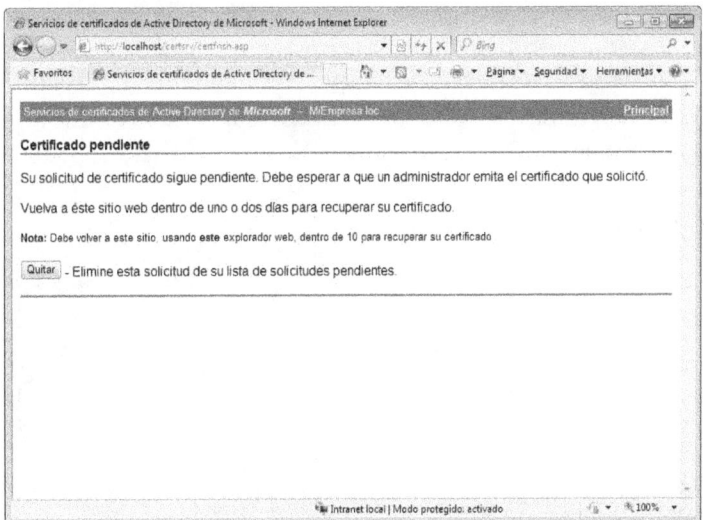

Figura 3.70. Estado del certificado sigue pendiente

16. En este caso, al haber emitido el certificado desde la Entidad de certificación, se puede proceder con su instalación directamente haciendo clic sobre **Instalar certificado**.

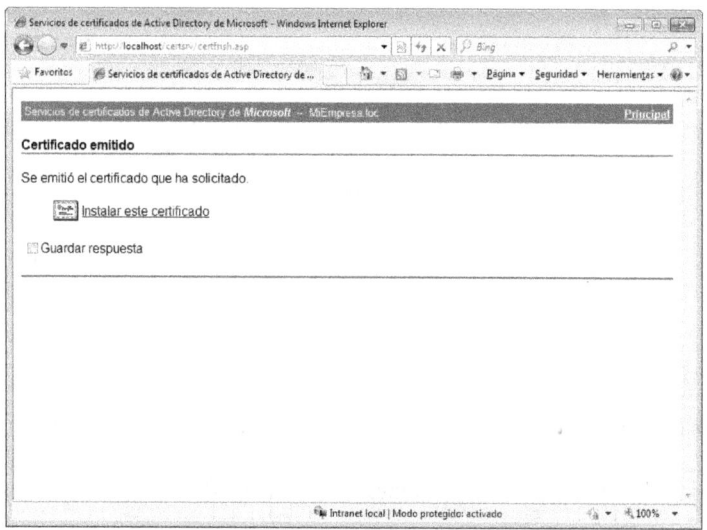

Figura 3.71. Certificado emitido

17. El certificado está instalado

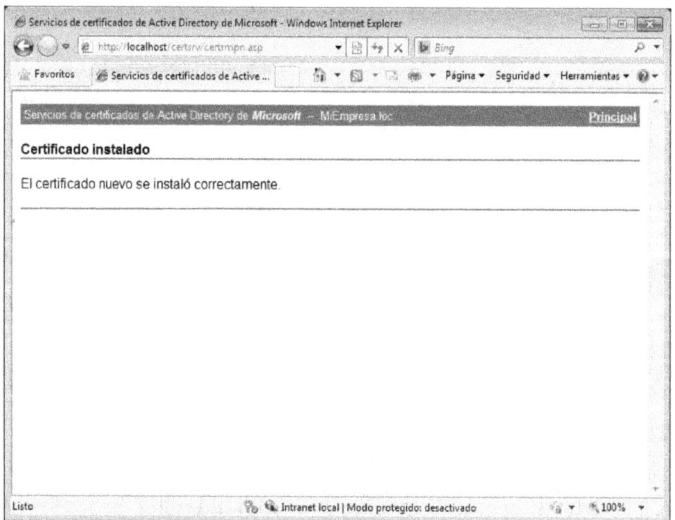

Figura 3.72. Certificado instalado

18. La verificación del certificado se puede realizar desde el navegador Web, desde **Herramientas** > **Opciones de Internet** > **Contenido** > **Certificados**.

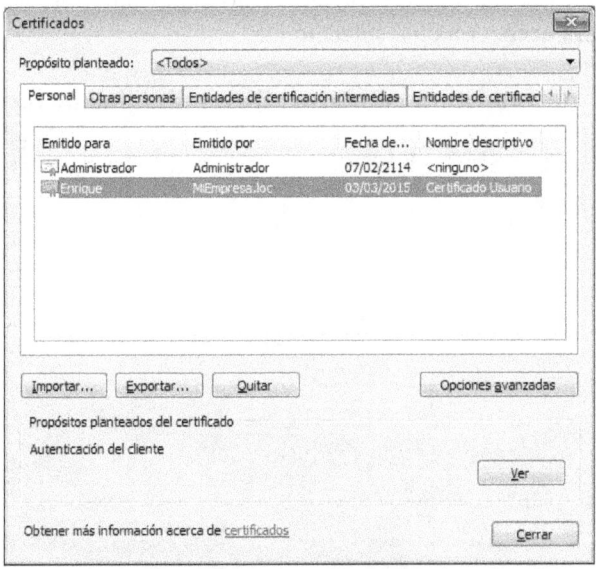

Figura 3.73. Certificado MiEmpresa

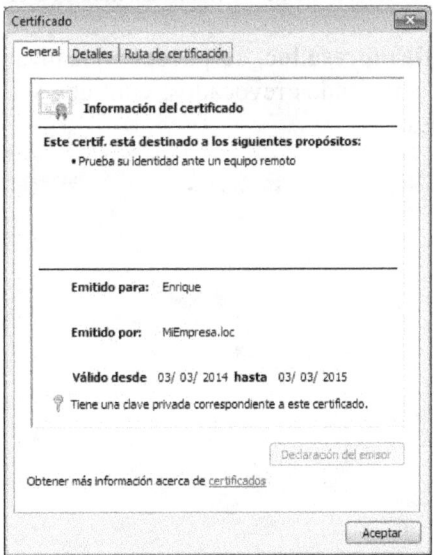

Figura 3.74. Información del certificado MiEmpresa

3.6.4 Gestión de Certificados

La herramienta de gestión de certificados de **Microsoft Windows Server 2008 R2**, como ya se ha comentado en el apartado anterior, es la **Entidad de certificación**. Para acceder a ella, seleccionar:

1. **Inicio > Herramientas administrativas > Entidad de certificación**.

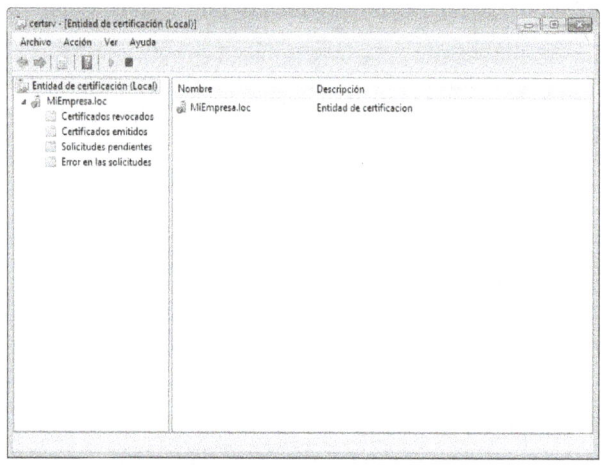

Figura 3.75. Herramienta de administración de certificados

2. Al expandir **MiEmpresa.loc**, se pueden visualizar las carpetas donde se almacenan los certificados revocados, emitidos y pendientes y los errores en las solicitudes.

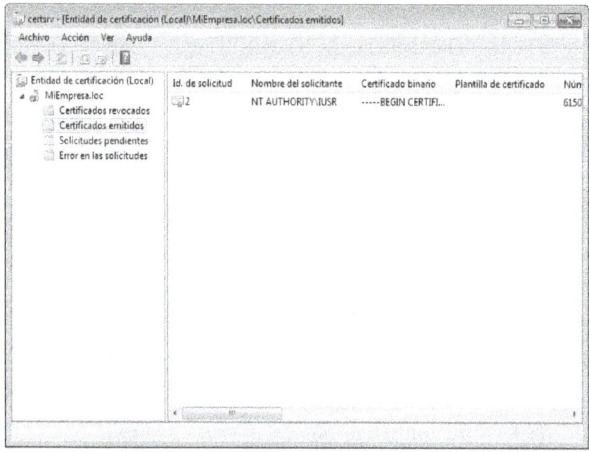

Figura 3.76. Lista de certificados emitidos

3. En el caso de necesitar **revocar un certificado**, por si éste se ha visto comprometido de alguna manera, seleccionar el certificado en cuestión y, con el botón derecho del ratón, **Todas las tareas > Revocar certificado**.

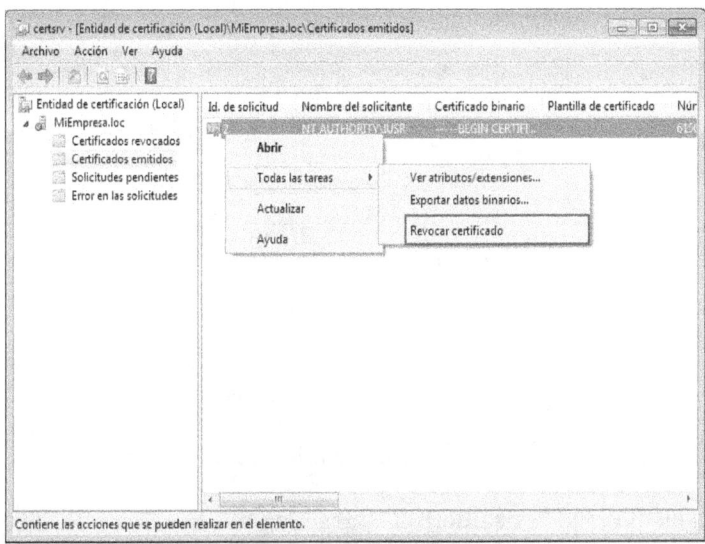

Figura 3.77. Revocación de certificados

4. Seleccionar las opciones **Código de motivo** y la **Fecha y hora** por las que se revoca el certificado.

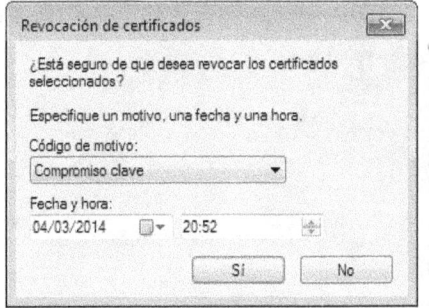

Figura 3.78. Motivo de revocación de certificados

5. Pulse **Sí**.

6. Seleccione la opción **Certificados Revocados** de la pantalla principal de la herramienta de gestión **Entidad certificadora**, y verifique que el certificado está revocado.

7. Haga clic en **Certificados Revocados > Propiedades**.

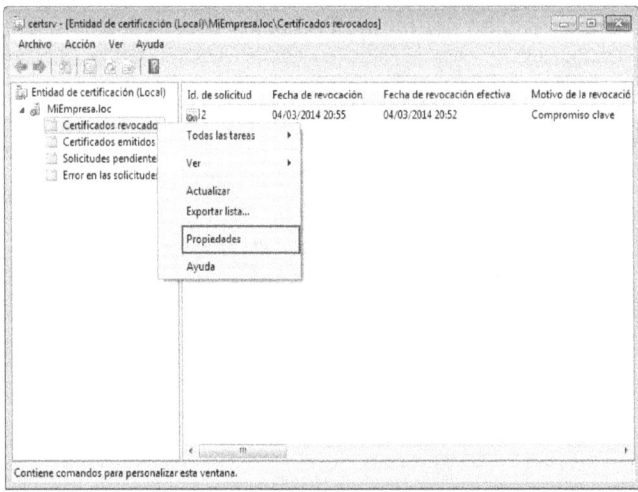

Figura 3.79. Lista de certificados revocados

8. En la pestaña **Parámetros para la publicación de las listas de revocación**, se puede configurar el tiempo o intervalo de publicaciones CRL de los certificados revocados.

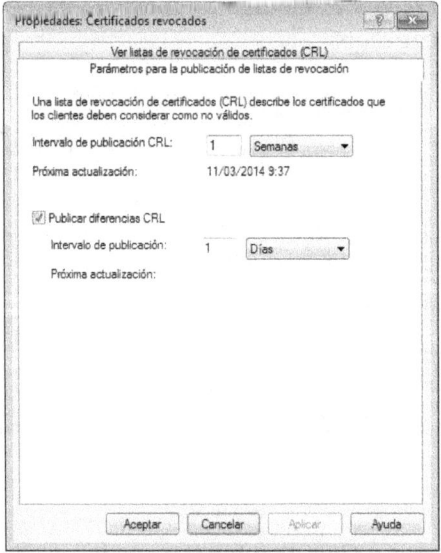

Figura 3.80. Parámetros para la publicación se listas CRL

9. La pestaña **Ver lista de revocación de certificados (CRL)** muestra todas las listas de revocación CRL que se han emitido por parte de la autoridad certificadora.

Figura 3.81. Lista de certificados revocados

Otra forma de verificar esta revocación de certificados por parte del usuario es accediendo a la página Web donde se encuentra la lista CRL, que se encuentra en la misma dirección de la petición del certificado.

1. Seleccionar **Descarga un certificado CA, cadena de certificado o CRL**.

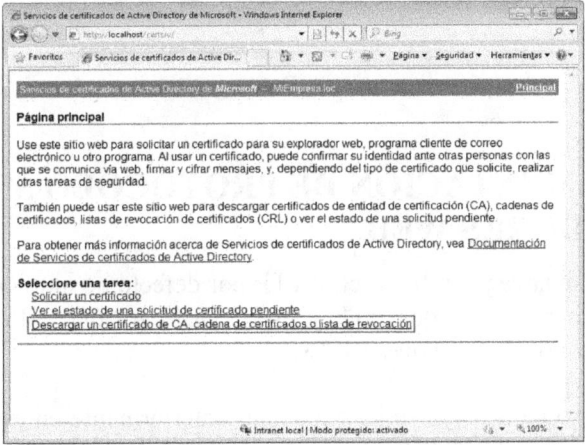

Figura 3.82. Descarga lista de certificados revocados

2. Seleccionar **Descargar CRL base más reciente**.

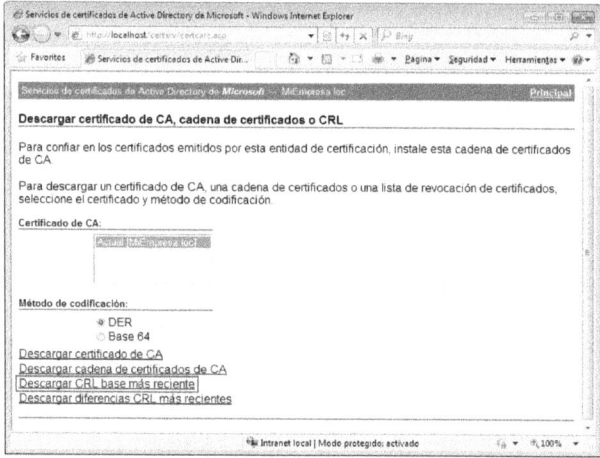

Figura 3.83. Selección de lista de certificados revocados

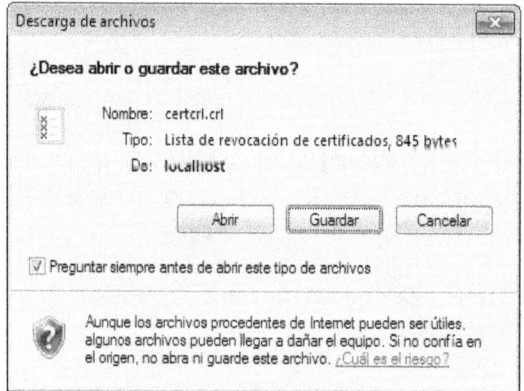

Figura 3.84. Descarga lista

3.7 IMPLEMENTACIÓN DE PROTOCOLO SSL EN SERVIDORES WEB

Cuando se navega en Internet, HTTP por defecto no emplea transmisión de datos cifrados entre el servidor Web y el cliente. Para que esto tenga lugar, se puede utilizar *Secure Socket Layer* (SSL).

El proceso de SSL ya se ha explicado anteriormente en este capítulo, solo recordar que el navegador del cliente verifica la identidad del servidor Web, ya que éste tiene instalado un certificado que ha emitido una autoridad certificadora, a partir de aquí, los datos son cifrados y transferidos entre el navegador del cliente y el servidor Web.

Teniendo como ejemplo la infraestructura de Autoridad Certificadora (**CA**) implementada en los apartados anteriores, desde el dominio **MiEmpresa.loc** se implementa un servidor Web para la intranet de la empresa, y éste será validado mediante la obtención de un certificado a la autoridad certificadora de MiEmpresa. De esta forma, cualquier navegador Web cliente que se conecte a la intranet, verificará que el servidor Web es el correcto.

Para empezar se solicita un certificado para un servidor Web, siguiendo los pasos detallados en el apartado 3.6.3 *Obtención de certificados*. Se completarán los campos de este ejemplo de la siguiente manera:

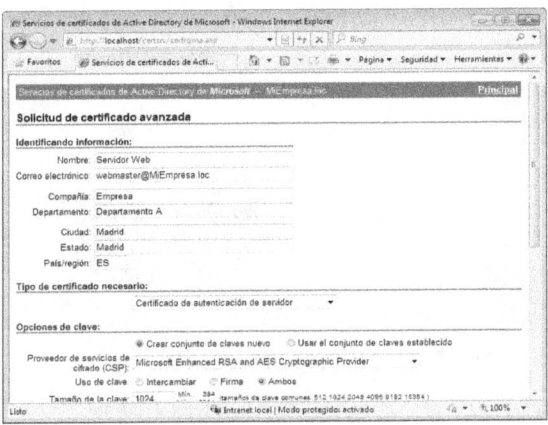

Figura 3.85. Solicitud certificado servidor Web (I)

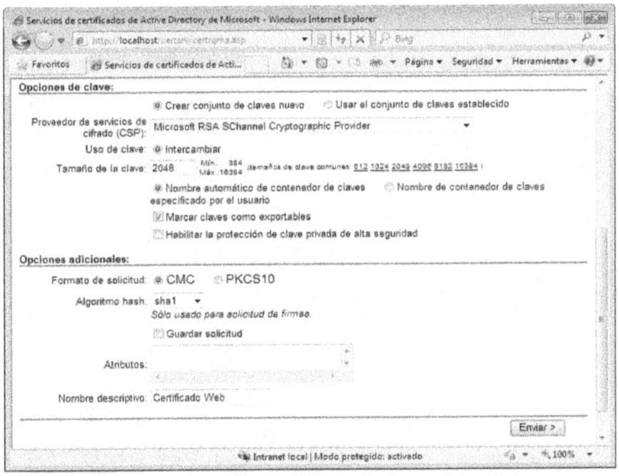

Figura 3.86. Solicitud certificado servidor Web (II)

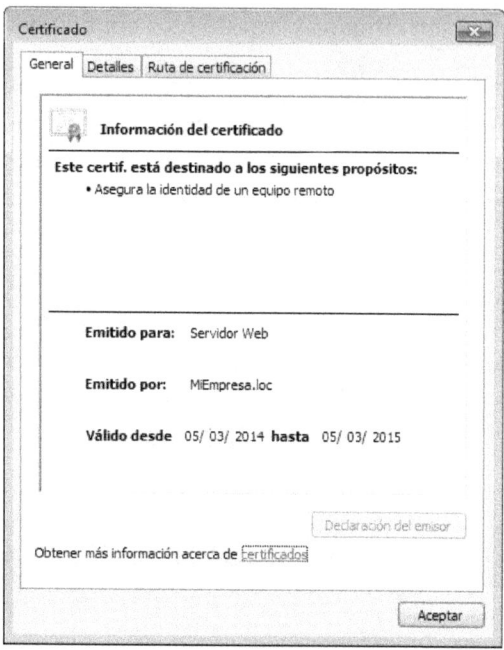

Figura 3.87. Certificado servidor Web

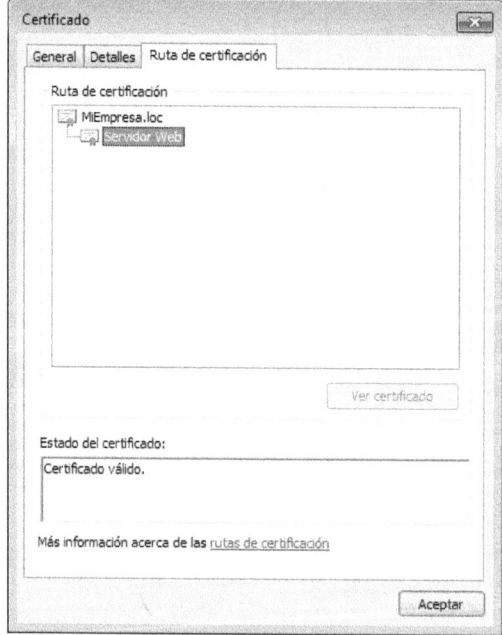

Figura 3.88. Ruta certificado servidor Web

Una vez solicitado el certificado, se instala y se configura el servidor Web habilitando el protocolo SSL, como se detallará en el siguiente apartado.

3.7.1 Instalación del certificado

Se debe seguir el siguiente proceso para la instalación del certificado en el servidor Web.

1. Clic en **Inicio> Herramientas Administrativas> Administrador de Internet Information Services IIS**.

2. Después de **expandir el servidor** y posteriormente **Sitios**, se debe seleccionar **Default Web Site**.

3. En la parte derecha de la ventana, en el menú de **Acciones**, hacer clic en **Enlaces**.

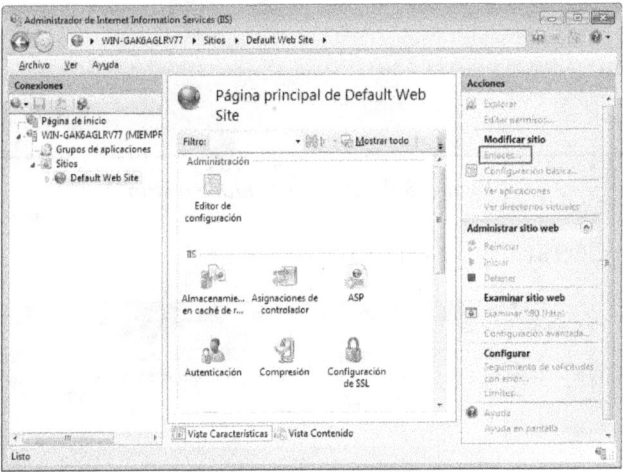

Figura 3.89. Enlaces

4. Clic en **Agregar**.

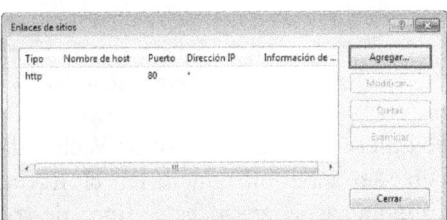

Figura 3.90. Enlaces a sitios

5. Se debe completar el formulario:

   a. Tipo: **https**.

   b. Dirección IP: **Todas las direcciones no asignadas**.

   c. Puerto: **443**.

   d. Certificado SSL: **MiEmpresa.loc**.

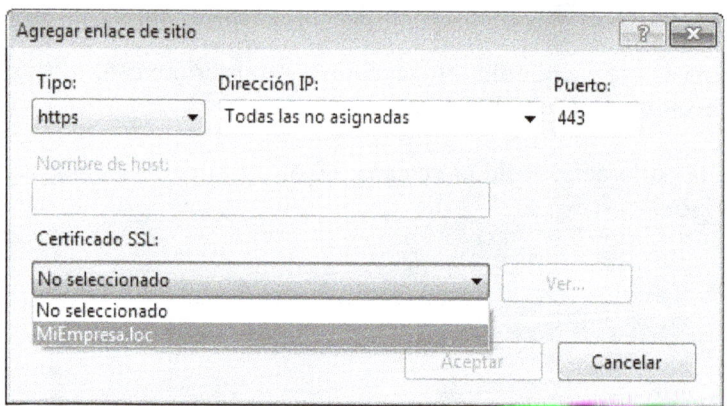

Figura 3.91. Agregar enlace a sitio

6. Clic en **Cerrar**.

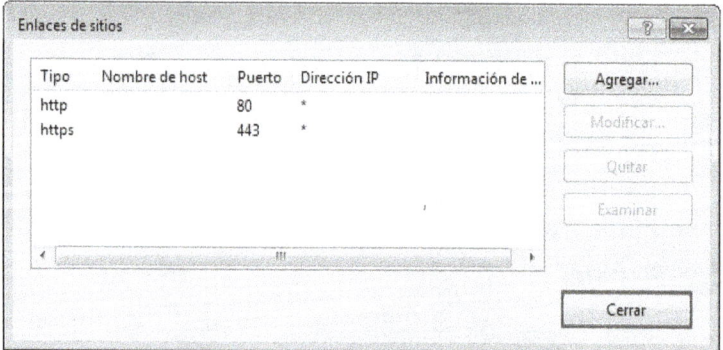

Figura 3.92. Enlace añadido

Cada vez que se quiera acceder a los sitios Web o directorios virtuales que almacenan páginas Web, se debe introducir en el navegador HTTPS (HTTP seguro). Cuando se intenta acceder a este tipo de páginas, el navegador suministrará avisos de alertas de seguridad en cuanto que las páginas están bajo conexión segura. Si no tiene en el navegador instalado el certificado del servidor Web, además suministrará otra alerta que preguntara si se desea instalar el certificado del servidor Web.

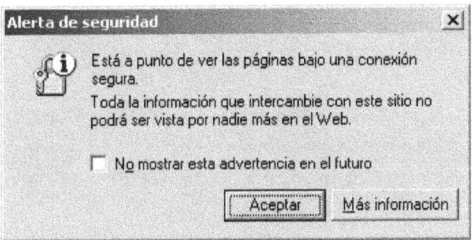

Figura 3.93. Aviso entrada en páginas conexión segura

3.7.2 Implementación del protocolo en servidores Web Apache

Muchos servidores Web usan como sistema operativo alguna de las distribuciones que **Linux** ofrece por su mínimo uso de recursos de *hardware*, flexibilidad y costo.

Entre las distribuciones que se utilizan para estos fines están **Suse Linux**, **Red Hat** y **Ubuntu**, entre otras. Al igual que en el apartado anterior se implementará un servidor Web, en este caso **Apache**, con SSL para establecer una conexión segura.

En el siguiente ejercicio se instalará **Apache** como servidor Web en el puerto 80 y se realizarán las configuraciones necesarias para que trabaje con **SSL** a través del puerto 443. Se utilizarán los paquetes de **Apache** y **Openssl** para realizar esta implementación en la distribución **Linux Ubuntu Server**.

Instalar Apache

En el servidor, desde la línea de comandos, se deberá instalar el paquete Apache, para ello se utiliza el comando **apt-get**, se descargará e instalará el paquete automáticamente, preguntará si se desea seguir con la instalación, se responderá **Sí** con la letra **S**.

```
enrique@ubuntu:~$ sudo apt-get install apache2
Leyendo lista de paquetes... Hecho
Creando árbol de dependencias
Leyendo la información de estado... Hecho
```

Habilitar el módulo SSL

Es necesario habilitar el módulo SSL a través del comando **sudo a2enmod ssl**.

```
enrique@ubuntu:~$ sudo a2enmod ssl
Enabling module ssl.
See /usr/share/doc/apache2.2-common/README.Debian.gz on how to configure SSL and create self-signed certificates.
To activate the new configuration, you need to run:
service apache2 restart
```

Generar los certificados

Para poder establecer la conexión segura primero se deben generar las llaves y certificados necesarios. Se creará una llave privada de servidor mediante la instrucción que figura en el listado siguiente, el proceso pedirá que se ingrese un *password*.

```
enrique@ubuntu:~$ openssl genrsa -des3 -out server.key 4096
Generating RSA private key, 4096 bit long modulus
.......................................++
.............................................................++
e is 65537 (0x10001)
Enter pass phrase for server.key:
Verifying - Enter pass phrase for server.key:
```

A continuación, se creará una solicitud de certificado de firma. Este comando solicitará una serie de datos (país, estado o provincia, etc.). Asegúrese de que "**Common Name (eg, YOUR name)**" coincide con el registrado en el nombre de dominio (o su dirección IP).

```
enrique@ubuntu:~$ openssl req -new -key server.key -out server.csr
Enter pass phrase for server.key:
You are about to be asked to enter information that will be incorporated into your certificate request.
What you are about to enter is what is called a Distinguished Name or a DN.
There are quite a few fields but you can leave some blank
For some fields there will be a default value,
If you enter '.', the field will be left blank.
-----
```

```
            Country Name (2 letter code) [AU]:ES
            State or Province Name (full name) [Some-State]:MADRID
            Locality Name (eg, city) []:
            Organization Name (eg, company) [Internet Widgits Pty Ltd]:
            Organizational Unit Name (eg, section) []:
            Common Name (eg, YOUR name) []:MiEmpresa.loc
            Email Address []:

            Please enter the following 'extra' attributes
            to be sent with your certificate request
            A challenge password []:
            An optional company name []:
```

Ahora, se firmará la solicitud de certificado de firma. Este ejemplo tiene una duración de 365 días:

```
enrique@ubuntu:~$ openssl x509 -req -days 365 -in server.csr -signkey server.key -out server.crt
Signature ok
subject=/C=ES/ST=MADRID/O=Internet Widgits Pty Ltd/CN=MiEmpresa
Getting Private key
Enter pass phrase for server.key:
```

Aquí se crea una versión *server.key* insegura. Esta llave se utilizará para que no se solicite una contraseña en cada reinicio del servidor Web. Pero tenga en cuenta que, si bien esto significa no tener que escribir una contraseña al reiniciar Apache, quiere decir que cualquier persona que pueda obtener esta clave insegura, será capaz de descifrar sus transmisiones. Almacene esta información con permisos restringidos.

```
enrique@ubuntu:~$ openssl rsa -in server.key -out server.key.insecure
Enter pass phrase for server.key:
Writing RSA key
enrique@ubuntu:~$ mv server.key server.key.secure
enrique@ubuntu:~$ mv server.key.insecure server.key
```

Después de tener la llave y el certificado generado, se deben copiar en los directorios */etc/ssl/private* y */etc/ssl/certs*, respectivamente.

```
enrique@ubuntu:~$ sudo cp server.crt /etc/ssl/certs
enrique@ubuntu:~$ sudo cp server.key /etc/ssl/private
```

Modificaciones adicionales

Es necesario modificar las siguientes líneas del archivo **default-ssl**, ubicado en */etc/aparche2/sites-available*.

```
enrique@ubuntu:~$ sudo nano /etc/apache2/sites-available/default-ssl
SSLCertificateFile /etc/ssl/certs/server.crt SSLCertificateKeyFile /etc/ssl/private/server.key
```

Una vez se han modificado estas líneas, se debe habilitar el archivo **default-ssl**.

```
enrique@ubuntu:~$ sudo a2ensite default-ssl
Enabling site default-ssl.
To activate the new configuration, you need to run:
Service apache2 reload
```

Es necesario especificar el nombre del dominio en el archivo **httpd.conf**, ubicado en */etc/apache2/*, en este ejemplo **localhost**. Normalmente este archivo está en blanco, basta con añadir la siguiente línea:

```
enrique@ubuntu:/$ sudo nano /etc/apache2/httpd.conf
ServerName localhost
```

Iniciar Apache

Es necesario reiniciar el servicio de **Apache** con el siguiente comando. Finalmente dispondrá de un servidor Web con SSL.

```
enrique@ubuntu:~$sudo /etc/init.d/apache2 restart
 * Restarting web server apache2
Apache needs to decrypt your SSL Keys for localhost:443 (RSA)
Please enter passphrase:                                [ OK ]
```

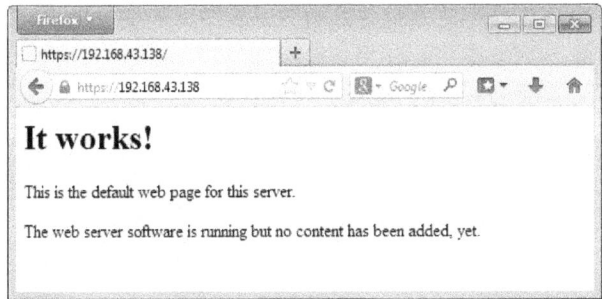

Figura 3.94. Apache con SSL

3.8 CONCLUSIONES

Con esto se da por concluido este capítulo, que ha pretendido desarrollar los distintos tipos de sistemas de cifrado de archivos, el cifrado de las comunicaciones en Internet y la implementación de soluciones en volúmenes, e incluso a nivel de usuarios o administradores de sistemas. Tenga en cuenta que la facilidad con que se comprometen determinados servicios en la red y la criticidad de los datos que ésta transporta, apunta hacia un intenso trabajo en la implementación de canales seguros y comunicaciones seguras en la red de redes.

A la hora de elegir una tecnología de cifrado, también es importante entender cuáles son sus capacidades ante ataques informáticos que busquen romper el cifrado; con el tiempo, se descubren nuevas técnicas o métodos de descifrado que comprometen la privacidad de los datos y de las comunicaciones.

ÍNDICE ALFABETICO

SÍMBOLOS

3DES 179, 180

A

Acuse de recibo 25
AES 162
Alarmas 80
ALC 68
Alertas 59, 80, 230
Algoritmo de Diffie-Helman 163
Algoritmo de encriptación 159
Algoritmos 78, 79, 161, 164
Amenazas 82, 134, 157
Antispam 66, 67
Antivirus 15, 66, 81, 83, 92, 134, 139
Appliance 66, 111, 113, 128
ARP 16, 37, 48, 49, 50, 51, 52
Arp-Request 49
Arpwatch 63
ASCII 23, 32, 34
Auditoría 12, 58, 61, 213
Autenticación 44, 71, 160, 163, 174, 175, 178, 180
Authentication Header AH 177
Automatic updates 110
Autoridad certificadora CA 227

B

Bastión 66, 73, 74
Bing 53
Bitlocker 194
Bits de control 25, 35, 41, 42, 52

C

CA 167, 205
Capa OSI 91
CAPolicity.conf 204
Captive Portal 109, 143
Certificados digitales 159, 167
Clave asimétrica 164
Clave de sesión 164, 174
Clave privada 161, 162, 167, 169, 174, 175
Clave pública 162, 163, 165, 166, 169, 174, 175
Clave simétrica 161, 162, 164, 175
Concentradores 80
Consola 18
Cortafuegos 65, 66, 67
Cracking 160
CRL 204, 224, 225

D

Datastore 113
DES 162, 175, 179, 180
Diffie-Hellman 175, 179
Dirección física 16, 37, 48, 60
Dirección IP 16, 31, 38, 48, 50, 51, 60, 72, 75, 85, 93, 95, 120, 132, 138, 141, 152, 154, 230, 232
Dirección MAC 16, 24, 47, 49, 51, 153
DMZ 73, 74, 79, 120
DNS 35, 51, 60, 73, 121, 141
Dominio 31, 53, 54, 57, 65, 95, 105, 132, 207, 209, 217, 227, 232, 234
DSA 164

E

Echo Reply 27
Echo Request 156
ECI 52
ECP 52
Email 126, 134, 135, 137, 149
Emulando 85, 86, 91, 97, 107
Encriptación 43, 44, 159, 161, 163, 164, 173, 177, 178, 180, 181, 235
Envenenamiento ARP 48, 51
ESP 177, 178, 180
Ethernet 16, 28, 37
Etter.conf 51
Ettercap 44, 45, 46, 50, 51, 52
Etterlog 52
Eventos de seguridad 77

F

Falsos negativos 78
Falsos positivos 61, 62, 79, 88, 92
Filtrado 35, 36, 37, 67, 68
Filtrado estático 68
Filtro 35, 37, 38, 40, 42, 43, 46, 131, 137
Fingerprinting 52, 72
Firewall 15, 72, 75, 77, 79, 108, 110, 111, 115, 150, 151, 154, 155
Firewall-1 .... 66, 108
Firewalls 65, 66, 67, 69, 74, 75, 177
Firma digital 165, 166
Firmas de ataques 78, 92, 95, 99
Firmas simples 78
Flags 69, 70, 79, 153
Forward 72, 152

Fragmentación 68, 76
FTP 36, 44, 71, 85, 98, 104, 135, 155, 181
Función hash 175

G

Gateway 50, 66, 72

H

Hash 159, 166, 174, 175, 179, 180, 208
Hexadecimal 16, 23, 32, 42, 43, 47
HIDS 79
Honeyd 86, 90, 91
Honeyd.conf 90
Honeynet 81, 83, 88, 90, 107
Honeypot 108
Honeypots de investigación 84
Honeypots de producción 84
Host scan 51
HTTP 34, 68, 71, 74, 79, 125, 134
HTTPS 108, 176, 230
Hub 16, 17, 80

I

ICMP 60, 71, 94, 102, 155
IDS 67, 76, 77, 78, 79, 80, 81
IDS/IPS 15, 83
ifconfig 22, 58
IKE 179, 180
Infraestructura Perimetral de Seguridad 77
integridad 160, 166, 176, 177
Integridad 160, 165, 166, 173, 174, 175
Intrusión 11, 12, 80
Intrusion Prevention 109, 139, 141
Intrusos 77, 78
Inyección 52
IP 16, 17, 24, 31, 32, 33, 34, 35, 36, 37, 38, 43, 45, 47, 48, 49, 50, 52, 60, 63, 65, 67, 68, 69, 70, 72, 75, 76, 129, 141, 151, 154, 155, 156, 177, 178, 179
IPSec 176, 177, 178, 179, 180
Iptables 150, 152, 154, 156

K

KF Sensor 91, 92, 96, 103
KVM 85

L

LDAP 163
libdnet 45
libpcap 17, 19, 45
Librería Ncurses 45
Líneas base de comportamiento 79
Log 47, 59, 135, 155

M

Máscara 41, 42, 43, 51
Master 175
MD5 .... 175, 179, 180
Metadata 55
MITM 47, 51, 52
Modo promiscuo 16, 22, 29, 46, 58, 59, 61
Modo transporte 178
Modo túnel 178

N

NAT 76, 151, 152, 156
NAT dinámico 76
NAT estático 76
NFS 27, 156
Nibble 42
NIC 58, 59
NIDS 79, 80
Nombres PTR 54
Notificaciones 64
Número de secuencia 25

O

Offset 39, 41
Open Virtual Machine Format 111
OpenPGP 197, 200, 202
OpenVPN 110, 128, 144, 146
OSI 67, 173

P

Patrones 43, 78
PCAP 17, 18, 23, 28, 30, 35, 46, 52, 63
Permisos 18, 45, 60, 233
PGP 171, 173
Phish Blocker 109, 128, 136, 137
Phising 136
Ping 60

PKI 166, 167, 171, 203
Plaintext 159
Port mirroring 81
Port stealing 51
Portal cautivo 109
Privacidad 160, 161, 173
Privilegios 22, 63
Promiscan 62
Promiscuo 17, 62
Promiscuous mode 29
Protocolo 16, 24, 26, 32, 34, 37, 48, 50, 52, 68, 69, 70, 72, 77, 78, 79, 134, 135, 152, 173, 174, 176, 177, 179, 180, 181, 226, 229
Proxies 67, 72
Proxy 54, 71, 72
Puertas traseras 161
Puerto SPAN 80
Puertos 35, 47, 51, 52, 65, 68, 70, 75, 76,
78, 79, 80, 81, 137, 153, 178

R

RARP 24, 37
Redes conmutadas 17, 44, 51
Registros 35, 80, 209
Reports 110
Resolución DNS 27, 54
Revocación certificados 223
RFC 24, 26, 35, 39, 69
RJ-45 .... 16, 17
Root 18, 22, 45, 63
Router 79
RSA 163, 175

S

S/MIME 176
Sacrificail Lamp 89
Script 59, 154
Secure Platform 108
Secure Socket Layer SSL 226
Select 46
Servicio 27, 35, 36, 59, 64, 68, 71, 72, 78, 153, 180, 213
SHA 175, 179, 180, 208
SHA-1 .... 175, 179
Shell 181
Sistema criptográfico 162
SMTP 104, 126, 134, 136, 137
Sniffdet 61

Spam 135
Spam Blocker 109, 135, 136
Spoofing 48, 50, 64, 68, 76
Spyware Blocker 109
SSH 11, 26, 36, 104, 155, 181
SSL 174, 175, 176, 179, 180, 181, 226, 229, 231, 234, 235
Subdominio 53, 56
Switch 16, 22, 45, 49, 51, 52, 97
Syslog 59, 102, 150

T

Tabla filter 150, 152
Tabla NAT 151
TAPs 81
Tarpics 81
TCP 16, 17, 24, 25, 32, 33, 34, 39, 40, 43, 45, 49, 60, 67, 69, 70, 78, 138, 153, 155, 156
TCP/IP 64, 144, 146, 150
TCPdump 17, 19, 23, 28, 35, 37, 38, 43, 52
Three-way handshake 25
Tiempo real 31
Touch 63
Tráfico de red 24, 31, 35
Tráfico 15, 16, 17, 22, 23, 24, 31, 33, 34, 35, 36, 43, 44, 45, 47, 48, 50, 51, 52, 63, 68, 72, 74, 75, 77, 79, 80, 81, 110, 120, 127, 129, 133, 134, 136, 138, 141, 148, 154, 178, 179, 180
Trama TCP/IP 16
Transferencia de zonas 54
Troyano 15, 78, 98
TrueCrypt 182, 183, 184, 185, 188, 189, 190, 191, 192, 194, 197

U

UDP 26, 34, 67, 70, 72, 138, 155, 156
Untangle 65, 108, 109, 110, 111, 114, 115, 119, 120, 122, 124, 125, 126, 127, 129, 132, 135, 136, 137, 139, 141, 143, 144, 147, 148, 157

V

Validación 171
Violaciones de seguridad 77
Virtual Switch 114, 115
Virus 66, 86, 99, 109, 133, 181
Virus Blocker 109, 133, 135
VMware 85, 115
VMware ESX 111
VMware vSphere 111
Volumen 182, 183, 185, 188, 191, 192, 193, 196
VPN 66, 176
Vulnerabilidades 12, 58, 77, 82, 86, 91

W

Web Filter 109, 129, 133
Windows 2012 85
Windump 17, 19, 20, 21, 22
Winpcap 19, 29
Wireless 16, 28, 29, 43
Wireshark 27, 28, 30, 31, 32, 33, 37, 38, 43, 52

X

X.509 171

www.ingramcontent.com/pod-product-compliance
Lightning Source LLC
Chambersburg PA
CBHW080918170426
43201CB00016B/2187